Dagmar Säger

Bezahlt um zu entscheiden

Besser unbeliebt führen als unentschlossen entscheiden

REDLINE | VERLAG

Bibliografische Information der Deutschen Nationalbibliothek
Die Deutsche Nationalbibliothek verzeichnet diese Publikation in der Deutschen Nationalbibliografie. Detaillierte bibliografische Daten sind im Internet über http://dnb.d-nb.de abrufbar.

Für Fragen und Anregungen:
saeger@redline-verlag.de

3. Auflage 2012

Nymphenburger Straße 86
D-80636 München
Tel.: 089 651285-0
Fax: 089 652096

Satz: mi, M. Zech
Druck: Books on Demand GmbH, Norderstedt

ISBN Print 978-3-86881-466-8
ISBN E-Book (PDF) 978-3-86414-139-3

Inhalt

Vorwort

„Anfangen", antworteten Teilnehmer eines Führungsseminars auf meine Frage, was sie tun könnten, um das gerade Erfahrene in die Tat umzusetzen. „Einfach anfangen", sagen viele, wenn sie vor einem Neubeginn als Führungskraft stehen. In meinen zahlreichen Seminaren und Beratungen stoße ich immer wieder auf die Stolpersteine, die dabei im Weg liegen. Einer der größten ist fehlender Mut. Mut, gewohntes Verhalten zu verändern und vor allem Mut, sich mit den Kollegen und Mitarbeitern auseinander zu setzen und sich möglicher Ablehnung auszusetzen.

Ganz lebendig ist mir noch meine eigene Zeit als Chefin im Gedächtnis. Wie oft habe ich mich zurückgezogen – gekniffen –, um mich nicht unbeliebt zu machen! Wie oft beobachtete ich auch bei Kollegen, dass sie wichtige unangenehme Gespräche oder Entscheidungen nicht anpackten, weil sie es nicht allen recht machen konnten. Bei allen beliebt waren wir wohl trotzdem nicht. Und dazu noch schwer überlastet und nicht immer so erfolgreich, wie wir es uns wünschten. Was ich daraus gelernt habe? Man braucht Mut, um eine gute und erfolgreiche Führungskraft zu sein. Führungsmut.

Unterstützung bekommt man dafür nicht unbedingt von Mitarbeitern oder eigenen Vorgesetzten. Wie wichtig es ist, ein gut funktionierendes Führungsteam um sich zu wissen, höre ich immer öfter von meinen Kunden. Die Zusammenarbeit im Netzwerk bildet ein Gegengewicht zur Einsamkeit in der Führungsposition. Die Nachfrage nach entsprechenden Workshops steigt, und so bin ich inzwischen häufiger in Sachen Führungsteams unterwegs als in Sachen Mitarbeiterteams. Diesem offensichtlichen Bedürfnis nach Hilfe bei der Bildung von internen Führungsnetzwerken habe ich in der zweiten Auflage Rechnung getragen und das Buch um ein Kapitel über Zusammenarbeit und Teambildung auf der Führungsebene erweitert.

Seit Langem schon nehme ich mit großem Interesse alle Erfahrungsberichte auf, die mit Führungsmut – oder dessen Fehlen – zu tun haben. Seminarteilnehmer erzählen aus ihrer Sicht als Mitarbeiter, Chefs in der Beratung schildern entsprechende Situationen aus der gegenüberliegenden Perspektive. Die

Beispiele in diesem Buch sind echt. Wenn Sie sich darin wiederzuerkennen glauben: Das ist beabsichtigt. Wenn Sie allerdings Ihren Namen in den Beispielen finden oder den Namen einer Person, die Sie kennen: Das ist nicht beabsichtigt, sondern ein Zufall. Denn selbstverständlich sind alle Namen in diesem Buch frei erfunden. Sie werden feststellen, dass ich alle Gegebenheiten der realen Beispiele so bearbeitet habe, dass sie neutral und allgemein verständlich daherkommen.

Dieses Buch entspringt den Erfahrungen aus meiner Beratungstätigkeit und ist für die tägliche Anwendung in Ihrem beruflichen Umfeld gemacht – aus der Praxis für die Praxis also. Die vielen konkreten Beispiele zeigen Ihnen, wie Sie sich in konkreten Situationen verhalten können, um Ihrer Führungsrolle gerecht zu werden. Wo es mir notwendig erschien, habe ich verschiedene Werkzeugkästen geöffnet: Theoretische Hintergrundinformationen erkennen Sie am ⓘ, Checklisten für verschiedene Gelegenheiten sind mit © gekennzeichnet und unter ⓜ finden Sie konkrete Methoden für wirksames Führungsverhalten.

Die sprachlich Korrekten mögen mir verzeihen: Aus Gründen der Einfachheit und Lesbarkeit habe ich darauf verzichtet, immer die männliche *und* die weibliche Bezeichnung zu benutzen. Wenn vom Chef oder dem Vorgesetzten die Rede ist, meine ich selbstverständlich auch die Chefin und die Vorgesetzte.

Nun wünsche ich Ihnen viele Ahas beim Lesen. Räumen Sie die Stolpersteine aus dem Weg! Am Schluss übrigens gibt es noch eine Zusammenfassung für die ganz Eiligen. Sie können anfangen!

Hamburg im Juni 2005
Dagmar Säger

Danksagungen

Ich möchte an dieser Stelle allen danken, die mich während der Zeit des Schreibens unterstützt haben, besonders aber Oliver Gorus, meinem geduldig motivierenden Agenten, sowie Martina Nehls und Jürgen Dege für ihr freundschaftlich-kritisches Feedback zu Form und Inhalt.

In all den Jahren, in denen ich mich mit Führen, Kommunikation, Motivation und all den damit verbundenen Themen beschäftige, haben viele Bücher, Artikel, Seminare und Fortbildungen meine praktischen Erfahrungen gestützt. Und so wird dieses Buch aus meinen Erfahrungen als Führungskraft, Trainerin und Coach ebenso gespeist wie aus vielfältigem Lesestoff. Heute kann ich nicht mehr sagen, von wem ich diese oder jene Anregung erhalten habe. Ich weiß nicht mehr, in welchem Zusammenhang mir eine Anekdote, eine Theorie oder ein Merksatz begegnet sind.

Darum möchte ich mich hier bei allen bedanken, von denen ich lernen durfte, und um Verständnis bitten, falls jemand hier seine Gedanken in der einen oder anderen Form wiederfindet. Jede Begegnung, jedes Buch ist ein Mosaikstein am Bild meiner privaten und professionellen Person und meines aktiven Wissens. Ich weiß das sehr zu schätzen! Aus ihnen ziehe ich – vermischt mit eigenen Erkenntnissen und Konzepten – immer wieder neue Inspiration für meine Arbeit. Sie sind herzlich dazu eingeladen, das selbst mit diesem Buch zu machen!

Herzlichen Dank an alle Leser der ersten Auflage dieses Buches, die mir so zahlreich wertvolles Feedback und Erfahrungsberichte zukommen ließen. Über Ihr Feedback und Ihre Anregungen freue ich mich auch weiterhin: Schreiben Sie mir unter info@dagmarsaeger.de und besuchen Sie mich auch gern auf meiner Website www.dagmarsaeger.de.

„Verräter!“

Wie der Kollege, der zum Vorgesetzten wird, den anschließenden Survival-Trip überleben kann.

Bewährungsprobe

Bernd ist Verkäufer. Nicht der beste Verkäufer im Vertriebsteam des internationalen Dienstleistungskonzerns, aber er hat gezeigt, dass er ein guter Planer ist. Und in Besprechungen und bei internen Präsentationen ist er durch sein sachliches und kompetentes Auftreten immer wieder positiv aufgefallen. Die Verantwortlichen trauen ihm außerdem ohne weiteres zu, gut mit Menschen umgehen zu können.
Als nun sein Vorgesetzter geht, ist es soweit: Er bewirbt sich auf die frei gewordene Stelle, und er bekommt sie. Er ist der neue regionale Verkaufsleiter. In dieser Funktion ist er verantwortlich für das Ergebnis seiner Region und die sieben Verkäufer – seine ehemaligen Kollegen.
Zunächst einmal wird natürlich gefeiert! Beim ersten Monatsmeeting gibt Bernd ein Glas Sekt aus. Ansonsten verläuft das Treffen wie gewohnt: Die aktuellen Zahlen werden besprochen und man geht mit der Zielplanung für den nächsten Monat auseinander.
Während der nun folgenden Wochen verfliegt die Euphorie. Ernüchtert muss Bernd feststellen, dass die Tages- und Wochenberichte nur schleppend oder auch gar nicht bei ihm eingehen.

Er fragt bei einem der Säumigen nach: „Karl, was ist mit dem Wochenbericht? Der soll mir doch immer bis Montagmittag vorliegen." Die ausweichende Antwort: „Mann, du weißt doch, wie das ist: Ich hatte einfach keine Zeit dafür."
Ein anderer Kollege antwortet ihm: „Ach, was willst du denn mit den Berichten? Die machen doch nur Arbeit und bringen nichts." Und ein Dritter bemerkt forsch: „Du hast doch früher auch immer darüber gestöhnt, dass wir so viel Papierarbeit zu machen haben. Und nun stellst ausgerechnet du dich so an, wenn der Bericht mal nicht pünktlich ist!"
Als Bernd schließlich die unter Murren abgegebenen Berichte sichtet, stellt er fest, dass die Anzahl der täglichen Kundenbesuche geringer ist als in den Vormonaten. Die Vorgaben werden verfehlt. Und nicht nur das: Auch die Umsatzkurve steigt nicht wie geplant. Das hatte Bernd sich anders vorgestellt ...

Rollenverhalten

Wenn sich mit Titel und Verantwortung die Rolle ändert, zieht das nicht automatisch ein rollengerechtes Verhalten nach sich: Weder bei dem Beförderten noch bei seinen Mitarbeitern. Die äußere Rolle ist ein Schuh, den Sie selbst sich nehmen, anziehen und zubinden müssen. Bleiben Sie passiv, dann steht der Schuh noch im Schrank, und man tritt Ihnen auf die Füße.

Im obigen Beispiel ist das tatsächliche Rollenverhalten eher wie bei einem Klassensprecher, der vom Lehrer die Aufgabe bekommen hat, mal kurz die Aufsicht zu führen, bis er wieder zurück ist. Bernd wird in seiner Funktion als Führungskraft nicht ernst genommen. Alle machen, was sie wollen und rechnen nicht mit ernsthaften Konsequenzen, nach dem Motto: „Er ist doch einer von uns!“

Keiner kann – und keiner will – sich vorstellen, dass Bernd tatsächlich auch die unangenehmen Aufgaben seines neuen Postens übernimmt. Er wird sich doch wohl nicht wirklich konsequent gegenüber seinen ehemaligen Kollegen verhalten und womöglich noch ihre Bequemlichkeit stören!

Was hier fehlt, ist ein klarer Schnitt und ein Neuanfang mit neu verteilten Rollen. Bernd muss sichtbar und unmissverständlich seine Position einnehmen, um Missverständnisse und Unsicherheiten zu vermeiden.

Das kennt doch jede Führungskraft! Der erste Schritt ist getan: Endlich hat man die ersehnte (oder erkämpfte) Stelle mitsamt der damit verbundenen Führungsverantwortung ergattert! Doch bald beginnt der Alltag. Der Rollenwechsel muss nun zunächst im eigenen Bewusstsein und dann nach außen hin vollzogen werden.

Gut hat es derjenige, der dafür das Unternehmen gewechselt hat. Er steht zwar vor der Aufgabe, sich in eine neue Unternehmenskultur und unbekannte Strukturen einzuarbeiten, und muss seine Position durch ein eindeutiges Rollenverhalten klar machen, aber er hat mit dem Firmenwechsel auch das Bild hinter sich gelassen, das seine Kollegen und Mitarbeiter sich von ihm gemacht hatten. Der neue Chef wird ohne Altlasten in seiner Rolle eher akzeptiert. So fällt es ihm auch selbst viel leichter, sich mit der neuen Führungsverantwortung zu identifizieren. Dafür hat er womöglich andere Probleme, denn er ist schließlich „keiner von uns!“, aber das steht auf einem anderen Blatt.

Noch erträglich ist es, wenn der neue Vorgesetzte im eigenen Unternehmen eine andere Abteilung übernimmt. So ist vielleicht sein Name bekannt, und es gibt sicher das eine oder andere Gerücht – aber es gibt keine gemeinsame

Geschichte mit den Mitarbeitern. Die Distanz ist immer noch groß genug, um nicht in persönlich-moralische Diskussionen verwickelt zu werden.

Die größte Herausforderung ist deshalb der Rollenwechsel innerhalb des Kollegenkreises. Moralische Erpressung und aufgekündigte Freundschaften sind nur zwei Folgen, mit denen der neue Vorgesetzte rechnen muss. Sich Respekt und Akzeptanz zu verschaffen erfordert weitaus mehr Anstrengung und Mut als in den zuvor genannten Fällen. Und es kann länger dauern.

Was passiert da unter der Oberfläche bei den Mitarbeitern und beim neuen Chef?

Motive der Mitarbeiter

Die Mitarbeiter sind in der ersten Zeit unsicher, wie sich die Situation für sie entwickeln wird. Da ist einerseits ein neuer Chef, an den sie sich gewöhnen müssen. Andererseits kennen sie ihn als Kollegen. Keine Ahnung, wie er sich als Chef aufführen wird. Ein neuer Chef, der von außen kommt, kann den Respekt seiner Mitarbeiter verlieren – der neue Chef, der aus den eigenen Reihen aufsteigt, muss sich den Respekt seiner Ex-Kollegen erst erarbeiten.

Erst einmal abwarten

Man wartet vielleicht erst einmal ab. Versucht, sich etwas bequemer im Job einzurichten. Die Grenzen werden ausgelotet. Wie weit kann man gehen? Wann und wie reagiert der neu gekürte Chef? Auf welchen Führungsstil muss man sich einstellen?

Als weiterer Stolperstein kommt womöglich noch der Neidfaktor hinzu. War der Neue wirklich der Einzige, der den Führungsposten verdient hat? Einerseits ist er noch so halb „einer von uns", andererseits verdient er jetzt deutlich mehr ... das muss erst mal verdaut werden!

Je länger die neue Führungskraft sich nicht klar zur Führungsrolle bekennt, umso mehr läuft die Abteilung aus dem Ruder. Das Ergebnis: Stagnation. Beide Seiten schleichen umeinander herum. In unserem Beispiel verschlechtern sich sogar die Leistung und das Ergebnis der Abteilung.

Motive des neuen Chefs

Bernd aus unserem Beispiel möchte nicht den „Boss raushängen lassen". Er will seine ehemaligen Kollegen nicht vor den Kopf stoßen. Sie kennen sich doch alle schon so lange und haben gemeinsam auch mal über seinen Vorgänger geschimpft. Mit zwei Kollegen verbindet ihn sogar eine private Freundschaft. Nun will er alles besser machen. Im Hinterkopf rumoren die vermeintlichen Erwartungen der Kollegen. Er spricht davon, „Primus inter pares" sein zu wollen. Was er anstrebt, ist ein harmonisches Miteinander im Sinne von flachen Hierarchien. Seinen Vorgesetzten gegenüber muss er aber auch beweisen, dass er der Richtige für diese Position ist. Sie erwarten ständig bessere Ergebnisse.

Freundschaft oder Karriere

Sein Erfolg hängt vom Erfolg seiner Mitarbeiter ab. Er ist darauf angewiesen, dass sie mitziehen. Dabei denkt Bernd zunächst, dass ihn die Kollegen bestimmt nicht hängen lassen werden. Er setzt auf die jahrelang erprobte Kollegensolidarität. Schließlich kennt man sich ja schon lange und gut.

Gleichzeitig trägt er die Verantwortung für das Ergebnis, muss Ziele setzen, organisieren und kontrollieren.

Was für eine Enttäuschung, als er feststellt, dass ihm die lieben Kollegen in den Rücken fallen!

Hilfsbereitschaft

Ähnlich geht es Susanne. Die frisch gekürte Leiterin der Presseabteilung war zuvor Texterin im Team des Marketing Service. Nun ist sie verantwortlich für Werbung und PR mit allen zugehörigen Teams. Natürlich fühlt sie sich ihren vertrauten Kolleginnen aus dem Marketing Service näher als den Mitarbeitern der anderen Teams. Mit fatalen Folgen.
In der ersten Zeit kommen die ehemaligen Kolleginnen sehr oft zu Susanne, wenn ein Projekt unter Zeitdruck gerät, und bitten sie um Hilfe. „Susanne, ich schaffe das nicht bis Montag. Kannst du nicht mal für mich mit dem Drucker sprechen? Und wenn du mir bei dem Text noch etwas helfen könntest ..."
Genau so war es ja auch früher schon: Sie teilen sich die Arbeit. (Wie Sie mit dieser Form der Belastung umgehen können, erfahren Sie im 2. Kapitel.)
Später bricht ein lange schwelender Konflikt aus und zwei Kolleginnen äußern den Wunsch nach einem Einzelbüro. Sie sind sicher, dass sie es bekommen, denn sie haben ja von früher her noch ein gutes Verhältnis zu ihrer Chefin. „Du machst das schon. Du weißt ja, wie blöd die Zusammenarbeit mit Monika ist. Sie stört dauernd und telefoniert endlos."
Der zwischen alter Solidarität und neuer Aufgabe schwankenden Susanne fällt es schwer, Nein zu sagen. „Okay, ich werde mal sehen, was sich machen lässt." Und sie beginnt zu rotieren. Gibt es einen Raum? Wenn ja, wo? Wie kann sie das organisieren?

Sie hat sich in die Falle locken lassen. Die Quittung erhält sie prompt: Als andere Teams davon hören, fühlen sie sich jetzt natürlich ungerecht behandelt. „Die kennst du noch von früher und darum bekommen sie eine Extrawurst gebraten. Was würdest du denn sagen, wenn wir alle Einzelbüros haben wollten?“

Tapferkeit vor dem Feind

Eine wahre Geschichte. Wenn Susanne ihr Verhalten nicht ändert, wird sie an ihrer neuen Aufgabe scheitern. Ihre Kolleginnen nehmen sie in ihrer neuen Rolle gar nicht wahr. Sie sind auch weit davon entfernt, sie als Vorgesetzte zu sehen und als solche ernst zu nehmen. Sie versuchen, für sich das Beste aus der Situation herauszuholen. Wie Bernd traut sich auch Susanne nicht, ihre ehemaligen Kolleginnen mit der unangenehmen Wahrheit zu konfrontieren, dass sich die Lage ganz entscheidend geändert hat. Beide drücken sich davor, zu akzeptieren, dass sie nicht mehr die „Alten“ sind.

Der Wechsel der Rolle, die neue Perspektive löst Angst aus. Vermeiden, verdrängen, ignorieren – es hilft alles nichts. Es muss gehandelt werden! Und zwar mit dem Risiko, sich unbeliebt zu machen. Und wer ist schon gern unbeliebt? Hinzu kommt die Befürchtung, nun nicht mehr im Team eingebettet zu sein, sondern ganz allein dazustehen. Die alten Gesetze gelten nicht mehr.

Ein echtes Dilemma: Freundschaft oder Karriere? Ich selbst habe erlebt, dass Freunde mir den Vorwurf machten, ich hätte die Seiten gewechselt und sei damit zur Verräterin geworden. Können Sie sich das vorstellen? – Nun ja. Es stimmt ja auch: Wenn Sie sich für den Sprung in die Führungsposition entschieden haben, haben Sie die Seiten gewechselt. Sie haben eine klare und folgenschwere Entscheidung getroffen. Nun gilt es, dazu zu stehen, mutig zu sein.

Was ist in der Abteilung zu tun?

Frischer Wind

Lieber abwarten und beobachten und dann vorsichtig Neues einbringen? Oder am ersten Tag die Fenster aufreißen und frischen Wind durch die Abteilung fahren lassen? Wenn Sie mutig sind, machen Sie das Letztere!

Sorgen Sie dafür, dass man sofort spürt, dass ein neuer Chef da ist. Aber hüten Sie sich unbedingt vor blindem Aktionismus. Es geht darum, Akzente zu setzen, nicht darum, nur um der Bewegung willen etwas zu unternehmen, das langfristig keinen Sinn macht.

Die erste wichtige Aktion nach der offiziellen Ernennung zum Chef ist das Einführen neuer Gesetze. Verabschieden Sie sich von Ihrer alten Rolle als Kollege oder Kollegin und begrüßen Sie sich und Ihre Mitarbeiter in der neuen Rolle als Vorgesetze/r.

Das bedarf einer gründlichen Vorbereitung.

©

Checkliste für den Amtsantritt:

Vorarbeit leisten

- Wie verstehen Sie Ihre Rolle als Führungskraft?
- Welche Prinzipien gelten unter Ihrer Leitung?
- Welche neuen Regeln werden ab sofort eingeführt?
- Worauf legen Sie in der Zusammenarbeit besonderen Wert?
- Wie genau wird sich der Rollenwechsel auf die Zusammenarbeit mit den ehemaligen Kollegen auswirken?
- Was erwarten Sie von Ihren Mitarbeitern?

- Was können Ihre Mitarbeiter von Ihnon erwarten?
- Was wird sich in der Abteilung unter Ihrer Führung verändern? Beschreiben Sie Ihre Vision.
- Welche neuen Chancen bieten sich für die Kollegen?
- Welche Vereinbarungen wollen Sie über die zukünftige Zusammenarbeit mit den Kollegen treffen?
- Welche Widerstände erwarten Sie?

Veranstalten Sie ein Ritual!

Bestimmen und kommunizieren Sie einen Termin, an dem das Ritual – das „Kick-Off-Meeting“ der neuen Abteilungsstruktur – stattfinden soll. Warten Sie nicht zu lange damit. Der erste Tag Ihrer neuen Tätigkeit ist der beste Zeitpunkt.

Planen Sie den Ablauf der Veranstaltung. Bereiten Sie Ihre Rede vor. Machen Sie sich Notizen. Organisieren Sie einen angemessenen Rahmen. Buchen Sie das schönste Konferenzzimmer, sorgen Sie für Getränke und einen kleinen Imbiss. Nach Ihrer Rede wird das Ereignis gefeiert: nicht nur Ihre Beförderung, sondern auch die vielen Chancen, die sich dadurch für die Abteilung und die Mitarbeiter ergeben.

Mutig geführt

Für Bernd und Susanne ist der Zug noch nicht abgefahren. Sie haben zwar versäumt, gleich zu Beginn Klartext zu denken und zu reden, aber sie holen das nach. Beide führen Einzelgespräche mit ihren Mitarbeitern und ins-tal-lieren außerdem vor versammelter Mannschaft neue Regeln. Es ist egal, was Sie zuerst machen. Hauptsache, Sie machen beides!

- Starten Sie mit einem formellen Ritual, indem Sie zum Beispiel eine Abteilungsbesprechung als Kick-off gestalten.
- Führen Sie Einzelgespräche mit den Mitarbeitern.
- Klären Sie die Rollen.
- Erläutern Sie Ihre Ziele und Führungsgrundsätze.
- Formulieren Sie Erwartungen an die Mitarbeiter.

Grundsatzrede

Bernd beschließt, das nächste Verkaufsmeeting zu nutzen, um Klarheit zu schaffen. Er nimmt die schlampigen Berichte und die schlechten Ergebnisse zum Anlass, eine Kurskorrektur vorzunehmen.
„Mir ist aufgefallen, dass in den letzten Monaten Besuchsberichte, Besuchsfrequenzen und Umsatzzahlen unter den Erwartungen zurückgeblieben sind. Bevor ich mit euch darüber spreche, warum das so ist, möchte ich heute zunächst die Gelegenheit nutzen, über unsere zukünftige Zusammenarbeit zu sprechen. Dass ich das bisher nicht getan habe, hat wohl zu einigen Missverständnissen geführt."
Bernd hat sich gut vorbereitet (siehe Checkliste oben) und erläutert seine Grundsätze und Erwartungen.
„Mit meiner neuen Aufgabe als Verkaufsleiter habe ich auch eine neue Rolle hier im Team übernommen. Ich trage Verantwortung für die Ergebnisse dieser Abteilung. Und ich werde dafür sorgen, dass die Ergebnisse so gut bleiben wie bisher und sogar noch besser werden."
„Na ja, so schlecht waren wir ja auch gar nicht."
Ein Verkäufer fühlt sich offensichtlich auf den Schlips getreten.

„Das stimmt. Aber nach den aktuellen Zielvorgaben müssen wir noch besser werden. Dafür ist auch eine gute Organisation notwendig. Ich erwarte von euch, dass ihr euch an die Regeln haltet. Erst einmal bleiben alle bestehenden Anordnungen zum Beispiel für Berichte und Ähnliches in Kraft. Allerdings werde ich sicher einiges ändern. Das bespreche ich dann mit euch und danach werden neue Regeln eingeführt." Bernd nimmt die Gelegenheit wahr, seine Erwartung an die ehemaligen Kollegen zu formulieren.

Und er erklärt, was die Kollegen von ihm erwarten können. „Ich kenne euren Job ja aus eigener Anschauung recht gut. Deshalb werde ich im Auge behalten, dass ihr nur wirklich notwendige und sinnvolle Reports anfertigen müsst."

Im weiteren Verlauf der Besprechung werden noch weitere Details der zukünftigen Zusammenarbeit und Bernds Pläne für Veränderungen angesprochen.

Daraufhin entwickelt sich eine Diskussion, die zu der Vereinbarung führt, dass Bernd bis zum nächsten Monatsmeeting mit jedem Kollegen ein Vier-Augen-Gespräch über Ziele und individuelle Zusammenarbeit führen wird.

Das ist mit Sicherheit kein einfaches Meeting für alle Beteiligten. Der neue Chef präsentiert sich als Chef. Die ehemaligen Kollegen müssen akzeptieren, dass sie von ihm mindestens so gefordert werden, wie von seinem Vorgänger. Der Neue tut gut daran, Verständnis für die vorhandenen Emotionen zu zeigen und dennoch hart in der Sache zu bleiben.

Einzelgespräche

Susanne führt zunächst Einzelgespräche mit ihren ehemaligen Kolleginnen. Sie spricht mit ihnen über ihren Rollenwechsel und die damit verbundenen Veränderungen in der gegenseitigen Arbeitsbeziehung. Dabei berücksichtigt sie auch mögliche Befürchtungen und Erwartungen ihrer Gesprächspartner. Susanne macht unmissverständlich klar, dass sie trotz der alten Verbundenheit mit Einzelnen großen Wert darauf legt, keine Abteilung zu bevorzugen. Aus diesem Grund lehnt sie auch die Forderung nach Einzelbüros für Marketing Services ab. Die Konflikte zwischen den Mitarbeiterinnen sollen anders gelöst werden (Anregungen für den Umgang mit Konflikten finden Sie in Kapitel 8).

Nachdem Susanne sich auf diese Weise von ihrer alten Rolle in der Beziehung zu den Kolleginnen verabschiedet hat, kann sie den nächsten Schritt in Angriff nehmen: die klärende Besprechung mit der gesamten Abteilung. Auch dafür bereitet sie sich nach dem Muster der Checkliste vor und startet mit einem formellen Ritual in die neue Ära der Zusammenarbeit.

Eine neue Ära der Zusammenarbeit

„Ich habe ja bereits mit jedem von euch ein Vier-Augen-Gespräch geführt. Heute habe ich alle eingeladen, um über unsere Zusammenarbeit und über die gegenseitigen Erwartungen zu sprechen."
Susanne erläutert nun die zukünftigen Ziele der Abteilung und ihr Verständnis der Führungsrolle.
„Mein Ziel ist es, die Presseabteilung nach innen und außen als homogenes Team zu präsentieren. Wir werden gute Arbeit leisten, den internen Service verbessern und Erfolge mit unseren Werbemaßnahmen haben. Dafür brauchen wir eine funktionie-

rende Kommunikation untereinander." Nun werden regelmäßige Besprechungen und andere turnusmäßige Verpflichtungen der Mitarbeiter angekündigt und verbindlich vereinbart.
„Als neue Chefin liegt mir viel daran, dass wir offen miteinander umgehen. In diesem Zusammenhang ist es mir wichtig, dass alle wissen, was ich erwarte und worauf ich besonderen Wert lege." Susanne erläutert ihre Vorstellungen und Grundsätze der zukünftigen Führung der Abteilung. Sie geht auch auf Bewertungskriterien ein und macht deutlich, dass es ihr Anliegen ist, Leistung messbar zu machen.
Am Ende fragt sie die Mitarbeiter nach ihren Wünschen und Erwartungen an ihre neue Chefin und geht auf die Äußerungen direkt ein, indem sie zum Beispiel begründet, warum sie einen Wunsch nicht erfüllen kann oder will. Eine andere Wortmeldung nimmt sie als Anregung auf und verspricht, beim nächsten Meeting darauf einzugehen.
Schließlich fasst Susanne die wichtigsten Punkte und Vereinbarungen zusammen und lädt alle zu einem vorbereiteten Imbiss ein. Nun wird auf den Neuanfang angestoßen!

Inszenierter Rollenwechsel

Einzelgespräche und eine Abteilungsbesprechung mit anschließender Feier bedeuten einen großen Zeitaufwand. Der zahlt sich aus. Es herrscht Klarheit über die zukünftige Linie und den Führungsstil. Jeder weiß, was er zu erwarten hat. Die neue Chefin hat sich deutlich von der Kollegenrolle distanziert und sich zu ihrer Führungsrolle bekannt. Die Arbeit kann ohne große Störungen weitergehen.

Das geschilderte Vorgehen zeigt einen konsequenten Weg: Der ehemalige Kollege lässt sich als Chef nicht manipulieren oder erpressen. Das führt zunächst zu enttäuschten, beleidigten und sogar feindseligen Reaktionen der Mitarbeiter. Derlei Widerstände sind vorprogrammiert und völlig normal (Übrigens: Wie Sie mit den zu erwartenden Widerständen umgehen können, erfahren Sie in Kapitel 9).

Wenn Sie den Rollenwechsel aktiv inszenieren und verkünden, wenn Sie mit den Folgen für die Zusammenarbeit offen umgehen, dann wird Ihr „Verrat" nur für kurze Zeit die Gemüter erhitzen. Bei konsequentem Verhalten werden sich die Mitarbeiter schnell daran gewöhnen und sich so verhalten, wie sie es bei jedem Wechsel des Vorgesetzten tun würden. Sie werden Sie ganz neu kennen lernen und Ihre klar sichtbare Rolle schnell akzeptieren. Der Blick ist jetzt nach vorne und auf die gemeinsamen Aufgaben gerichtet und die Konstellationen der Vergangenheit verlieren schnell an Bedeutung.

Was ist außerhalb der Abteilung zu tun?

Suchen Sie nach neuen Allianzen. Das Netzwerk, das Sie nun aufbauen, spinnt sich nicht mehr nur unter den ehemaligen Kollegen, sondern auch zwischen Ihnen und anderen Führungskräften. Nehmen Sie Kontakt mit anderen Abteilungsleitern auf.

©

Checkliste für den Eintritt ins Führungsteam

- Wie schätzen Sie die aktuelle Zusammenarbeit mit anderen Abteilungen und Bereichen ein? Was gefällt Ihnen, was könnte besser sein?
- Was erwarten die Führungskollegen möglicherweise von Ihnen?
- Was erwarten Sie von den Führungskollegen?
- Was möchten Sie verändern?
- Welche Vereinbarungen möchten Sie mit den Führungskollegen treffen?

Neue Allianzen schmieden

Die anderen Führungskräfte sind nun Ihre neuen Kollegen. Bisher haben diese Sie als Mitarbeiter einer anderen Abteilung gesehen. Vielleicht kennen einige Sie noch gar nicht. Auf jeden Fall kennt keiner von ihnen Sie in Ihrer neuen Rolle. Stellen Sie sich und Ihre Pläne vor. Sprechen Sie über die zukünftige Zusammenarbeit. Das schafft Vertrauen, dient Ihrem Selbstmarketing und macht unmissverständlich klar, dass Sie ab jetzt in der Führungsriege mitmischen.

Eintritt in die Rührungsriege

Karl ist der neue Chef der EDV-Abteilung. Da er in der Vergangenheit vorwiegend an der Weiterentwicklung von Programmen gearbeitet hat, ist er nur wenigen Kollegen bekannt. Zunächst plant er Gesprächstermine mit den Führungskräften jener Abteilungen, die am meisten Kontakt mit der EDV haben und ihre Dienstleistung oft in Anspruch nehmen. Dazu gehören die Chefs des Customer Service, der Buchhaltung und der Logistik. Das erste Gespräch findet mit Werner Klages, dem Leiter der Logistik, statt.

„Guten Tag Herr Klages. Wir haben ja bisher wenig Kontakt miteinander gehabt. Das wird sich nun ändern, und ich möchte gern mit Ihnen darüber sprechen, welche Pläne ich für die Arbeit der EDV habe und wie die Zusammenarbeit mit der Logistik-Abteilung optimiert werden kann."
Karl erörtert nun die von ihm ins Auge gefassten Veränderungen in Organisation und Service der EDV-Abteilung. Und er fragt Herrn Klages nach seinen Wünschen.
„Nachdem ich Ihnen nun meine Vorstellungen geschildert habe, interessiert es mich zu erfahren, was Sie sich von mir wünschen."
Herr Klages ist angetan davon, dass Karl sich so kooperativ zeigt. Er erläutert seine Vorstellungen und hat auch einige Anmerkungen zu aktuellen Problemen.
Am Ende des Treffens bedankt sich Karl: „Vielen Dank für das kooperative Gespräch. Ich werde über Ihre Anregungen nachdenken und Ihnen berichten, wie es nun weitergeht. Ich freue mich auf eine gute Zusammenarbeit mit Ihnen und zwischen unseren beiden Abteilungen." Er geht auch noch darauf ein, dass er mit allen Abteilungsleitern des Hauses ähnliche Gespräche führen wird. Damit empfiehlt er sich als kommunikativer, ernst zu nehmender Partner.

Wenn Karl nach all diesen Antrittsbesuchen zum ersten Mal an einem gemeinsamen Meeting der Führungskräfte teilnimmt, wird es den Anwesenden schwer fallen, in ihm noch den ehemaligen Mitarbeiter zu sehen. Selbstbewusst hat er sich in seiner Führungsrolle präsentiert.

Fazit

Bei jeder Übernahme einer Führungsposition ist es wichtig, zu Beginn die Zusammenarbeit klar zu regeln. Beim Wechsel aus dem Kollegenkreis muss zusätzlich unbedingt der Rollenwechsel thematisiert werden.

Selbstmarketing gehört auch dazu. Wenn ein Mitarbeiter Chef wird, muss er sich in seiner neuen Rolle im Führungskreis vorstellen und profilieren. Hier sitzen die neuen Kollegen! (Wie Sie das Netzwerk auf gleicher Ebene wirksam knüpfen und nutzen, erfahren Sie in Kapitel 12.)

Klare Absprachen und Vereinbarungen – mit Verständnis für die Emotionen aller Beteiligten – erleichtern den Einstieg in die neue Rolle.

Und sollten Sie von den ehemaligen Kollegen auf „gemeinsame Leichen im Keller" angesprochen werden, antworten Sie: „Das war gestern. Lasst uns in die Zukunft schauen und daran denken, wie wir die gemeinsamen Aufgaben bewältigen. Dass wir uns so gut kennen, ist dabei sicher von Vorteil!"

Na, wenn Sie es sagen, muss es stimmen – Sie sind der Chef!

„Na gut. Ich mach' das schon …"

Warum der Chef scheitern wird, wenn er sowieso alles immer am besten und schnellsten selbst erledigt.

Beschwerde-management

Und ständig klingelt das Telefon. Hartmut Mahler, Mitarbeiter der Abteilung Auftragsannahme und Kundenservice bei einem Großhändler für Tierarzneimittel, ist genervt. Kunden rufen an und geben ihre Bestellungen durch. Das ist Routine. Natürlich sind auch Tierärzte oder Tierbesitzer am Apparat, die Fragen zur Zusammensetzung oder Dosierung der Arzneimittel haben. Oder eben der Tierarzt, der sich maßlos darüber ärgert, dass er einen Termin zur Impfung gemacht hat, der Impfstoff jedoch nicht zum vereinbarten – oder erwarteten – Zeitpunkt geliefert wurde. Der Termin ist da, nur der Impfstoff nicht …

… und nun ist er am Telefon. Wütend. „Wissen Sie eigentlich, was das für mich bedeutet? Ich habe den Impfstoff schon vor Wochen bei Ihnen bestellt. Und da ich ja weiß, wie langsam Sie immer liefern, habe ich den Termin mit meinem Kunden extra erst jetzt angesetzt. Und nun ist die Lieferung immer noch nicht da. Das ist eine heillose Schlamperei. Was soll ich denn meinem Kunden sagen?"

Er ist nicht zu beruhigen. Eigentlich hat Hartmut durchaus Verständnis für die unangenehme Lage des Kunden: „Das tut mir Leid, Herr Jürgens. Ich kann verstehen, dass das für sie eine sehr unange-

nehme Situation ist. Ich möchte Ihnen ja gern helfen. Die Bestellung ist hier im Computer verbucht und müsste längst bei Ihnen sein. Ich werde das überprüfen und mich darum kümmern, dass Sie die Ware so schnell wie möglich bekommen."
Der Tierarzt tobt weiter: „Ich verlange, dass Sie unverzüglich dafür sorgen, dass der Impfstoff noch heute bei mir in der Praxis ist. Wenn nicht, dann mache ich Sie für meinen Verdienstausfall verantwortlich. Glauben Sie nicht, dass Sie so davonkommen! Was machen Sie eigentlich den ganzen Tag, wenn Sie noch nicht einmal das geregelt bekommen? Sie haben sich wohl gedacht, dass Sie einen so kleinen Kunden wie mich nicht besonders beachten müssen, was? Aber von Ihrem Unternehmen kann man ja nichts anderes erwarten. So unzuverlässig und arrogant wie die Mitarbeiter sind! Ich bestelle nie wieder bei Ihnen!"
Hartmut fühlt sich langsam unwohl. Er ist schließlich nicht verantwortlich für den Fehler, wenn es denn ein Fehler war.
Jedenfalls braucht er sich das nun auch nicht bieten lassen, persönlich möchte er nicht angegriffen werden. Nein, so kann man mit ihm nicht reden.
„Herr Jürgens, das Beste ist, ich verbinde Sie mal mit meiner Chefin. Vielleicht kann sie Ihnen weiter helfen."
Hartmut will sich so schnell wie möglich aus dieser unangenehmen Situation befreien und verbindet einfach weiter: „Frau Wiese, ich habe hier so einen Kunden, der meckert. Ich komme mit ihm nicht weiter. Können Sie mal mit ihm sprechen?"
Sabine Wiese, an derartige Vorfälle gewöhnt und besonders geschickt in schwierigen Gesprächen,

antwortet: „Klar doch! Stellen Sie ihn mir durch. Ich kriege das schon hin."
Erleichtert lehnt sich Hartmut zurück. Den Ärger ist er nun los. Sollen sich doch andere damit herumschlagen!

Nach oben delegieren

Kommt Ihnen das irgendwie bekannt vor? Offenbar fällt es vielen Mitarbeitern – im Gegensatz zu ihren Chefs – durchaus leicht, Aufgaben zu delegieren. Nach oben zu delegieren. Spannend zu sehen, wie freudig und geschmeichelt die Vorgesetzten in diesen Fällen die ihnen von ihren Mitarbeitern (rück-)übertragenen Aufgaben übernehmen und so schnell wie möglich erledigen: pflichtbewusst und verantwortungsvoll, oder?

Dass dies für das Unternehmen effizient sei, wird keiner behaupten; und es ist auf Dauer auch nicht gut für das Ansehen des Vorgesetzten. Trotzdem kommt es oft genug vor, dass sich die Richtung des Delegierens unbemerkt umkehrt. Was steckt dahinter?

Motive der Mitarbeiter

Jeder macht es sich gerne leicht und geht den Weg des geringsten Widerstandes. Das ist auch eigentlich ganz richtig so, ein Überlebenstrieb, der hilft, Kraft zu sparen. Wenn ein Mensch merkt, dass es ein Leichtes ist, Verantwortung oder Arbeit abzugeben, wird er das tun. Und Mitarbeiter sind eben auch nur Menschen! Sie wissen, dass ihr Chef sich der schwierigen Fälle gerne annimmt. Und darum sind sie ganz erleichtert, dass sie sich nicht mehr mit dem meckernden Tierarzt, dem unzuverlässigen Lieferanten oder den Lösungen für technische oder organisatorische Schwierigkeiten herumschlagen müssen. Wunderbar!

Sie gehen wieder zu ihren Routineaufgaben zurück und müssen sich nicht den Kopf zerbrechen. Geschweige denn Verantwortung übernehmen. „Verantwortung? Das ist doch Chefsache“, sagen sie sich.

Im einleitenden Beispiel ist es das Abschieben unangenehmer Gefühle, das den Mitarbeiter dazu bewegt, die Chefin einzuschalten. „*Ich* muss mich doch nicht so anbrüllen lassen. Machen *Sie* ihm das mal klar!“ Hier läuft der Junge zur großen Schwester und bittet sie, sich für ihn zu prügeln. Dahinter steht mangelndes Vertrauen in die eigenen Fähigkeiten und das Vertrauen, dass die große Schwester es schon richten wird.

Und die richtet es ja auch ...

Motive des Chefs

Sabine hat sofort reagiert und das Gewünschte erledigt. Sie hat das Gespräch übernommen, den Kunden beschwichtigt und ihm eine gute Lösung angeboten. Dann kümmert sie sich noch persönlich darum, dass die Ware per Express ausgeliefert wird. Als alles erledigt ist, geht sie zu Hartmut und berichtet ihm, was sie getan hat.

Eitelkeit

Klingt das nicht ein wenig nach dem eifrigen Wunsch, etwas gut zu machen? Denn bei ihr angekommen sind nicht die oben beschriebenen Motive des Mitarbeiters, sondern Streicheleinheiten und Schmeicheleien. Ein Fest für die Eitelkeit:

- Ich kann ja so gut mit schwierigen und verärgerten Kunden umgehen. Und meine Mitarbeiter wissen das zu schätzen. Ich bin gut!
- Ich bin eben ein gutes Vorbild. Keiner hier erledigt dringende Aufgaben so schnell und effektiv wie ich. Das wissen meine Mitarbeiter auch. Ich bin gut!

- Ich bin hier die große Problemlöserin. Wenn es mich nicht gäbe, würde alles zusammenbrechen. Schön, dass meine Mitarbeiter das in Anspruch nehmen. Ich bin gut!

Es gibt zwar genügend anderes zu tun, aber diese erlebte Anerkennung der eigenen Fähigkeiten motiviert natürlich ganz ungemein dazu, den Beweis anzutreten, dass man jederzeit wieder herausragende Leistungen erbringen kann. Geschmeichelt machen sich täglich überall Vorgesetzte mit Elan daran, die Aufgaben ihrer Mitarbeiter zu erledigen. Allerdings wundern sie sich auch täglich darüber, dass ihr Schreibtisch nie leerer zu werden scheint. Und sie fühlen sich ständig überlastet. Unentbehrlich sind sie. Das schmeichelt und liefert die ehrenwerte Entschuldigung, warum sie immer zu wenig Zeit für Familie und Freunde haben.

Leider haben sie auch zu wenig Zeit für strategische Führungsaufgaben. Und das ist eine böse Falle mit einem verlockenden Köder! Denn jeder tut gern, was er besonders gut kann. Das beruhigt, gibt das Gefühl, viel gearbeitet zu haben und hilft, sich vor unangenehmer Arbeit – in diesem Fall Führungsaufgaben – zu drücken.

„Geht ja schneller, wenn ich es selbst mache ..."

Bei einem regionalen Seminaranbieter soll eine Pressemitteilung über die neuen Angebote für das nächste Vierteljahr geschrieben werden. Eine Routinearbeit, die bisher die Chefin Karin erledigt hat. Nun hat sie seit einigen Monaten Lisa – mit ein wenig Bedenken – zur Beauftragten für Öffentlichkeitsarbeit ernannt. Dazu gehört natürlich auch das Formulieren der Pressemitteilung.
Lisa hat die Ernennung zur PR-Beauftragten mit Freude und Stolz registriert. Nun kommt die erste

Herausforderung auf sie zu, und sie findet eine Menge Gründe, warum sie das nun gerade nicht erledigen kann. „Puh, ich habe ja morgen noch den Termin mit den Bereichsleitern wegen der neuen Texte für den Katalog. Und außerdem habe ich ja noch nie eine Pressemitteilung geschrieben. Das dauert ja viel zu lange. Ich muss das erst mal richtig lernen. Und schließlich bin ich ja immer noch in der Einarbeitungsphase ...“
Sie möchte sich natürlich nur ungern mit möglicherweise drohender Kritik an ihrer Arbeit auseinander setzen. Es ist ja schließlich das erste Mal, dass sie eine Pressemitteilung schreibt und da gäbe es sicher einiges zu verbessern ...
Am nächsten Tag bittet Lisa Karin um ein Gespräch. „Wissen Sie eigentlich, wie lange das dauert, wenn ich diese Pressemitteilung schreibe? Das ist das erste Mal und da geht das sicher noch nicht so glatt wie bei Ihnen. Außerdem habe ich so viel anderes zu tun, ich ersticke in Arbeit. Und nun kommt auch noch diese Pressemitteilung dazu. Wann soll ich das denn noch machen?“
Karin, die weiß, dass sie selber diese Arbeit bisher immer sehr schnell und mühelos erledigt hatte, antwortet: „In Ordnung. Ich mache das schnell fertig. Geht ja auch wirklich schneller, wenn ich es tue.“

Der Irrtum

Mitarbeiter, die es sich leicht machen wollen, spannen Vorgesetzte ein. Diese fühlen sich geschmeichelt und verhalten sich erwartungsgemäß. Und sie bilden sich ein, dass sie sehr beliebt bei ihren Mitarbeitern sind, weil diese mit ihren Problemen stets zu ihnen kommen. Sie meinen, als besonders hilfsbereit und fürsorglich zu gelten und damit Beliebtheitspunkte sammeln zu können.

Vorgesetzte lassen sich von ihren Mitarbeitern beauftragen und werden zu Vorzeigesachbearbeitern. Sie verhalten sich so, wie sie es sich von ihren Mitarbeitern wünschen: verantwortungsbewusst, lösungsorientiert und kollegial. Sie halten sich damit für gute Vorbilder. Und sie glauben, dass sie dafür anerkannt und gemocht werden und darum gute und erfolgreiche Vorgesetzte sind.

Bedauerlicherweise müssen sie aber früher oder später erkennen, dass andere an ihnen vorbeiziehen, weil sie bessere Ideen und Strategien entwickeln. Sie verzweifeln an ihren Mitarbeitern, die nicht in der Lage sind, Verantwortung zu übernehmen. Sie werden von ihren Mitarbeitern nicht für voll genommen. Sie arbeiten zwar viel, haben aber nie das Gefühl, sich ausreichend um alles kümmern zu können.

Eine Zwickmühle: Auf der einen Seite ist die Angst, den Wunsch des Mitarbeiters abzulehnen und dann als schroff und abweisend zu gelten – auf der anderen Seite die wichtige eigene Arbeit, die dafür liegen bleibt und das damit verbundene Risiko des Scheiterns in den Augen der eigenen Vorgesetzten oder der Kollegen im Management.

Und was denken die Mitarbeiter über ihren Chef?

Kurzfristig scheint alles wunderbar zu laufen: Mit Sicherheit werden die Mitarbeiter sich bedanken. Sie werden dem Chef die ersehnte Anerkennung und Bestätigung zukommen lassen: „Oh, danke! Ich wusste doch, dass Sie das immer so toll hinkriegen!“

Auf den Leim gegangen

Ihr Ziel, eine ruhigere Kugel zu schieben oder Verantwortung abzugeben, erreichen die Mitarbeiter bei ihrem Chef mit dieser Schmeichelei leicht. Zweifellos wissen sie das und setzen diese Taktik bewusst ein.

Leider ist der langfristige Effekt nicht so positiv. Das hilfsbereite Verhalten des Chefs führt dazu, dass die Mitarbeiter ihn nicht anerkennen, sondern benutzen. Und wenn ihnen seine Art des Vorgehens nicht gefällt, dann werden sie ihn hinter vorgehaltener Hand oder gar offen kritisieren. Sie werden sich in ihrem problemorientierten Verhalten bestätigt fühlen und immer häufiger über Dinge klagen, die ihnen an der Organisation oder an Kunden oder Lieferanten nicht passen. Sie trauen sich wenig zu und erhalten keine Gelegenheit, sich zu entwickeln. Verantwortungsbewusstes und lösungsorientiertes Verhalten wird verhindert.

Und sie finden ihren Chef oder ihre Chefin vielleicht ganz nett – achten werden sie ihn oder sie jedoch nicht. Denn wenn der Chef auch nur ihre Arbeit macht, warum ist er dann Chef? Das könnten sie doch auch! Und wahrscheinlich sogar besser. Wenn da nicht die Verantwortung wäre ... Aber dafür ist es ja ganz gut, dass es den da oben gibt, der ihnen diese unangenehme Bürde abnimmt.

„Ich kümmere mich schon darum ...“

John ist Leiter der Einkaufsabteilung und erlebt immer wieder, dass Mitarbeiter zu ihm kommen, um sich über etwas zu beklagen: „Wir haben da ein Problem.“ „Das läuft alles falsch hier.“ „Was sollen wir denn tun, wenn der Lieferant wieder so schlampt?“ „Wie sollen wir das denn technisch lösen?“ „So geht das nicht.“ ...

Die Mitarbeiter machen es sich leicht, indem sie nicht selber über Lösungsmöglichkeiten nachdenken, sondern ganz automatisch John als Chef dafür verantwortlich machen. Wenn dieser dann Lösungen anbietet oder selber aktiv wird, kann man ihn sogar auch noch kritisieren: „Gestern habe ich John gefragt, was wir mit diesem einen unzuverlässigen Lieferanten machen sollen. Ich habe ihm ge-

sagt, dass er da mal etwas unternehmen muss. Und wisst ihr, was er getan hat? Er hat gleich gedroht, ihm keine Aufträge mehr zu geben. Mensch, ich kenne den Lieferanten schon seit Jahren gut. Mit dem hätte man doch vernünftig reden können! Wenn man dem droht, hilft das gar nichts!"

Ein Gefühl von Macht entsteht so ganz automatisch: sehr angenehm!

John dagegen ist stolz darauf, schnell Lösungen parat zu haben oder die Mitarbeiter zu trösten. Alle wissen, dass er sich bemühen wird. Sein häufigster Satz ist: „Gut. Ich werde mich darum kümmern."

Führungsmut

Was läuft hier falsch? Warum hört sich „hilfsbereit sein" und „der Beste sein" plötzlich so wenig positiv an? Ganz einfach: Weil die Chefs aus unseren Beispielen ihre Führungsaufgaben nicht wahrnehmen. Es geht ihnen darum, von ihren Mitarbeitern anerkannt und gemocht zu werden. Wir haben gesehen, dass diese Rechnung nicht aufgeht. Und nun?

Sie haben sicher schon bemerkt, welche Führungsaufgaben hier nicht wahrgenommen werden: Es geht um Delegieren und darum, die Mitarbeiter zu stärken und sie dabei zu unterstützen, sich weiterzuentwickeln!

Der nette und hilfsbereite Chef schafft es nicht, Nein zu sagen. Der bessere Chef sorgt dafür, dass er entlastet wird. Er delegiert und fördert die Selbstständigkeit seiner Mitarbeiter. Er hat genügend Zeit für Mitarbeitergespräche, strategische und organisatorische Überlegungen und interne und externe Kommunikation. Seine Planungen sind durchdacht und praxisnah, viele Lösungsansätze erhält er von seinen Mitarbeitern, die kompetent in ihren Arbeitsbereichen sind. Er hat den Überblick über seine Abteilung, ohne in einzelne Vorgänge eingebunden zu sein.

Warum ich hier von Führungsmut spreche? Nun ja – es erfordert schon Mut, Nein zu sagen. Oder Widerstände auszuhalten, die entstehen, wenn die Mitarbeiter plötzlich merken, dass sie allein Lösungen finden sollen oder schwierige Aufgaben nicht mehr einfach nach oben abschieben können.

Mutig delegieren

Beginnen wir mit dem Delegieren. Dazu gehört auf der einen Seite viel Vertrauen in die Fähigkeiten der Mitarbeiter. Und auf der anderen Seite müssen die Mitarbeiter sich die Aufgaben auch selbst zutrauen und dürfen keine Angst vor Fehlern haben. Gar nicht so einfach. Als Führungskraft sind Sie hier ganz besonders gefordert. Es ist nicht einfach, gegenseitiges Vertrauen aufzubauen. Und gerade weil Sie die Verantwortung für die Ergebnisse Ihrer Abteilung oder Ihres Bereichs tragen, fällt es bestimmt schwer, die Mitarbeiter einfach mal „machen" zu lassen. Aber nur so können sie lernen, selbstständig zu handeln und an sich zu glauben. Gegenseitiges Vertrauen entsteht, wenn der Chef Fehler „erlaubt" und sich davon löst, dass er alles sowieso am besten kann. Selbst wenn es so sein sollte, halten Sie sich mit Ihrem Ich-bin-der-Beste-Stolz zurück. Geben Sie den Mitarbeitern Gelegenheit zu zeigen, dass sie es auch können. Und wenn zu Beginn Fehler passieren oder auch einmal etwas ganz oder teilweise misslingt, dann sprechen Sie mit dem Mitarbeiter und fragen ihn, was er das nächste Mal anders machen will, um zu verhindern, dass dieser Fehler sich wiederholt. In vielen Fällen werden Sie wahrscheinlich feststellen: „Oh, das geht ja gut! Ich wusste gar nicht, dass hier so viel Sachkenntnis vorhanden ist!"

Leicht ist das nicht, je nachdem, wie sehr das „alte" Verhalten sich schon eingebürgert hat. Hier ist Ihr konsequentes Verhalten gefordert. Wenn die Mitarbeiter immer wieder kommen und meinen, sie könnten es nicht allein, dann ist die Lösung nicht der alles könnende Chef, sondern das fördernde Gespräch, in dem Sie keine schnellen Lösungen anbieten, sondern Fragen stellen. Sie geben damit dem Mitarbeiter Gelegenheit, noch einmal nachzudenken und eigene Lösungsansätze zu entdecken.

Lösungsorientiertes Denken

Sehen Sie sich einfach als eine Art Geburtshelfer und unterstützen Sie die Entwicklung des lösungsorientierten Denkens bei Ihrem Gegenüber durch hilfreiches Nachfragen:

ⓜ

Diese Fragen regen die Mitarbeiter zu lösungsorientiertem Denken und Handeln an:

- Welche Rahmenbedingungen müssten geschaffen werden, damit Sie die Aufgabe lösen können?
- Welche Kollegen, eventuell aus anderen Abteilungen, könnten Ihnen hilfreiche Auskünfte geben?
- Was hindert Sie daran, rechtzeitig fertig zu werden?
- Was brauchen Sie von wem, um erfolgreich zu handeln?

In diesen Fragen drückt sich das Vertrauen aus, dass die Mitarbeiterin ihr Arbeitsumfeld gut genug kennt, um die Antworten zu geben. Und Sie signalisieren ihr damit, dass Sie bereit sind, die Anregungen ernst zu nehmen. Sie braucht nun lediglich noch eine Ermunterung, sich die entsprechenden Hilfen zu besorgen und weiterzuarbeiten: „Das ist eine gute Idee. Wollen Sie den Kollegen gleich anrufen?"

Oder Sie beginnen gemeinsam eine Diskussion darüber, wie die notwendigen Rahmenbedingungen geschaffen werden könnten – und vor allem, was die Mitarbeiterin selbst dazu beitragen kann.

Als souveräner Chef weisen Sie zwar das Ansinnen zurück, die Arbeit für die Mitarbeiterin mal eben selbst zu erledigen, helfen ihr aber im Gespräch, eigene Lösungen zu finden. Zugegeben, das kostet Zeit. Aber die ist schon dadurch gewonnen, dass Sie sich nicht selbst um die Sachbearbeitung kümmern. Und außerdem ist diese Zeit klug investiert: In Zukunft werden die Mitarbeiter immer besser in der Lage sein, auch schwierige Fälle selbst zu bearbeiten. Und Ihr Schreibtisch wird immer leerer ...

Hart und herzlich

Mitarbeiter, die immer wieder zum Chef kommen, um zu sagen, dass sie ein Problem haben, schicken Sie in Zukunft also am besten konsequent wieder weg! Selbstverständlich nicht einfach so, sondern mit einer Aufgabe: „Denken Sie noch einmal darüber nach. Sie sind doch der Experte. Wenn Sie dann eine oder zwei Lösungsideen haben, können wir gern gemeinsam darüber sprechen."

Wenn Sie dann später zusammensitzen, können Sie über die Lösungen diskutieren und müssen sich nicht lange mit den Problemen aufhalten. So ebnen gute Chefs ihren Mitarbeitern den Weg vom problemorientierten Denken und Handeln zu einem lösungsorientierten Verhalten. Und sie werden immer seltener mit Problemen konfrontiert, die sie für die Mitarbeiter lösen sollen. Wenn diese nämlich irgendwann begriffen haben, dass sie nur dann mit ihren Schwierigkeiten kommen können, wenn sie bereits eigene Lösungsideen mitbringen, dann werden sie doch das Problem auch selbst lösen können. Die Aufgabe des Chefs ist es, die Mitarbeiter darin zu bestärken, selbstständig Lösungen zu finden.

Es geht nicht darum, selbst ein vorbildlicher Sachbearbeiter oder Verkäufer zu sein. Die Mühe sollten Sie sich nicht machen, wenn Sie wirklich Chef bleiben wollen. Vorbildlich allerdings muss Ihr Führungsverhalten sein, wenn es um Verlässlichkeit, Verantwortungsbewusstsein und Lösungsorientierung geht. Was einen guten Sachbearbeiter ausmacht, wissen Ihre Mitarbeiter ganz gut. Aber die Verhaltensweisen, die Sie sich von Ihnen wünschen, sind nicht so ausgeprägt im Bewusstsein verankert. Da ist Ihr konsequentes Vor-Leben gefragt!

Mutig geführt

Zurück an den Absender

Beim Tierarzneimittelhändler: Wenn Sabine nun den wütenden Kunden einfach durchgestellt bekommt, kümmert sie sich zwar um ihn, bittet aber danach sofort den Mitarbeiter zu einem Gespräch. Sie erklärt: „Herr Mahler, ich habe gerade von Ihnen Herrn Jürgens durchgestellt bekommen und mit ihm eine Lösung gefunden. Ich möchte, dass das eine Ausnahme bleibt. Wir haben Sie eingestellt, weil wir Ihnen zutrauen, auch mit schwierigen Gesprächssituationen fertig zu werden. Genau das ist ein wichtiger Bestandteil Ihres Jobs im Kundenservice."

Hartmut protestiert: „Aber der Kunde wollte unbedingt mit Ihnen sprechen! Und außerdem lasse ich mich nicht so beschimpfen!"

„Das müssen Sie auch nicht", erwidert Sabine. „Aber es gibt Möglichkeiten, aufgebrachte Kunden zu beruhigen. Was brauchen Sie, um sich künftig besser zu fühlen, wenn Sie schwierige Gesprächspartner am Telefon haben?"

Das Gespräch endet damit, dass Sabine Hartmut vorschlägt, ein Seminar zu besuchen, in dem der Umgang mit schwierigen Gesprächspartnern am Telefon geübt wird. Oder sie nimmt sich vor, ein entsprechendes Seminar für die ganze Abteilung zu veranstalten.

Für die Übergangszeit schlägt sie vor: „Ab sofort möchte ich mit Ihnen vereinbaren, dass Sie unangenehme Kundengespräche nicht mehr zu mir durchstellen. Stattdessen erklären Sie dem Kunden, dass Sie nach einer Lösung suchen und ihn innerhalb einer kurzen Zeit wieder zurückrufen. In der Zwischenzeit machen Sie sich dann Gedanken über ein mögliches Vorgehen. Mit diesen Vorschlägen können Sie dann auch gern zu mir kommen, und wir sprechen dann noch einmal gemeinsam darüber, ob das so machbar ist. Aber wahrscheinlich brauchen Sie mich gar nicht dafür." Sabine ermuntert ihn, seine Kompetenz zu zeigen und den Kunden selbst zurückzurufen!

„Doch, Sie können das!"

Beim regionalen Seminaranbieter: Als Karin von Lisa hört, dass diese die Aufgabe, eine Pressemitteilung zu schreiben, unmöglich in der gesetzten Zeit lösen kann, beginnt sie zu fragen: „Was schätzen Sie, wie viel Zeit brauchen Sie? Welche Kollegin könnte Sie von anderen Aufgaben entlasten? Was kann ich tun, um Sie zu unterstützen?"

Mit diesen Fragen bringt sie Lisa dazu, sich über die Lösung ihres scheinbaren Problems selbst Gedanken zu machen. Lisa erfährt gleichzeitig, dass ihre Chefin ihr zwar die Arbeit nicht abnimmt, aber bereit ist, sie zu unterstützen. Karin sagt zwar Nein, sie zeigt aber Vertrauen in Lisas Fähigkeiten:

„Lisa, ich bin sicher, dass Sie das können. Nehmen Sie sich einmal die letzten Pressemitteilungen vor. Da sehen Sie, wie es geht. Und wenn Sie einen ersten Entwurf fertig haben, sprechen wir darüber."

Lisa kommt mit ihrer Rückdelegation an ihre Chefin nicht durch. Sie findet das unbequem, sieht aber, dass ihr keine andere Wahl bleibt, als sich an die Arbeit zu machen. Und siehe da: Sie bringt einen Text zu Stande, der von Karin nur noch wenig redigiert werden muss. Damit heimst Lisa nun sogar ein Lob ein und fühlt sich schon sehr viel sicherer, wenn sie an zukünftige Textprojekte denkt.

Selberdenken fördern

Beim Mineralölhändler: John verweigert sich konsequent – jeder, der nun zu ihm kommt, um sich zu beklagen, wird wieder fortgeschickt. „Ich habe mir angewöhnt, immer wieder Lösungen für Ihre Probleme zu finden. Dabei sind doch Sie die Experten! Niemand kennt Ihren Arbeitsplatz so gut wie Sie selber. Also werde ich ab sofort nur noch dann über Probleme mit Ihnen sprechen, wenn Sie mir mindestens zwei Lösungsansätze mitbringen. Dann nehme ich mir auch genügend Zeit für Sie. Das verspreche ich Ihnen."

Zunächst regt sich Widerstand. „Das ist ja unmöglich! Ich versinke hier in Problemen und der Chef lehnt sich zurück und überlässt uns alles." Das ist nur eine Reaktion von vielen. Empört reagieren die Mitarbeiter auf das Ansinnen, nun eigenständig Lösungen finden zu müssen. Obwohl John ihnen doch auch seine Unterstützung zusagt – alle empfinden das als Zumutung.

Durchhalten lohnt sich

John leidet zunächst sehr unter der Kritik an seiner Person. Keine Schmeicheleien mehr, kein Lob dafür, dass er so hilfsbereit ist. Stattdessen nur Ablehnung. Er bleibt jedoch konsequent. Und nach ein paar Wochen stellt er fest, dass die Mitarbeiter weniger nörgeln. Sie kommen nun zu ihm, wenn sie eine Idee haben, wie sich ein technisches Problem lösen ließe. Und holen sich dabei oft ein Lob für ihre Initiative ab. John hat mehr Zeit für wichtige Leitungsaufgaben und seine Mitarbeiter fühlen sich gar nicht so unwohl mit ihrer neu gewonnenen Kompetenz.

John ist zwar nicht mehr der gefügige und hilfsbereite Chef. Aber er bekommt seine Anerkennung und seinen Respekt nun dafür, dass er konsequent die Entscheidungskompetenz seiner Mitarbeiter fördert.

Was denken nun die Mitarbeiter?

Widerstand aushalten

Kurzfristig bricht für die Mitarbeiter eine gut eingespielte Welt zusammen, wenn der Chef sich nicht erwartungsgemäß verhält. Sie stehen vor der Herausforderung, selber Lösungen zu finden oder eine schwierige Nuss selbst knacken zu müssen. Das ist unbequem. Völlig verständnislos reagieren die Mitarbeiter, manchmal beleidigt, oft wütend. Hinter dem Rücken des Chefs wird genörgelt und gemeckert: „Was bildet der sich ein?" „Immer müssen wir alles alleine machen ..." „Der macht es sich ja einfach!"

Sie müssen mit Widerstand rechnen, wenn Sie diesen Weg beschreiten. (Wie Sie damit umgehen, erfahren Sie in Kapitel 9.) Und rechnen Sie auch damit, dass Sie auf der Beliebtheitsskala weit zurückfallen. Wer andere fordert und von ihnen Leistung verlangt, ist nicht mehr einer von ihnen. Als Führungskraft sind Sie das sowieso nicht mehr. Also bleiben Sie konsequent und lassen sich keine Aufgaben aufdrücken, die nicht (mehr) Ihre sind.

Langfristig werden die Mitarbeiter immer selbstständiger und lösungsorientierter denken und handeln, wenn Sie Ihr Verhalten konsequent durchhalten. Sie werden sich besser fühlen und motiviert sein, da sie mehr Vertrauen in ihre eigenen Fähigkeiten gewinnen. Immer seltener werden sie mit ungelösten Problemen bei Ihnen ankommen. Im Gegenteil: Verbesserungsvorschläge sind zu erwarten, da das „Selberdenken" gefördert wird. Nur starke Chefs haben starke und selbstständige Mitarbeiter. Der Respekt, der Ihnen nun entgegengebracht wird, fördert Ihren Erfolg und Ihr Ansehen als gute Führungskraft. Bei Mitarbeitern, Kollegen und Ihrem eigenen Chef.

Fazit

„Wenn einer alles selbst machen will, braucht er sich nicht zu beklagen, dass er schließlich alles selbst machen muss."

Henri Nannen

Der Mut zum konsequenten Nein wird belohnt. Die Mitarbeiter werden zur Eigenverantwortung ermuntert, werden zu selbstständigen Mitarbeitern, die mitdenken und ein neues Selbstwertgefühl entwickeln. Der Chef hat mehr Zeit für Führungsaufgaben. Die Streicheleinheiten und das Balsam für seine Eitelkeit klingen nun ganz anders:

- Ich kann gut mit meinen Mitarbeitern umgehen. Ich motiviere sie zu selbstständiger Arbeit und unterstütze sie dabei, ihre Aufgaben gut zu lösen. Ich bin eine gute Führungskraft!
- Ich kann gut delegieren und habe daher genug Zeit, mich mit strategischen Aufgaben und Planungen zu beschäftigen. Das merken auch meine Kollegen und Chefs. Ich bin eine gute Führungskraft.
- Ich habe gute und starke Mitarbeiter, denen ich vertrauen kann. Das entlastet mich und trägt zu meinem Erfolg und dem Erfolg des Unternehmens bei. Ich muss nicht immer präsent sein, um sicherzustellen, dass alles läuft. Ich bin eine gute Führungskraft!

Storm oder Brain

Von der hohen Kunst, Themen ziel- und zeitgerecht zu besprechen.

Outlook meldet sich: Das nächste Meeting beginnt in fünf Minuten! Ihnen entfährt ein lautes Stöhnen. Ihr Gesicht spricht Bände: Sie sind gehetzt, genervt und demotiviert. Das ist nicht das erste Meeting heute, das Sie aus der Arbeit reißt, und es ist wieder einmal keines, von dem Sie sich irgendetwas Sinnvolles versprechen. Sie sind natürlich nicht vorbereitet, wissen nicht einmal genau, um was es geht und wer anwesend sein wird. Eigentlich haben Sie jede Menge Besseres zu tun.

Wie viel Zeit verbringen Sie in Sitzungen? Sind es auch bis zu 50 Prozent, wie mir einige meiner Kunden versichern? Ich behaupte, dass viele Besprechungen überflüssig sind, zu lange dauern und ohne Ergebnis im Sande verlaufen. Wie im Beispiel von Michaela:

Zeitverschwendung

Michaela Breuer ist Leiterin der EDV-Abteilung und zurzeit auch Projektleiterin für die Einführung einer neuen Software. Der Programmierauftrag ist vergeben. Das Projekt erfordert viele Abstimmungstreffen mit Vertretern der unterschiedlichen Anwendergruppen. Die Zeit ist knapp. Michaela ärgert sich immer wieder darüber, wie endlos schleppend die Diskussionen in den Besprechungen ablaufen. Jeder meint, noch Bedenken oder Wünsche vortragen zu müssen. Am Ende haben alle viel geredet, doch das Ergebnis ist mehr als ma-

ger – im schlimmsten Fall ist es einzig die Einigung auf einen neuen Termin. Michaela weiß, dass sich daran etwas ändern muss, wenn sie das Projektziel bis zum vereinbarten Termin erreichen will. Auf der anderen Seite möchte sie die Bedenken der einzelnen Interessengruppen nicht ignorieren. Schließlich ist sie auf deren Mitarbeit angewiesen.

Lassen Sie uns mal genauer hinschauen, was hier passiert.

Motive der Besprechungsleiterin

Michaelas Motive sind offensichtlich: Ohne die Informationen aus den Fachabteilungen kann sie keine Beschreibung der organisatorischen Abläufe erstellen, die die Programmierer für den Arbeitsauftrag benötigen. Diese Abhängigkeit führt dazu, dass Michaela die Teilnehmer mit Samthandschuhen anfasst. Sie will es sich nicht mit ihnen verscherzen. Im Grunde versteht sie die Bedenken der Anwender ja auch.

Und so läuft langsam, aber sicher jede Besprechung aus dem Ruder. Michaela hat zwar alle Bedenken und Wünsche notiert und geduldig angehört – aber sie hat kein Ergebnis erzielt. Trotzdem ist sie froh, dass man sich wenigstens auf einen gemeinsamen neuen Termin einigen konnte. Michaela ist erfolglos und dennoch einigermaßen zufrieden. Noch ist der Zieltermin für das Projekt in weiter Ferne. Michaela hofft, dass die konstruktive Arbeit beginnen kann, wenn sich erst einmal alle ausgeheult haben.

Motive der Teilnehmer

Die Teilnehmer sind zwar prinzipiell nicht gegen die neue Software – allerdings nur, wenn alles so weitergeht wie bisher. Sie nutzen die Besprechung als Jammerbühne. Probleme über Probleme! Und sie meinen, nun alle Forderungen und Wünsche an die Software anbringen zu können, egal, wie unrealistisch sie auch sein mögen. Michaela soll ihnen ruhig einmal zuhören. Schließlich sind sie die Experten vor Ort. Keiner weiß so gut wie sie, wie schwer und unwahrscheinlich kompliziert die Arbeit ist. Michaela schon gar nicht. Ihr wollen sie bei dieser Gelegenheit klar machen, was sie bedrückt. Sonst braucht sich Michaela nicht einzubilden, dass sie hier Unterstützung findet. Das Projektziel und der Termin interessieren sie herzlich wenig.

Mutig Verantwortung übernehmen

Die Motive der Beteiligten sind nachvollziehbar – doch wenn die folgenden Meetings erfolgreicher sein sollen, muss Michaela Führungsmut zeigen: Wer eine Besprechung leitet, ist verantwortlich dafür, dass die gesteckten Ziele erreicht werden. Gerade in schwierigen Situationen ist dafür eine besonders straffe Gesprächsführung notwendig. Das ist nicht nur produktiv, sondern auch erleichternd für alle Beteiligten.

Straffe Gesprächsführung

Michaela hat sich entschlossen, den gordischen Knoten aus Bedenken und Forderungen zu zerschlagen. Der nächste Besprechungstermin kommt und Michaela eröffnet die Sitzung mit einem Rückblick auf die bisher geleistete Arbeit.

Sie verschweigt nicht, dass sie unzufrieden mit der Zusammenarbeit ist: „Wenn wir innerhalb der geplanten Zeit fertig sein wollen, müssen wir effizienter arbeiten. Meinen Sie nicht auch, dass das sinnvoll ist? Es kann doch nicht gut sein, dass hier viele hoch qualifizierte und gut bezahlte Leute zwei Stunden lang zusammensitzen und kaum Ergebnisse vorweisen können!“
Michaela erläutert nun, welche Ziele sie für das heutige Treffen gesetzt hat. Und sie kündigt an, dass sie nur noch Redebeiträge zulassen wird, die diesen Zielen dienen.
Konsequent unterbricht sie Teilnehmer, die vom Thema abweichen, mit dem Hinweis auf ihre einleitende Ansage: „Wir hatten vereinbart, dass wir uns heute ausschließlich mit der Frage des Praxistests auseinander setzen. Ihr Hinweis ist interessant, gehört aber nicht zum Thema. Ich schlage vor, dass wir uns in der nächsten Besprechung damit befassen.“
Und siehe da: Am Ende haben alle viel mehr erreicht als in den vergangenen Besprechungen. Sicher, einige murren vielleicht noch, weil sie sich und ihre Einwände nicht gewürdigt fühlen. Aber die meisten Teilnehmer sind zufrieden, denn sie haben das Gefühl, keine Zeit verplempert zu haben.

Viele Besprechungen kranken daran, dass niemand sich traut, die Leitung zu übernehmen. Selbst derjenige, der zu dem Termin eingeladen hat, sieht sich selbst oft als Teilnehmer und nimmt keinen Einfluss auf den Verlauf. Eifrig wird diskutiert und gestritten – oft stundenlang – und am Ende weiß keiner mehr so recht, warum er eigentlich gekommen ist. Wenn Sie nicht aufpassen, dann geraten auch Ihre Besprechungen zur Bühne der Eitelkeiten oder des Ausjammerns. Jeder versucht, sich ins beste Licht zu stellen. Auch Sie. Klar.

Teilnehmer-Typen

Jutta Jammer

Da sind die **Jammerer** oder **Bedenkenträger,** die wir schon aus Michaelas Beispiel kennen. Die Vertreter dieser Spezies können gar nicht deutlich genug darauf hinweisen, wie schlecht die aktuelle Lage und besonders für sie selbst ist. Neue Ideen kommen prinzipiell nicht in Frage, wenn nicht vorher geklärt ist, wie sie dann noch ihre Arbeit schaffen sollen. Und obendrein hat man doch schon alles einmal versucht. Nichts kam dabei heraus. Erschwerend kommt noch hinzu, dass das ja gerade in diesem Unternehmenszweig überhaupt nicht geht. Das kann gar nicht ... Die Kollegen werden bestimmt protestieren, die Kunden reihenweise weglaufen und alles wird komplizierter.

Der Bedenkenträger stellt Fragen wie: „Und was machen wir, wenn dann die Kunden anrufen und die Rechnung in dreifacher Ausfertigung haben wollen, wo wir sie doch jetzt nur noch doppelt herausschicken?“ Oder er macht Aussagen wie: „Das geht nicht, ich kann mir nicht vorstellen, dass das realistisch ist.“ Oder: „Bevor wir das beschließen, muss die Geschäftsleitung erst einmal erklären, wie sie uns die dafür notwendige Zeit verschaffen will.“

Bedenkenträger und Jammerer stehen gern im Mittelpunkt und sehen sich als die einzig intelligenten Rufer in der Wüste. Nur sie haben erkannt, was alles gar nicht möglich ist. Warum merken das die anderen nicht? Schon ein einziger Jammerer kann den Erfolg einer Sitzung gründlich vereiteln. Er sorgt für allgemeine Ratlosigkeit.

Ziele gehen verloren und plötzlich bestimmen nur noch Probleme den Gesprächsverlauf.

Thomas Taktier

Der **Taktierer** ist aus ganz egoistischen Gründen für oder gegen eine Sache. Bei seiner Argumentation stehen die persönlichen Interessen aber nicht allgemein sichtbar im Vordergrund. Er wird eher scheinbar sachliche Gründe vorausschicken: „Ich bin gegen das neue Design, weil es noch gar nicht voll ausgereift ist." Dabei ängstigt ihn in Wahrheit die Vorstellung, dass seine Verkäufer die neue Linie nur mit Mühe den Kunden nahe bringen können und verstärkter Vertriebsaufwand notwendig wird.

Der Taktierer ist schwer zu fassen, weil man zwar sein Argument entkräften kann, aber damit nicht den Kern trifft. Taktierer richten ihre vordergründige Argumentation gern nach der „politischen" Großwetterlage im Unternehmen. Ihre eigene Meinung ist nur schwer zu entlarven. Sie ziehen sich im Gespräch oft zurück und lassen die anderen reden. Viel lieber werden sie erst nach der Sitzung aktiv und beginnen dann, ihre Interessen auf dem informellen Weg durchzusetzen.

Siggi Selbst

Der **Selbstdarsteller** hat gelernt, dass es wichtig ist, Selbstmarketing zu betreiben. Das ist an sich nicht verkehrt. In der Sitzung nervt es allerdings erheblich. Zu jedem Punkt gibt er seinen Senf dazu. Er wiederholt das von anderen Gesagte so, als sei es seine neueste und tollste Idee. Überflüssige Statements schreien: „Schaut her! Ich bin auch hier!", ohne wirklich zur inhaltlichen Diskussion beizutragen. Intelligente Selbstdarsteller sind perfekt darin, die Beiträge anderer süffisant zu kommentieren und dasselbe mit eigenen Worten besser und wahrer zu machen. Die Abwertung anderer Meinungen mit dem einzigen Zweck, die eigenen aufzuwerten, machen den Selbstdarsteller zu einem destruktiven Faktor jeder Besprechung.

Stefan Schwafel

Schlimm ist auch der **Schwafler**. Er redet, nur um etwas zu sagen. Inhalt oder Sinn spielen da eine untergeordnete Rolle. Für den Schwafler fungieren alle anderen Teilnehmer als willkommene Stichwortgeber. In jedem Satz findet er etwas, das er auch schon einmal so oder anders gehört, gedacht, gemacht hat. Typisch für diese Gattung sind Sätze, die anfangen mit: „Dabei fällt mir ein ..." „Gerade gestern habe ich jemanden getroffen, der ..." „Bei dieser Gelegenheit muss ich Euch eine Geschichte erzählen ..." „Ach, übrigens, wussten Sie ..." Die Sitzung wird zur Märchenstunde.

Der Schwafler hält jede Besprechung auf! Dabei kann er zweifellos witzig, unterhaltsam und charmant sein. Niemand traut sich, diesen kurzweiligen Vertreter der Rednerzunft zu unterbrechen. Aber viele hören auch schon gar nicht mehr hin. Er redet alle in Grund und Boden. Zuhören hat er nur gelernt, um sein Stichwort nicht zu verpassen. Was der andere sagt, interessiert ihn – wenn überhaupt – nur am Rande.

Wie Sie mit den Teilnehmer-Typen umgehen können

Haben Sie ein paar dieser Typen wieder erkannt? Dann möchten Sie bestimmt wissen, was Sie tun können, damit die Sitzung trotzdem ein voller Erfolg wird.

Lösungsorientierung gegen Jammerer

Bedenkenträger wissen meist gar nicht, wie destruktiv sie sind. Um sich von vornherein auf sie einzustellen, kündigen Sie zu Beginn jeder Sitzung an, dass Sie sich eine lösungsorientierte und keine problemorientierte Diskussion wünschen. Geben Sie ein Beispiel vor, etwa: „Lösungsorientiert ist, wenn wir uns nicht lange mit einer Einschränkung oder einem Problem beschäftigen, sondern mehr Zeit darauf verwenden, zu überlegen, wie wir das in den Griff bekommen.“ Oder „Problcmorientiert ist, wenn wir über die Vergangenheit reden. Lasst uns heute lösungsorientiert sein und von der Zukunft sprechen.“ In der Folge können Sie Bedenkenträger und Jammerer immer wieder mit dem Hinweis auf das vereinbarte Vorgehen in eine konstruktive Diskussion zurückholen. Und stellen Sie ihnen Fragen wie: „Unter welchen Umständen wäre es Ihnen denn möglich?“ „Was brauchen Sie, um ...“ „Welche Lösung schlagen Sie denn vor?“. Diese Fragen zwingen dazu, sich mit Lösungen auseinander zu setzen und führen vom problemhaften Denken weg. Sie zeigen damit außerdem, dass Sie die Bedenken nicht vom Tisch wischen, sondern sie wirklich lösen wollen. Aber bitte nur, wenn der Bedenkenträger auch seinen Teil dazu beiträgt!

- Kündigen Sie lösungsorientiertes Verhalten als Leitlinie für die Besprechung an.
- Stellen Sie lösungsorientierte Fragen.

Taktierer festnageln

Taktierer sind nicht leicht zu durchschauen. Hinterfragen Sie sehr allgemein gehaltene Argumente. Stellen Sie sie zur Diskussion: „Was meinen die anderen dazu?“ Oder fragen Sie direkt: „Geht es Ihnen jetzt nur darum, dass das Design noch nicht ausgereift ist oder gibt es noch andere Gründe für Ihren Widerspruch?“ Schlau ist auch: „Gesetzt den Fall, ich könnte Ihnen in einer Woche mitteilen, das Design sei serienreif entwickelt, was würden Sie dann sagen?“ Sie können auch Verständnis zeigen und weiter nachfragen: „Was genau beunruhigt Sie?“ Politische Taktierer, die sich lieber im Hintergrund halten, zwingen Sie zur aktiven Teilnahme, indem Sie regelmäßig während der Sitzung ein Blitzlicht machen, d. h. alle Teilnehmer der Reihe nach zu einem bestimmten Punkt befragen. Da kommt sogar der Taktierer nicht um eine Stellungnahme herum. Fragen Sie auch ruhig zwischendurch einmal nach seiner Meinung. Wecken Sie ihn auf und zeigen Sie ihm, dass Sie seinen Beitrag wertvoll finden. Er wird sich etwas winden, vielleicht sogar unwohl fühlen, wenn er Farbe bekennen soll. Aber er kann es sich dann nicht mehr leisten, auszuweichen.

- Behalten Sie Ihr Ziel fest im Auge.
- Unterbrechen Sie, wenn ein Beitrag nicht zum Thema gehört, und pfeifen Sie den Schwafler zurück.
- Sprechen Sie einfach weiter.

ⓜ

Selbstdarsteller stoppen

Selbstdarsteller müssen zurückgepfiffen werden, ohne dass sie das Gesicht verlieren. Das gelingt Ihnen am besten, wenn Sie bei einem überflüssigen Beitrag kurz nicken, lächeln und fortfahren. Oder Sie bedanken sich für die Ergänzung und gehen zum nächsten Punkt über. Wenn er sich abwertend gegenüber anderen Teilnehmern verhält, sprechen Sie es direkt an: „Ich finde sowohl Ihren als auch den Beitrag Ihres Vorredners interessant. Was sagen die anderen dazu?“ Oder: „Wenn wir das ganz sachlich betrachten, gibt es hier zwei gute Ideen zu dem Thema. Wie wollen wir nun weiter vorgehen?“ Damit werten Sie die vorherigen Bemerkungen wieder auf und führen die Diskussion unter gleichberechtigten Bedingungen weiter.

Die Schwafelbremse

Auch **Schwafler** brauchen eine Bremse. Bei ihnen hilft nur eines: Sie von Anfang an zu unterbrechen und darauf hinzuweisen, dass das Gesagte nicht zum Thema gehört. Machen Sie nicht den Fehler, sich auf ein interessantes Nebengleis locken zu lassen. Dann kann die Sitzung endlos dauern. Kleine Randbemerkungen kommentieren Sie mit einem Lächeln und sprechen einfach weiter. Hier ist Ihr Führungsmut besonders gefragt. Denn der charmante Plauderer, der unterbrochen wird, kann zur Furie werden.

Und es kann Ihnen durchaus passieren, dass er andere hinter sich weiß, die ihn nach bester Kuschelmanier (Kapitel 4) verteidigen. Haben Sie den Mut, ihn zu unterbrechen! Wie wollen Sie sonst Ihr Ziel erreichen? Notfalls sprechen Sie die Störung direkt an: „Torsten, das ist jetzt wirklich nicht der Zeitpunkt, Geschichten zu erzählen. Bitte lass' uns weiter beim Thema bleiben." Oder noch direkter: „Torsten, ich habe den Eindruck, du hörst den Kollegen gar nicht zu. Bitte sei so nett und konzentriere dich mit uns auf das Thema."

ⓜ

- Regen Sie zur Stellungnahme an, z. B. durch ein Blitzlicht (siehe Seite 59).
- Stellen Sie Einwände und Widerspruch zur Diskussion.

Die Helden der Besprechung

Eine wichtige Gruppe fehlt noch: die **Lösungsorientierten**. Sie sind interessiert, ihre Diskussionsbeiträge sind lösungsorientiert und konstruktiv, sie hören anderen zu und bleiben beim Thema. Sie liefern Ideen und treiben die Lösung voran. Das gemeinsame Ziel behalten sie jederzeit im Auge und unterbrechen auch schon mal selbst einen Schwafler. Ja, es gibt sie wirklich. Und bitte vergessen sie diese wertvolle Spezies nicht! Wenn Sie sich zu sehr auf die schwierigen Fälle konzentrieren, können die Normalen leicht demotiviert werden. Sie sind es, die Sie besonders beachten sollten. Denn sie sind Ihre Leistungsträger in der Sitzung. Wenn Sie vermeiden wollen, dass die Normalen demotiviert werden, führen Sie aktiv und zielgerichtet durch die Besprechung. Achten Sie darauf, dass Sie den Normalen ebenso viel Beachtung schenken wie den schwierigen Typen. Loben Sie konstruktive Beiträge und Bemerkungen, die wieder zum Ziel zurückführen.

- Beachten Sie.
- Erkennen Sie an.
- Loben Sie.

Mutig geführt

Kurze und effektive Besprechungen, zielorientierte Diskussionen, gute Ergebnisse – das Ideal jeder Führungskraft. So bringen Sie Ihre ganze Abteilung in Schwung!

Als Führungskraft sind Sie für „Ihre“ Meetings verantwortlich. Sie können eine Menge tun, damit sie gelingen:

Wie Meetings gelingen

1. **Formulieren Sie das Ziel der Besprechung**
   Was wollen Sie erreichen? Eine Entscheidungsgrundlage schaffen, Anordnungen bekannt geben und die Umsetzung klären, Probleme lösen, neue Ideen diskutieren?
2. **Erstellen Sie eine Agenda**
   Die Agenda ist der rote Faden der Sitzung und enthält alle Punkte, die Sie diskutieren wollen, das Ziel, das erreicht werden soll und die Zeit, die dafür zur Verfügung steht. Der Punkt „Verschiedenes“ ist überflüssig, es sei denn, Sie haben Zeit und Lust, sich endlos weiter zu besprechen. Fassen Sie klar die anzusprechenden Punkte in Worte. Nichts weiter.
3. **Laden Sie die richtigen Leute ein**
   Jeder Teilnehmer kostet Geld und Zeit. Bedenken Sie bei der Planung Ihrer Besprechung, wer entscheidend zur Zielerreichung beitragen kann. Laden Sie nur die wirklich erforderlichen Teilnehmer ein. Lassen Sie sich nicht darauf ein, dass Vertreter geschickt werden. Diese können im Zweifelsfall nicht entscheiden oder haben nicht die Kompetenz der Person, die Sie ursprünglich eingeladen haben.

Geben Sie den Teilnehmern Gelegenheit, sich auf das Meeting einzustellen. Vielleicht nennen Sie sogar konkrete Dinge, auf die sich jeder vorbereiten sollte.

4. **Der richtige Zeitpunkt**
   Stimmen Sie schon im Vorfeld ab, wann die wichtigen Teilnehmer Zeit haben. Dann erst laden Sie offiziell und schriftlich ein. Planen Sie bei der Dauer einen Zeitpuffer ein. Wenn Sie meinen, Sie brauchen eine Stunde, setzen Sie eine halbe Stunde mehr an. Stellen Sie sich die Begeisterung vor, wenn die Sitzung eher als gedacht zu Ende geht! Sie schenken Ihren Gesprächspartnern Zeit. Das kommt gut an! Wie genervt sind Teilnehmer dagegen, wenn sie mal wieder viel zu lange in einem Meeting gesessen haben. Das kommt mit vorsorglich eingerichteten Pufferzonen nicht mehr vor.
5. **Der richtige Ort**
   Der Ort sollte für alle gut erreichbar sein. Der Raum muss genügend Platz bieten und die benötigte Technik in einwandfreiem Zustand (Overheadprojektor mit funktionierender Lampe, angeschlossener Beamer, Leinwand, Flipchart mit ausreichend Papier, Stellwände, gut bestückter Moderatorenkoffer) enthalten. Sorgen Sie dafür, dass keine Störungen oder Unterbrechungen möglich sind. Die Tische stehen in Konferenzstellung zusammen. Wo Sie sitzen, ist vorn, dort steht das Flipchart.
6. **Vorbereitung**
   Bereiten Sie sich vor, und zwar sowohl inhaltlich-sachlich als auch taktisch-psychologisch: Welche Argumente könnten auftauchen? Wie können Sie diese entkräften? Wie können Sie andere von Ihrer Meinung überzeugen? Welchen Nutzen hat es für andere, wenn sie Ihre Vorschläge annehmen? Wer sind Ihre Unterstützer? Wo lauern die schwierigen Typen?

7. Leitung

Beginnen Sie pünktlich und beenden Sie die Sitzung wie geplant. Konzentrieren Sie sich auf das Ziel. Lassen Sie sich die Führung nicht aus der Hand nehmen. Verschaffen Sie sich Respekt. Achten Sie darauf, dass alle zu Wort kommen und keiner die Diskussion dominiert. Wertvolle Zeit verlieren Sie, wenn Sie zulassen, dass Teilnehmer gleichzeitig sprechen. Lassen Sie nicht zu, dass Nebengespräche stattfinden.

Holen Sie die entsprechenden Personen in die Runde zurück: „Ich sehe, hier gibt es eine Diskussion zwischen Frau Meier und Herrn Müller. Bitte sagen Sie uns, worum es geht. So können wir gemeinsam eventuell offene Fragen klären.“ Oder: „Herr Meier, Frau Müller, gehört das zu unserem Thema? Dann lassen Sie es uns alle gemeinsam diskutieren.“

Machen Sie ab und zu ein Blitzlicht. Klären Sie mögliche Missverständnisse sofort und fassen Sie Zwischenergebnisse zusammen. Brechen Sie jede Diskussion ab, die nicht zum Thema gehört. Notieren Sie die angesprochenen Punkte für sich oder auf einem „Themenspeicher-Flipchart“, und schlagen Sie am Ende der Sitzung vor, wie damit weiter verfahren werden soll. Visualisieren Sie Ergebnisse, offene Fragen und wichtige Punkte auf dem Flipchart. Beenden Sie die Sitzung mit einer Zusammenfassung des Erreichten, der Verteilung von Zuständigkeiten und der Ankündigung der nun folgenden Schritte.

Blitzlicht

Das Blitzlicht ist eine Methode, mit der man ohne Diskussion ein Meinungsbild abfragt. Der Vorteil liegt einerseits darin, dass alle zu Wort kommen, auch diejenigen, die sich sonst mit ihren Äußerungen eher zurückhalten oder gar nie den Mundaufmachen. Andererseits werden Vielredner und Schwafler gebremst.

Es lässt sich gut am Anfang einer Besprechung einsetzen, um zum Beispiel Erwartungen abzufragen.
Am Ende dient es dazu, von allen Teilnehmern ein persönliches Fazit zu bekommen.

Es kann auch im Verlauf einer Besprechung eingesetzt werden, um die persönliche Meinung jedes Einzelnen zu einem Vorschlag einzuholen.

Regeln:

- Einstieg ins Blitzlicht: „Ich möchte gern dazu erst einmal ohne Diskussion die Meinung von allen hören. Bitte sagen Sie kurz reihum, wie Sie den Erfolg dieser Maßnahme einschätzen. Jeder hat einen Satz!“
- Um den bequemen Ausweg „Ich schließe mich meinem Vorredner an“ zu vermeiden, kann der Leiter oder Moderator bitten, dass jeder die Antwort auf die gestellte Frage erst einmal in einem Satz für sich aufschreibt. Erst dann fordert er dazu auf, der Reihe nach den geschriebenen Satz vorzulesen.
- Im Blitzlicht gibt es keine Diskussionen oder Kommentare.
- Redezeit: Jeder sagt nur einen Satz (oder zwei, wenn es der Moderator für angemessen hält). Oder jeder darf nur exakt einen Minute sprechen (Sanduhr oder Eieruhr einsetzen!).
- Der Moderator nickt nach jedem Beitrag, sagt danke oder ja – enthält sich aber jeder weiteren Äußerung.
- Er hält Blickkontakt mit jedem Redner. Wenn er sich dem nächsten in der Reihe zuwendet, ist das eine Aufforderung, zu sprechen.

Vorzeitige Entlassung bei guter Führung

Dienstag, 14:00 Uhr,
im kleinen Besprechungsraum im ersten Stock (ein Auszug):

Lisa Leitung:	„Guten Tag. Ich sehe, dass alle da sind. Dann können wir ja beginnen. Unser Thema heute ist die telefonische Erreichbarkeit für unsere Kunden. Zurzeit ist unsere Zentrale von 8 Uhr bis 17 Uhr besetzt. Allerdings gab es Beschwerden von einigen Kunden, die bis 19 Uhr arbeiten und uns nicht mehr erreichen konnten. Außerdem sind einige Abteilungen in der Mittagszeit gar nicht erreichbar, so dass die Zentrale keine Möglichkeit hat, Anrufer zu verbinden. Wir haben die Vorgabe, in den nächsten zwei Stunden zu klären, wie es zu organisieren ist, dass künftig von 7:30 Uhr bis 19 Uhr durchgehend immer ein Ansprechpartner für die Kunden zur Verfügung steht.“
Jutta Jammer:	„Wie soll das denn gehen? Die Mitarbeiter können doch nicht noch mehr Überstunden machen!“
Lisa Leitung:	Lächelt verständnisvoll. „Da haben Sie Recht, Frau Jammer. Und genau darum sind wir ja jetzt hier. Wie organisieren wir die längeren Ansprechzeiten ohne Mehrarbeit? Was meinen die anderen?“
Siggi Selbst:	(mit Nachdruck:) „Ich meine, es ist für unsere Kundenbindung ungemein wichtig, die Erreichbarkeit zu optimieren. Daran geht kein Weg vorbei. Das darf selbstverständlich nicht dazu führen, dass noch mehr Überstunden gemacht werden.“

Stefan Schwafel: „Apropos Überstunden. Was unternimmt die Geschäftsleitung eigentlich, wenn ein Mitarbeiter die Auszahlung seiner Überstunden wünscht? Ich hatte da neulich so einen Fall und konnte das bis heute nicht klären. Hat einer von Ihnen genaue Informationen darüber?“

Lisa Leitung: (verbindlich:) „Herr Schwafel, ich kann verstehen, dass Sie in diesem Punkt Klarheit haben möchten. Aber das ist hier nicht unser Thema. Klären Sie das bitte nach der Sitzung mit den Kollegen? Danke!“

Stefan Schwafel: (brummig:) „Ja, Sie haben ja Recht. Nur, wo wir gerade über Mehrarbeit sprachen, kam eben diese Frage auf ...“

Siggi Selbst: „Ich bin da schon etwas weiter. Da muss man sich einfach mal dahinter stecken und sich schlau machen. Vor allem, *bevor* der erste Mitarbeiter mit so einer Frage kommt. Ich habe das in meiner Abteilung längst geklärt ...“

Lisa Leitung: „Wunderbar, Herr Selbst und Herr Schwafel, Sie klären das dann später, okay? Zurück zu unserer Frage: Wie kommen wir zu besserer Erreichbarkeit ohne Mehrarbeit?“

Thomas Taktier: (scharf:) „Wenn Sie mich fragen, dann sind wir doch schon gut erreichbar. Wir im Kundenservice haben jedenfalls noch keine Beschwerde gehört. Allerdings erreichen wir nie jemanden

	im Marketing, wenn wir etwas wissen wollen.“
Stefan Schwafel:	„Da muss ich Ihnen zustimmen. Mir geht es auch immer so. Immer, wenn ich einen Produktmanager sprechen will, läuft nur die Mailbox. Neulich hatte ich einen Kunden am Telefon und ...“
Lisa Leitung:	„Entschuldigen Sie, Herr Schwafel. Lassen Sie uns weiter darüber sprechen, wie wir das Problem lösen können. Herr Taktier hat uns einen guten Hinweis gegeben, den Sie noch bestärkt haben. Meine Frage an alle: Wer muss wann erreichbar sein?“

Blitzlicht und anschließende Zusammenfassung mit dem Ergebnis: Der Kundenservice und das Produktmanagement müssen durchgehend erreichbar sein.

Lisa Leitung:	„Aus welchem Grund ist denn der Kundenservice mittags komplett nicht erreichbar?“
Thomas Taktier:	„Irgendwann wollen die Mitarbeiter auch mal Pause machen.“
Lisa Leitung:	„Alle zusammen? Was meinen die anderen dazu?“
Siggi Selbst:	„Also, jeder halbwegs gute Abteilungsleiter muss doch in der Lage sein, das vernünftig einzuteilen. Bei mir klappt das doch auch!“
Lisa Leitung:	„Das freut mich für Sie, Herr Selbst. Nun zurück zu der Frage an alle ...“
Jutta Jammer:	„Die Mitarbeiter haben doch ein Recht

	auf ihre Pause. Das können wir bestimmt nicht durchsetzen.“
Lisa Leitung:	„Was können wir denn tun, um das durchzusetzen?“

... und so weiter ...

Klare Entscheidung zur Moderation

Wer eine Besprechung leitet, sollte hellwach sein und die Fäden nicht aus der Hand geben, wenn er in der geplanten Zeit ein Ergebnis erreichen will. Lisa Leitung meistert das gut, weil sie ausschließlich moderiert. Wenn sie allerdings selbst ihre Meinung vertreten wollte, würde sie immer zwischen den Rollen wechseln müssen.

8. Protokoll

Der Leiter einer Besprechung führt nie das Protokoll! Wie wollen Sie sich sonst auf Ihr Ziel, die Führung und den Ablauf konzentrieren? Wenn sich niemand freiwillig meldet, bestimmen Sie einen Protokollführer, indem Sie einen Teilnehmer ansprechen, von dem Sie annehmen, dass er bereit dazu sein wird.

Erfolg und Misserfolg – Sie haben es in der Hand:

In einer Projektgruppe lautet die geltende Vereinbarung, dass in alphabethischer Reihenfolge jeder einmal das Protokoll führt. Heute wäre Frau Müller dran. Allerdings kann sie erst später kommen.

Variante 1:	„Wer übernimmt heute ausnahmsweise das Protokoll für Frau Müller?“
Reaktion:	Lange Gesichter, betontes Wegschauen, Diskussion, Ausflüchte, Zeitverlust.
Variante 2:	„Als Nächster wäre Herr Krause mit dem Protokoll an der Reihe. Ich schla-

ge vor, dass Sie das heute für Frau Müller übernehmen."

Reaktion: Kurzes Zögern und „In Ordnung, das ist wohl die beste Lösung." Akzeptanz ohne Zeitverlust.

Wenn Sie eine Sekretärin oder einen Assistenten haben, können Sie diese Aufgabe delegieren. Muss ich hier erwähnen, dass nur Ergebnisprotokolle sinnvoll sind? Sie enthalten Beschlüsse, Aufgaben, Erledigungszeitpunkte und Verantwortlichkeiten. Und das Protokoll wird von Ihnen gelesen und genehmigt, bevor es verteilt wird. Sie sind als Leiter auch dafür verantwortlich.

9. Alternativen

Zur Besprechung gibt es eine Alternative: keine Besprechung! Überlegen Sie, ob Sie auf andere Weise in kürzerer Zeit mit geringerem Aufwand zum Ziel kommen. Vielleicht reicht ein Vier-Augen-Gespräch mit einem Kollegen oder Vorgesetzten. Vielleicht bitten Sie zwei Kollegen oder zwei Mitarbeiter, eine Entscheidungsvorlage zu erstellen, die Sie sich dann ansehen. Denken Sie gründlich nach, bevor Sie vorschnell eine Einladung zur Sitzung verschicken.

Zur eigenen Leitung lautet die Alternative: externe Moderation. Sie sind befreit und können sich ganz Ihren eigenen Interessen und Argumenten widmen, während die externe Leitung die Verantwortung für den Verlauf der Sitzung übernimmt. Gerade in schwierigen Entscheidungssituationen oder Konfliktfällen hilft die externe Moderation dabei, sachlich zu bleiben und das Ziel nicht aus den Augen zu verlieren.

Was denken die Teilnehmer?

Straffe Gesprächsführung setzt sich langfristig durch

Jeder wird Ihnen über kurz oder lang für Ihre Klarheit und Ihr stringentes Vorgehen in der Besprechung dankbar sein. Vielleicht murren die Schwafler und Selbstdarsteller. Aber auch sie können sich der Tatsache nicht entziehen, dass das Meeting erstaunlich schnell „durch" war und sie zu guten Ergebnissen gekommen sind. Wenn Ihnen jemand autoritäres Verhalten vorwirft, hören Sie einfach nicht hin. Solange Sie darum bemüht sind, alle zu Wort kommen zu lassen und jeden zielgerichteten Beitrag ernst zu nehmen, sind Sie nicht autoritär. Zu gern wird hier „autoritär" mit „zielgerichtet" und „ergebnisorientiert" verwechselt. Mir sagen einige Teilnehmer an Workshops oder moderierten Sitzungen nach, ich sei freundlich, bestimmt und streng. Ich nehme das als Kompliment. Denn mit dieser so genannten Strenge werden Ziele in angemessener Zeit erreicht. Was wollen Sie mehr?

Fazit

Die Vorbereitung trägt wesentlich zum Gelingen einer Besprechung bei.

Besser als jede Besprechung ist manchmal *keine* Besprechung.

Die Leitung oder Moderation erfordert höchste Konzentration und Ihre Bereitschaft, mit der kurzen Leine zu führen und zu Ihrer Leitungsverantwortung zu stehen.

Die verschiedenen Typen brauchen individuelle Behandlung.

Keine Besprechung endet ohne Zusammenfassung der erzielten Ergebnisse. Jeder möchte doch die Bestätigung haben, dass er seine Zeit sinnvoll verbracht hat!

Familie Kuschel?

Warum die Sucht nach guter Stimmung nicht Produktivität und Erfolg garantiert.

Teamplayer

Jens ist Dezernatsleiter in einer städtischen Behörde. Er ist stolz auf sein Team und auf sich, denn alle verstehen sich gut. Es wird offen über Schwierigkeiten gesprochen, die Schwachen werden von den Starken unterstützt. Sozialverhalten hat hohe Priorität und die Abteilung trifft sich oft zum gemeinsamen Frühstück.

Vor einigen Monaten hatte er eine neue Mitarbeiterin eingestellt, die in der Folge aber leider die in sie gesetzten Erwartungen nicht erfüllen konnte. Marion hat sich zwar gut in das Kollegenteam eingefügt, gilt als hilfsbereit und sehr integrativ, wird aber den fachlichen Anforderungen nicht gerecht. Das ist nicht nur Jens aufgefallen. Auch Kolleginnen von Marion haben leise die eine oder andere kritische Bemerkung fallen lassen. „Da muss Marion aber noch besser werden. Wir brauchen genauere Angaben zu den Fällen." – „Jens, kannst du nicht mal mit Marion sprechen? Kann es sein, dass sie sich nicht traut, eigene Ideen zu äußern?" – „Hoffentlich ist Marion bald fit. Dann brauche ich nicht mehr alles nachzuarbeiten."

Marion ist nicht in der Lage, Fakten ausreichend zu analysieren und adäquate Lösungen zu präsentieren. Die Position, die sie bekleidet, verlangt aber genau diese Fähigkeit in besonders hohem Maß.

Jens bietet ihr seine Hilfe an. „Marion, ich habe den Eindruck, dass du noch mehr Informationen brauchst, um dich gut einzuarbeiten. Wenn du möchtest, kannst du jederzeit zu mir kommen und fragen."
Diese Möglichkeit nimmt Marion zwar wahr, aber leider ergeben sich daraus keine erkennbaren Verbesserungen. Auf den Vorschlag, sich für entsprechende Fortbildungen aus dem behördeninternen Katalog anzumelden, geht sie nicht ein.
Jens entschließt sich zu einem klärenden Gespräch. Er konfrontiert sie mit seiner kritischen Einschätzung ihrer Leistungen. Ohne Umschweife bekennt Marion: „Na ja, es stimmt. Analysen, Berichte und Präsentationen sind nicht unbedingt meine Stärken." Dabei lächelt sie entschuldigend.
Je länger sie über die Schwächen ihrer Arbeit reden, umso unbehaglicher ist Jens zumute. Ist das auch fair? Marion ist doch so beliebt bei allen Kollegen in der Abteilung. Sie hat doch auch ihre Stärken. Es beeindruckt ihn, dass sie sich so einsichtig zeigt. Das spricht doch für ihre soziale Kompetenz.
Während er Marion von dieser positiven Seite her betrachtet, wird ihm wieder wohler: Er möchte sie auf jeden Fall weiter unterstützen und ihr noch eine Chance geben. Sie hat ja auch wirklich eine sehr liebe Art, sich um Kolleginnen zu kümmern, verteilt gern kleine Geschenke und kann wunderbar zuhören – eine Bereicherung für das Team. Und die fehlende Kompetenz wird sie sich sicher noch aneignen können.
Am Ende wird die Unterhaltung noch ganz harmonisch. Jens beteuert, wie wertvoll er die soziale Art von Marion findet. Und er vereinbart mit ihr, dass

sie sich nun etwas mehr anstrengt. Marion zeigt sich dankbar und reumütig. „Jens, ich verspreche dir, dass ich mir Mühe gebe. Ich will euch doch nicht mehr Arbeit machen. Du wirst sehen, das bekomme ich schon hin.“
Kein Wort davon, was genau sie unternehmen will, um den Anforderungen in Zukunft genügen zu können. Dennoch ist Jens erst mal erleichtert. Das Gespräch lief doch gut. Er hatte schon Bauchschmerzen gehabt bei dem Gedanken, Marion mitteilen zu müssen, dass er sie nach der Probezeit nicht übernehmen könne.

Hart oder beliebt?

Sie wundern sich? Oder kennen Sie diese Unsicherheit angesichts einer harten Entscheidung gegen einen liebenswürdigen Menschen? Die Scheu vor harten Konsequenzen ist nur zu verständlich, wenn der Chef sich vor allem anderen auf die Fahnen geschrieben hat, für ein angenehmes Betriebsklima zu sorgen. Und sicher finden es zunächst alle gut, dass er kein „harter Hund“ ist, der gleich jedem Schwierigkeiten macht, dessen Leistung nicht optimal ist.

Alle mögen Marion, und es sieht so aus, als wollten alle eine Möglichkeit finden, ihre mangelnde Kompetenz auszugleichen. Es ist beruhigend, dass der Verantwortliche keine ernsten Konsequenzen zieht: So fühlen sich alle sicher, auch wenn sie ab und zu mal versagen. Bei einem Chef wie Jens geht es vor allem darum, offen über seine Probleme zu reden, ruhig auch Defizite zuzugeben und zu zeigen, wie sehr man doch an einer harmonischen Zusammenarbeit interessiert ist. Hier steht noch der Mensch im Mittelpunkt und nicht die Leistung. Mit so einem Chef kann ja gar nichts mehr passieren – wie kuschelig!

Dieses offenkundig freundliche und von sozialer Gerechtigkeit geprägte Klima ist trügerisch. Wenn Marion bleibt, wird unweigerlich ein Problem entstehen: Ihre fehlende Leistung müssen andere kompensieren, nicht zuletzt auch Jens. Keiner macht gern auf Dauer die Arbeit der anderen. Und keiner möchte dafür Nachteile in Kauf nehmen und eventuell sogar mehr oder länger arbeiten müssen. Die Gefahr besteht, dass Marions Beliebtheit mit der Zeit nachlässt, spätestens wenn die Ziele der Abteilung nicht erreicht werden. Und das schadet dem Ansehen von Jens. Er wird sich immer öfter gegenüber seinen Vorgesetzten rechtfertigen müssen. Davor schützt das kuschelige Klima nämlich nicht. Und wie sozial und gerecht ist es eigentlich, dass die nette Marion für den gleichen Lohn weniger leisten muss als alle anderen? Nicht umsonst trägt Justitia neben der Waage auch ein Schwert: Gerechtigkeit ohne Härte gibt es nicht, zumindest nicht auf Dauer in menschlichen Gemeinschaften.

Motive des Chefs

Dr. Feelgood

Ganz deutlich erleben wir hier den Typ des Vorgesetzten, der seine vorrangige Aufgabe darin sieht, dafür zu sorgen, dass es allen gut geht. Vor allem ihm selbst! Er möchte keine Konflikte, setzt auf Harmonie und hofft, so ein beliebter Teil des Teams sein zu können. Die Attribute eines solchen Verhaltens klingen verlockend positiv:

- integrativ
- verständnisvoll
- kompromissfähig
- menschlich
- fürsorglich

Jens ist überzeugt, dass ihm alle eine hohe soziale Kompetenz attestieren. Er kümmert sich mit viel Mühe und Gefühl um seine Mitarbeiter und betont wieder und wieder, wie ernst es ihm ist, sie mit Wertschätzung zu behandeln. Bestätigt fühlt er sich, wenn ihm jemand ein kleines Blumensträußchen auf den Schreibtisch stellt oder wenn die umlaufende Akte mit einem Glückskäferchen beklebt zu ihm zurückkommt. Oder wenn er zu gemeinsamen Unternehmungen eingeladen wird, obwohl er doch der Chef ist. Schade nur, dass immer dann, wenn er seine Mitarbeiter zu mehr Leistung motivieren möchte, alle murren und abwinken, statt die gewünschte Solidarität aufzubringen! Wie man in den Wald hineinruft, so schallt es heraus: Jens hofft doch gerade durch sein liebes und verständnisvolles Verhalten zu erreichen, dass seine Mitarbeiter sich ihm gegenüber dankbar zeigen und ihn unterstützen.

Mutig geführt

Wenn Sie sich als Vorgesetzte dafür entscheiden, gute Ergebnisse und Abteilungsziele in den Mittelpunkt zu stellen, werden Sie häufig in die Situation kommen, einen Mitarbeiter kritisieren, maßregeln und eventuell sogar entlassen zu müssen, wenn er dieser Zielsetzung nicht dient. Das Gleiche müssen Sie übrigens auch tun, wenn Sie ernsthaft Wert auf ein dauerhaft gutes Klima legen!

Spielen wir doch einmal durch, was in unserem Beispiel mit Jens passieren könnte:

Wer den Wind sät ...

Jens zieht die Konsequenzen und erklärt Marion, dass er sie nach der Probezeit nicht in ein festes Arbeitsverhältnis übernehmen wird. Marion reagiert verständnisvoll und alles scheint in Ordnung zu sein. Jens ist erleichtert über diese Reaktion. Schon plant er, mit dem Personaldezernenten über die Neubesetzung der frei werdenden Stelle zu sprechen.

Bis eine Welle der Empörung aus dem Team über ihn hereinbricht! Marion hat offensichtlich den Kollegen von der Unterredung erzählt. „Wir können das doch auch nicht besser als sie!“, hört Jens. Und: „Sie ist so eine tolle Kollegin! Sie hat den Streit zwischen Gabi und Max wunderbar schlichten können.“

Motive der Mitarbeiter

Jens hat nicht damit gerechnet, dass sein Team so heftig reagiert. Noch ein paar Tage zuvor hatten ihn zwei Kolleginnen angesprochen, die sauer waren, dass Marion eine wichtige Aufgabe nicht erledigt hatte. Und nun? Die zwei wollen plötzlich davon nichts mehr wissen. Alle solidarisieren sich mit Marion. Jens bekommt zum ersten Mal kräftig Gegenwind. Können Sie sich vorstellen, was dahinter steckt? Genau: Die Kollegen haben Angst, dass ihnen das Gleiche passieren könnte. Vermutlich sind sie sich der Qualität ihrer Leistungen nicht so ganz sicher und müssen darum dafür sorgen, dass Jens im vermeintlichen Präzedenzfall keine Konsequenzen zieht. Sie gehen sogar so weit, sich selbst zu bezichtigen („... das können wir doch auch alle nicht ...“), in der Hoffnung, den Mangel als „normal“ darzustellen.

Kuschelteam und Gruppendruck

Für Sie als Chef ist besonders wichtig zu begreifen, dass die Initiatoren des Protests in der Regel *nicht* die Leistungsträger des Teams sind. Es sind oft die Bremser, die sich den Schutz der Schwachen auf die Fahnen geschrieben haben. So können sie ganz nebenbei Erfolgserlebnisse für dic Starken verhindern. Im Zweifelsfall wird Lob für gute Leistung heruntergespielt und als ungerecht bezeichnet. Schließlich hatten die Schwachen ja ihre Gründe, warum gerade sie diese gute Leistung nicht bringen konnten ... Irgendwo habe ich einmal gelesen: „Wer versucht, sich vor Schmerz zu schützen, erlebt auch keine Freude." Genauso ist das hier: Die Vertreter des Kuschelkurses können sich eigentlich nie wirklich gut fühlen. Sie möchten negative Reaktionen auf schwache Leistung verhindern und verhindern damit gleichzeitig Anerkennung für Stärken.

Politisch korrekt

Interessant ist in diesem Zusammenhang, dass sich in vielen Kuschelkulturen der Chef dem Vorwurf ausgesetzt sieht, die Arbeit der Mitarbeiter nicht genügend anzuerkennen. „Die Kuschler tun alles, damit es ihnen schlecht geht," erzählt mir Martin, ein befreundeter Bereichsleiter. Sie tun alles, um den Anforderungen nicht gerecht zu werden und besondere Leistungen nicht zu erbringen – und das dürfen schon gar nicht die Kollegen! Sie fordern vielmehr von allen „psychologisch korrektes Verhalten". Analog zum Begriff des politisch korrekten Verhaltens (Political Correctness) gilt auch hier: Es kann nicht sein, was nicht sein darf. Diese Menschen, stets fordernd, stets moralisierend und psychologisierend, zwingen ihre Umgebung unter dem Deckmantel der Solidarität zu einem Verhalten, dass letztlich ihren eigenen Zwecken dient – ohne sich dafür zu interessieren, ob dieses Verhalten der Sache oder der Gemeinschaft dient oder im speziellen Fall tatsächlich angebracht ist. Ihre Haltung ist von Verweigerung und Selbstgerechtigkeit geprägt.

Manche Sätze und Haltungen entlarven die Kuschler. Und das hört sich dann plötzlich gar nicht mehr so lieb an ...

Daran erkennen Sie ein Kuschelteam:

- Die da oben – wir da unten: „Bevor wir uns hier mit den neuen Vorschriften auseinander setzen, sollen die da oben erst mal dafür sorgen, dass wir nicht mehr so viele Überstunden machen müssen."
- Die Verantwortung für unsere Leistung liegt beim Chef: „Dieses Seminar sollten unsere Chefs mal besuchen. Sollen die doch erst einmal lernen, wie sie mich motivieren können!"
- Zuerst kommt, was mir zusteht: „Solange nicht geklärt ist, wie es dieses Jahr mit dem Weihnachtsgeld aussieht, arbeite ich nicht mehr als nötig."
- Alle Macht dem Team: „Wie kommt der dazu, einfach eine Entscheidung zu verkünden, hinter der wir nicht alle stehen?"
- Liebesentzugstaktik: „Wenn mein Chef sich nicht so verhält, wie es mir gefällt, zeige ich ihm ab sofort die kalte Schulter. Er wird schon sehen, was er davon hat."

Das folgende Beispiel zeigt, welche seltsamen Blüten das Kuschelklima hervorbringen kann:

Alle antreten zum Kuscheln

Ich stand im Büro eines Konzerns auf dem Flur, um auf einen Termin zu warten. Ein junger Mann, ich hielt ihn für einen Praktikanten, geht mit einem Stapel Akten auf dem Arm vorüber. Plötzlich fegt eine energische Kollegin aus einer Tür, nimmt ihn scharf ins Visier und bellt im Befehlston: „Leg sofort die Akten weg. In fünf Minuten ist Frühstück!" Sie zieht sich in den Raum zurück, aus dem schon munteres Geplauder klingt. „Ja, in Ordnung", salutiert der so zum geregelten Kuscheln Aufgeforderte und beeilt sich, seine Akten loszuwerden.

Harmonisch, nicht wahr? Auf jeden Fall wird das persönliche Wohlergehen hier ganz energisch über das Leistungsprinzip gestellt. Die vorgebliche Solidarität ist in Wahrheit ein Instrument des Egoismus. Ich nenne das: „Selbsterfahrungsgruppe Betrieb“.

Wenn das Ziel heißt, Konflikte um jeden Preis zu vermeiden

Ein wunderbares Betriebsklima

„Wir haben ein wunderbares Betriebsklima. Alle sind sehr nett.“ Das bekommt Jutta Brand zu hören, als sie zusätzlich zu ihrer ersten Filiale eine zweite übernimmt. Sie weiß, dass die Ergebnisse schlecht sind. Zügig organisiert sie einen Besprechungstermin mit allen Mitarbeitern.
„Ihnen ist bekannt, dass wir unbedingt die Ergebnisse in dieser Filiale verbessern müssen. Wir müssen aktiv werden und uns vielleicht etwas Neues ausdenken. Sie kennen doch alle das Umfeld und die Kunden gut. Was meinen Sie? Was können wir tun, um mehr Erfolg zu haben?“
Die Antwort ist großes Schweigen und „Wissen wir nicht. Keine Idee.“ Das klingt schon fast trotzig.

Das Ende der Harmonie

Hier sind wieder die kuschelnden Bremser am Werk. Sie lächeln Jutta zu, aber nur, um ihr die Zähne zu zeigen. Die auf das gute Betriebsklima bezogene Botschaft heißt übersetzt: „Lass uns bloß in Ruhe! Verschone uns mit Veränderungen. Wir stehen hier alle zusammen. Also versuche bloß nicht, eventuell Einzelne zu loben oder zu kritisieren!“ Ideen für Verbesserungen darf es nicht geben. Sie würden Bewegung und Veränderung bedeuten. Und das stört die sichere Atmosphäre. Gefahr im Verzug für Kuschelei und Harmonie!

Jutta entschließt sich, aus diesem System auszusteigen, die Botschaft zu überhören und mutig zu handeln. Sie stellt Anforderungen, macht jedem einzelnen Mitarbeiter klare Vorgaben und verändert die gewohnten Arbeitsabläufe. – Und handelt sich damit zunächst Feindschaft ein. Aber darauf ist sie gefasst. (Zum Thema Widerstand finden Sie noch mehr in Kapitel 9.) Jede Gefährdung der Harmonie, des Gewohnten, ist „böse" und schweißt die derart angegriffene Gemeinschaft erst einmal zusammen. Gegen die vermeintlich böse Chefin wird rebelliert. Im besten Fall offen, meist jedoch versteckt, nicht selten kommt es zu bösartigen Intrigen.

Kuscheln, bis das Blut fließt

Das ist mir übrigens selbst einmal passiert. Es hat mich viel Energie gekostet, meinen eingeschlagenen Kurs dennoch durchzuhalten, konsequent Veränderungen vorzunehmen, Leistungsverbesserungen zu fordern und zu fördern. Das war so: Ich hatte in einem Konzern eine Abteilung übernommen, in der laut Geschäftsführung „mal gründlich aufgeräumt werden müsse". Tatsächlich stellte ich fest, dass hier vordergründig das reinste Kuschelklima herrschte, unter der Oberfläche aber mit dem blanken Messer gekämpft wurde. Die Zielsetzung der Abteilung war völlig in den Hintergrund getreten.

Nach und nach schaffte ich neue Strukturen, förderte Potenziale und steigerte die Erfolgsrate. Allerdings hatte ich nicht bedacht, dass nicht nur die Abteilung, sondern gleich die gesamte Firma sich nach dem Prinzip verhielt: „Wir sind eine große Familie. Wir verstehen uns alle gut und keinem wird ein Leid geschehen." So kam es, wie es kommen musste: Eine unzufriedene Mitarbeiterin, die sich über die Veränderungen ärgerte und von mir wiederholt wegen schlechter Leistungen angesprochen worden war, ging zu einem meiner Führungskollegen und machte sich Luft. Statt sich mit mir kurzzuschließen sprach der Kollege ihr Mut zu und bestätigte sie in ihrer Haltung. Da hatten sich zwei Kuschler getroffen! Was dazu führte, dass sie sich meiner Leitung immer mehr widersetzte. Der Kollege aber verbreitete ungeprüft die Geschichte von mir als einer ganz harten und ungerechten Chefin. Riecht das nicht schon ein wenig nach Mobbing? Nun, ich habe es überlebt. Und ich habe gelernt: Wer sich Kuschlern widersetzt, lebt gefährlich. Deswegen benötigen Sie als Chef ja auch eine Portion Führungsmut. Sie werden sehen: Sie leben zwar gefährlich – aber erfolgreich!

Und Sie? Hand aufs Herz! Kuscheln Sie gern? Es sind nicht nur die Mitarbeiter, die sich harmoniesüchtig zeigen, die Chefs sind manchmal noch schlimmer ...

Sind Sie ein Kuschler?

Wenn Sie die folgenden Fragen auch nur zu fünfzig Prozent mit Ja beantworten, sind Sie stark kuschelgefährdet:

- Benutzen Sie gern eine der folgenden Formulierungen, statt zu sagen: „Ich möchte, dass Sie ...“?

  „Könnten wir nicht mal ...“
  „Es müsste mal wieder ...“
  „Es wäre schön, wenn ...“
  „Lassen Sie uns doch mal überlegen ...“

- Fühlen Sie sich in der Kollegialität wohler als in der Führungsrolle?

  ja / nein

- Haben Sie ein schlechtes Gewissen, wenn Sie einen einzelnen Mitarbeiter loben und andere nicht?

  ja / nein

- Haben Sie sich schon einmal dabei erwischt, sich nicht so recht zutrauen, das Geburtstagsfrühstück nach einer halben Stunde aufzulösen?
  ja / nein

- Denken Sie: „Hauptsache, alle fühlen sich wohl. Dann kommt die Leistung schon ganz von selbst“?
  ja / nein

- Sind Sie enttäuscht, wenn Ihre Mitarbeiter Sie nicht fragen, ob Sie abends mit in die Kneipe kommen?
  ja / nein

Was können Sie tun?

Steigen Sie aus dem Spiel aus! Das Kuscheln folgt einer eigenen Dynamik und führt unweigerlich zur Lähmung. Sprengen Sie dieses System und bringen Sie wieder Bewegung in das selbstzufriedene Milieu. Sie werden erstaunt sein, wie viele Potenziale sich plötzlich zeigen.

Die Anti-Kuschel-Kampagne

1. Machen Sie eine klare Ansage über das Abteilungsziel und die damit verbundene Verantwortung jedes Einzelnen.
2. Formulieren Sie klare Aufgabenbeschreibungen.
3. Vereinbaren Sie kurzfristig zu erreichende Ziel mit jedem Mitarbeiter – und das immer wieder neu!
4. Bringen Sie exemplarisch ein gutes Beispiel auf den Weg: Wählen Sie eine Person aus, die Sie besonders fordern und fördern, und loben Sie die Erfolge dieser Person exemplarisch.
5. Formulieren Sie Anweisungen klar und unmissverständlich. Weichspülen bringt weder Erfolg noch Akzeptanz.

6. Überprüfen und kontrollieren Sie regelmäßig, ob die Anweisungen umgesetzt und die Vereinbarungen eingehalten werden.
7. Vermeiden Sie Situationen, in denen Sie zum „Mitkuscheln" aufgefordert werden. Dazu gehören auch abwertende Gespräche über andere.

Vergessen Sie nicht: Die Mitarbeiter haben mit Ihnen einen Vertrag auf Gegenseitigkeit geschlossen. Bezahlung gegen Leistung. Es steht aber nichts darüber geschrieben, dass Sie verpflichtet sind, ihren Mitarbeitern ein ruhiges und bequemes Leben zu garantieren. Nichts spricht gegen ein gutes Betriebsklima, Beteiligung der Mitarbeiter an Entscheidungsfindungsprozessen und Spaß bei der Arbeit. Es darf nur nicht auf Kosten der Produktivität gehen!

Was denken die Mitarbeiter?

Halten Sie durch, der Frühling kommt bestimmt ...

Ganz bestimmt wird Ihnen eine Zeit lang eisige Kälte entgegenschlagen. Ziehen Sie sich warm an. Die Mitarbeiter werden sich gegen Sie verbünden, Sie als unsensible Zicke oder eiskalten Macho hinstellen und mit mürrischen Gesichtern die gestellten Aufgaben erledigen. Vielleicht drohen einige sogar mit Krankheit oder fehlen den einen oder anderen Tag wegen Migräne.

Lassen Sie sich nicht beirren! Wenn Sie sich trauen, werden Sie feststellen, dass gerade die Guten gern darauf eingehen, etwas anders zu machen. Wenn diese sich dann von Ihnen unterstützt fühlen, haben die kuschelnden Bremser langfristig keine Chance mehr. Nur Mut!

Belohnt werden Sie dafür nicht nur mit den erwünschten Ergebnissen. Auch das Klima wird sich langfristig verbessern – es wird vor allem ehrlicher. Und wenn Sie es richtig machen, wird auch niemand mehr über den Mangel an Anerkennung klagen.

Kollegen und Vorgesetzte

Absichern nach oben

Was ist, wenn Sie sich in einem kuscheligen Unternehmen für einen konsequenten Anti-Schmusekurs entscheiden? Oder Ihre Führungskollegen in der Mehrzahl Kuschler sind? Gerade wenn Sie „neu“ sind, werden Ihre protestierenden Mitarbeiter zu den dienstälteren Kollegen oder Ihrem Chef gehen, um sich über Sie zu beklagen. Dort ist die Versuchung groß, sich als der ach so viel beliebtere Chef zu profilieren, und dann kann es passieren, dass Vorgesetzte oder Kollegen Ihnen in den Rücken fallen. Wenn Sie das nicht verhindern, stehen Sie schnell im Abseits. Also, handeln Sie!

Sie brauchen schon eine Menge Mut, um sich gegen den Sog der falschen Harmonie in Ihrem Team durchzusetzen. Noch mutiger müssen Sie sein, wenn Sie dafür die Rückendeckung von Kollegen und Vorgesetzten erreichen wollen. Besonders, wenn Sie bisher selbst gekuschelt haben und daran etwas ändern wollen.

Mein Tipp: Sprechen Sie mit Ihrem Chef über Ihre Befürchtung, dass sich auf Dauer die Leistungen dramatisch verschlechtern werden, wenn die Mitarbeiter nicht konsequent an ihren Ergebnissen gemessen werden. Das hätte natürlich auch Auswirkungen auf den Gesamterfolg, für den Ihr Chef verantwortlich ist. Selbstverständlich wollen Sie nicht unmenschlich oder unfair sein. Aber es muss doch möglich sein, Anerkennung und Kritik auszusprechen, ohne dass gleich eine Revolte ausbricht! Versichern Sie ihm, dass es Ihnen darum geht, seinen Erfolg zu mehren. Und zeigen Sie sich zuversichtlich, dass die Mitarbeiter in nicht allzu ferner Zeit aktiver und produktiver sein werden. Kurz: Verkaufen Sie ihm Ihre Strategie, indem Sie ihm seinen Nutzen präsentieren. Wenn Sie ihn so weit haben, dass er diesen Nutzen für sich erkennt, bitten Sie ihn um seine Unterstützung.

Unterstützung einfordern

Wie könnte die Unterstützung Ihres Chefs aussehen? Wenn Ihre Mitarbeiter beleidigt oder unzufrieden über den neuen Kurs sind und sich an ihn wenden, soll er sich dazu nicht äußern, sondern alle Kritiker postwendend zu Ihnen schicken: Sie seien der richtige Ansprechpartner, nicht er. Im Gegenzug sagen Sie ihm zu, ihn über die Stimmung und die Entwicklung in der Abteilung auf dem Laufenden zu halten. Selbstverständlich laden Sie ihn auch gern zu einem Teammeeting ein, in dem er sich ein Bild von Ihrem Vorgehen und der Zusammenarbeit mit den Mitarbeitern machen kann. Und vergessen Sie nicht, ihm für seine Unterstützung zu danken.

Verbündete suchen

Mit Ihren Führungskollegen könnten Sie folgendermaßen verfahren: Sprechen Sie sie alle nach und nach auf das Thema an. Anlass kann ein gelungenes Projekt sein, über das Sie berichten. Dabei könnten Sie erwähnen, dass das nur möglich war, weil Ihr Team bereit war, neue Wege zu gehen. Oder Sie beginnen in der Kantine ein Gespräch darüber, wie sich denn die Kollegen verhalten, wenn ihre Mitarbeiter negativ auf Anerkennung für andere reagieren. Und was sie tun, wenn allzu lang über Privates gesprochen wird. Dann können Sie im Austausch Ihre Methode vorstellen. Auch hier gilt: Verkaufen Sie sich gut! Wenn Sie einen oder zwei Verbündete gewinnen, die „das auch mal versuchen wollen“, stehen Sie nicht mehr im Abseits. Und bleiben Sie bei Ihrer Strategie. Eine Kultur zu verändern, dauert länger als ein paar Wochen. Aber der lange Atem lohnt sich. Sie werden erfolgreich sein!

Fazit

Wenn es den Mitarbeitern gut geht, werden auch die Ergebnisse gut.

Wenn es den Mitarbeitern gut geht, es aber keine klaren Aufgabenstellungen und Konsequenzen gibt, werden die Ergebnisse schlecht.

Wenn es klare Aufgabenstellungen gibt, die Mitarbeiter gefordert und gefördert werden, stellen sich bessere Ergebnisse ein.

Wenn die Ergebnisse gut sind, haben die Mitarbeiter Erfolgserlebnisse. Die Erfolgserlebnisse schafft der Chef durch Anerkennung und Hervorheben guter Leistungen – sie sind eindeutig Chefsache! Wenn Mitarbeiter Erfolgserlebnisse haben, fühlen sie sich gut.

„Da lang! Oder da?“

Warum unbeliebte Entscheidungen den längeren Atem brauchen.

Jede Minute eine Entscheidung

Ich gratuliere: Sie haben eine gute Entscheidung getroffen, nämlich sich die Zeit zu nehmen, dieses Buch zu lesen – eine von den „kleinen“ Entscheidungen, die wir jeden Tag treffen: Was ziehe ich an? Wie verbringe ich den Abend? Wie begrüße ich heute meine Mitarbeiter? Noch eben bei dunkelgelb über die Ampel oder Vollbremsung?

Entscheidungen bestimmen unser Leben in jeder Minute. Viele Menschen aber empfinden ein Unbehagen bei anstehenden Entscheidungen. Ihnen fällt es schwer, sich festzulegen und damit die verworfene Alternative für immer aus der Welt zu schaffen. Je größer die Tragweite, desto schwerer fällt die Entscheidung. Im beruflichen Umfeld wird das besonders deutlich: Ausgerechnet dort, wo es oft um Wichtiges geht, ist Entscheidungsfreudigkeit gefragt. Aber entscheidungsfreudige Führungskräfte sind rar. Wir kennen sie alle, die Unentschlossenen, die Zauderer, die Aussitzer ...

Sie haben die erste und wichtigste Entscheidung für Ihre Position als Führungskraft schon getroffen. Sie haben sich gefragt: „Will ich Chef sein? Will ich entscheiden? Will ich Verantwortung übernehmen?“ – und haben mit „Ja“ geantwortet. Sie haben damit entschieden, dass Sie auch ohne die Liebe Ihrer Mitarbeiter und Ihres Chefs leben können. Sie haben entschieden, dass Sie nicht mehr nur beobachten, sondern *machen* wollen! Was, daran haben Sie gar nicht gedacht? Sie wollten zwar mehr

Verantwortung: Aber dabei haben Sie eher an Mitarbeiterführung gedacht? Das allein macht noch keine Führungsverantwortung! Sie sind als Chef nicht nur *befugt* zu entscheiden, sondern Sie *müssen* entscheiden. Es ist ein wesentlicher Bestandteil Ihrer Aufgabe und wird von ihnen verlangt! Eine Führungskraft, die nicht entscheidet, ist keine. Und mit jeder Entscheidung sind Sie gezwungen, Verantwortung für die Umsetzung und die Folgen zu übernehmen.

Entscheidungsdruck

Michael Lauer ist als Produktmanager verantwortlich für die Entwicklung und Vermarktung einer medizintechnischen Produktlinie. Der Markt verlangt nach einer kostengünstigen Alternative und Michael hat ein Konzept für eine Zweitmarke entwickelt. Heute ist der Tag der großen Präsentation vor der Geschäftsleitung. Es wird viel diskutiert, Fragen tauchen auf und am Ende kehrt Michael mit mehreren Arbeitsaufträgen wieder in sein Büro zurück. Er wird noch weiter recherchieren müssen und kann dann in zwei Monaten seine Ergebnisse vorstellen. „Alles ganz normal.“, denkt er sich – bis sein Chef ihn zu sich ruft.

„Herr Lauer, ich erwarte von Ihnen, dass Sie klare Konzepte abliefern und entscheiden, was zu tun ist. Zwei Monate sind zu lang. Ich möchte schon vorher von Ihnen hören, wie Sie vorgehen wollen.“

Michael ist verunsichert. „Ich habe doch ein Konzept abgeliefert. Dass so viele Fragen kamen, konnte ich ja nicht voraussehen. Außerdem fehlen mir wirklich noch einige Fakten, um ganz sicher sein zu können.“

Das lässt sein Chef nicht gelten: „Es ist Ihr Job zu entscheiden. Ich will nicht Ihre Zweifel hören. Unsi-

cherheit können wir hier nicht brauchen. Was meinen Sie, warum Sie so gut bezahlt werden?“
Michael versteht die Welt nicht mehr. Er soll entscheiden, obwohl er sich selbst nicht sicher ist, ob er wirklich alle Aspekte bedacht hat? Da sitzt die gesamte Geschäftsführung und erwartet von *ihm*, dass er sagt, wo es langgeht? Unglaublich!

Das ist nicht unglaublich. Im Gegenteil: Es ist normal. Als Führungskraft soll er zügig klare und nachvollziehbare Entscheidungen treffen und präsentieren. Tut Michael das nicht, wird er erleben, dass seine Kompetenz in Frage gestellt wird.

Die Motive

Safety first

Es ist nur zu verständlich, dass Michael sich so gut wie möglich absichern möchte. Eine Fehlentscheidung wäre fatal. Sie kann zu Kundenverlusten führen, kostet Geld und am Ende vielleicht seinen Kopf. Warum also eine Entscheidung vom Zaun brechen? Das Bedürfnis nach Sicherheit ist groß angesichts der Angst vor Fehlentscheidungen und Widerstand. Damit steht der Produktmanager nicht allein da. Täglich und überall auf der Welt wird gezögert und gezaudert, wenn es darum geht, sich für oder gegen etwas zu entscheiden. Immer neue Untersuchungen, Meetings, Befragungen, Analysen und Berechnungen sollen jedes Risiko möglichst ganz verschwinden lassen. Da werden Entscheidungen lange hinausgezögert, um auch die letzte offene Frage zu klären. Oder man wartet einfach erst einmal ab, was passiert. Manches erledigt sich ja von selbst. Stimmt. Aber wenn Sie nicht entscheiden, dann entscheiden andere. Das ist mit Sicherheit nicht das beste Rezept für Ihren Erfolg als Führungskraft.

Mut zu Risiko und Verantwortung

Angst ist der Schlüssel

Entscheidungen werden für die Zukunft getroffen. Daher können die Ergebnisse prinzipiell nicht mit letzter Sicherheit vorausgesagt werden. Dieses Risiko müssen Sie aushalten. Sie werden in Ihrer Position an Ergebnissen gemessen. Und um Ergebnisse zu erzielen, müssen Sie Entscheidungen treffen. Wer nicht gern Entscheidungen trifft, wird es schwer haben als Chef. Auch in einer Situation, in der keine perfekten und umfassenden Informationen vorliegen oder in der keine hundertprozentige Sicherheit besteht, müssen Sie entscheiden. Oder wollen Sie lieber die Arbeit Ihrer Mitarbeiter, ganze Abteilungen, Bereiche oder Unternehmen blockieren?

Immer wenn die ausgesprochene oder unausgesprochene Frage „Was ist zu tun? Wie muss es getan werden?“ auftaucht, beginnt der Entscheidungsprozess. Machen Sie sich Ihre Angst vor dem Fehler bewusst. Gehen Sie ergebnisorientiert an diesen Prozess heran: Er muss in überschaubarer Zeit abgeschlossen werden. Offene Enden sind hier nicht erlaubt! Die folgende Checkliste wird Ihnen dabei helfen. Entscheiden müssen Sie aber dann letztendlich doch selbst. Das nimmt Ihnen keiner ab.

©

Checkliste für Entscheidungen:

1. Was genau ist das Problem? Worum geht es wirklich?
2. Handelt es sich um einen Einzelfall oder ist eine Grundsatzentscheidung zu treffen?

3. Was ist das Ziel, was will ich mit der Entscheidung erreichen? Welches Ergebnis brauche ich?
4. Welche Informationen brauche ich zwingend?
5. Wie komme ich an diese Informationen?
6. Welche Beratung brauche ich? Wer kann mir helfen?
7. Welche Alternativen gibt es?
8. Wie sehen die jeweiligen Konsequenzen (Folgen und Risiken) aus?
9. Wen betrifft die Entscheidung?
10. Wen muss ich einbeziehen bzw. informieren?
11. Wer wird die Entscheidung unterstützen? Wer sind meine Verbündeten?
12. Mit welchen Widerständen und Einwänden muss ich rechnen?
13. Wer wird Widerstand leisten und wie kann der Widerstand sich äußern?
14. Wem nützt die Entscheidung?
15. Wem schadet sie? (Und was könnte ihn überzeugen?)
16. Welche Vorteile bietet die Entscheidung? Für wen?
17. Wie viel Zeit habe ich für die Entscheidung und die Umsetzung?
18. In welche Etappen kann ich die Entscheidung oder auch die Umsetzung unterteilen?
19. Wer muss in die Umsetzung einbezogen werden?
20. Wie soll die Realisierung der Entscheidung kontrolliert und überwacht werden?
21. Was ist das Schlimmste, das passieren kann? Wie reagiere ich in diesem Fall?

22. Wann und wie überprüfe ich, ob die Entscheidung richtig war? Woran erkenne ich, dass sie richtig war? (Entscheidungscontrolling)
23. Unter welchen Voraussetzungen akzeptiere ich, dass ich mich geirrt habe?
24. Welche Maßnahmen müssen dann ergriffen werden?

Mut wird belohnt

Michael nimmt sich vor, in Zukunft entscheidungsfreudiger zu sein. Die Worte seines Chefs waren ja deutlich genug! Er hat verstanden, dass eine Entscheidung notwendig ist, um handlungsfähig zu bleiben. Er schaut sich seine Präsentation noch einmal an. Dabei erinnert er sich daran, wie er zuvor die Rahmenbedingungen analysiert und mit welchen Gedanken er das Konzept für die Zweitmarke entwickelt hatte. Er war damals von der Notwendigkeit dieses Schrittes überzeugt gewesen. In der Diskussion nach der Präsentation hatte er sich dann verunsichern lassen. Michael nimmt sich einen Tag Zeit, um über die Vorteile und möglichen negativen Konsequenzen nachzudenken, die sich bei der Umsetzung des Konzeptes ergeben könnten. Das Schlimmste, was passieren könnte, wäre, dass das neue Produkt die Erstmarke kannibalisiert. „Das kostet Marktanteile statt die bestehenden abzusichern oder neue hinzuzugewinnen", denkt Michael. Damit wäre das Ziel verfehlt. Er vereinbart einen Termin mit Hans Schlüter, einem Regionalverkaufsleiter, der sich immer sehr offen für neue Ideen zeigt. Mit ihm bespricht er die möglichen Auswirkungen. Hans schlägt vor, in seinem Gebiet einen Testlauf zu machen. Michael ist sich nach der Kosten-Nutzen-Analyse sicher, dass die-

ses ein guter Weg ist, um mit geringem Risiko die Realisierbarkeit zu überprüfen. Seine Unsicherheit ist nicht vollständig beseitigt. Dennoch fühlt sich Michael sicher genug, um kurzfristig ein neues Meeting mit der Geschäftsführung einzuberufen. Dieses Mal lädt er auch seinen Verbündeten Hans ein.

Er eröffnet die Sitzung mit den Worten: „Nach unserem letzten Treffen zu diesem Thema habe ich noch einmal alle Aspekte betrachtet. Ich bin zu der Überzeugung gelangt, dass wir so schnell wie möglich aktiv werden müssen, damit uns der Markt nicht wegbricht. Ihre Fragen und Bedenken habe ich ernst genommen und gemeinsam mit Hans eine Strategie für einen Test in seinem Gebiet entwickelt. Wir sind bereit, im Herbst zu starten.“

Michael und Hans erläutern nun ihre Pläne und treten sicher und klar für ihren Vorschlag ein. Sie zeigen die Konsequenzen auf und können die anderen überzeugen, dass sie alles im Griff haben. Seine Unsicherheit behält Michael dieses Mal für sich.

Und siehe da: Sein Chef nimmt ihn nach der Besprechung beiseite und klopft ihm anerkennend auf die Schulter: „Gut gemacht. Nun können wir endlich starten.“

Der erste Schritt ist geschafft. Die Verantwortung für die Umsetzung liegt immer noch bei Michael. Aber er weiß, was schlimmstenfalls passieren kann und ist darauf vorbereitet. Und er hat in Hans einen Verbündeten gefunden, der alles dafür tun wird, damit er sich mit den Ergebnissen seines Gebietes profilieren kann.

Michael hat Mut bewiesen. Er ist überlegt an die Entscheidung herangegangen, ist ein Risiko eingegangen und hat sich die Konsequenzen bewusst gemacht. Darin stecken viel Arbeit und viel Zeit. Dadurch ist zwar immer noch nichts doppelt und dreifach abgesichert, aber die Entscheidung macht handlungsfähig. Das bringt ihm den Respekt der Geschäftsleitung ein.

Michael hat noch eine zusätzliche Erfahrung gemacht, mit der er nicht gerechnet hatte: Während er trotz der verbliebenen Reste von Zweifel seine Entscheidung mit fester Stimme verkündete, begann er sich immer sicherer und selbstbewusster zu fühlen!

Körperhaltung und Geisteshaltung, Stimme und Stimmung

Nur 20 Prozent unserer Kommunikation sind überlegt und kontrolliert. 80 Prozent erfolgen spontan und unkontrolliert. Das betrifft besonders die Körpersprache. Wenn wir traurig sind, zeigen die Mundwinkel nach unten, sind wir gut gelaunt, lächeln wir. Sieger reißen die Arme hoch, Verlierer lassen die Schultern hängen. Das Gehirn sendet Instruktionen und unsere Muskeln reagieren. Das gilt auch für die Stimme: Sind wir uns ganz sicher, dann sprechen wir mit fester Stimme. Unsicherheit drückt sich durch einen zögernden Tonfall und eine leise Stimme aus. Das Denken zeigt sich in Körpersprache und Tonfall.

Hirnforscher haben festgestellt, dass diese Reaktion keine Einbahnstraße ist. Man kann durch bewussten Einsatz von Mimik, Gestik und Tonfall das Denken und Fühlen beeinflussen.

So wie Michael, der sich ganz bewusst um einen sicheren Tonfall bemüht und sich am Ende tatsächlich selbstsicher fühlt. Mit hochgezogenen Mundwinkeln und mit geraden Schultern wird es schwer, die schlechte Laune oder eine zögerliche Haltung zu bewahren. Positive Mimik und Gestik macht gute Gedanken. Lächeln macht gute Laune. Der sichere und aufrechte Gang macht ein sicheres Gefühl.

Viel Spaß beim Üben!

Personalentscheidungen. Ein Dilemma?

Leistung vor Seniorität

Ein in die Freiheit entlassener Betrieb des öffentlichen Dienstes lässt in Teilbereichen künftig mehr Autonomie zu. Nun müssen sich die Beschäftigten mit Effizienzsteigerung, Qualität der Arbeit, fachlicher Kompetenz und Qualifikation beschäftigen. Das betrifft auch Maike Jobst. Sie ist die Leiterin einer regionalen Dienststelle. Durch ein langfristiges Projekt ist der Arbeitsaufwand in ihrem Bereich angestiegen. Nach langer Überzeugungsarbeit konnte sie bei ihrem Vorgesetzten eine zusätzliche halbe Stelle herausschlagen. Allerdings soll dafür niemand neu eingestellt werden, es gibt Teilzeitbeschäftigte, deren Stellen aufgestockt werden können. Maike hat mit Susanne und Katja zwei Mitarbeiterinnen zur Auswahl. Eine Entscheidung steht an.

Susanne wäre „dran“, weil sie am längsten dabei ist. Ihre Arbeitsleistungen sind akzeptabel und unter normalen Verhältnissen wäre die Aufstockung ihrer Stelle kein Thema. Aber Maike wird in der letzten Zeit von ihren Vorgesetzten verstärkt auf die Ergebnisse ihres Bereichs angesprochen. Beschwerden von Bürgern werden direkt mit den Leistungen ihrer Mitarbeiter in Verbindung gebracht. Mehr Qualität,

Freundlichkeit und Flexibilität sind gefragt. Unter diesem Aspekt reichen die Leistungen von Susanne nicht aus. Ihre Kollegin Katja ist weitaus engagierter und effektiver. Sie hat mehrfach neue Ideen für Verbesserungen der Organisation eingebracht und durch ihr flexibles Denken schon oft Lösungen in kniffligen Situationen herbeigeführt. Maike weiß genau, dass Katja die geeignete Kandidatin für eine Ganztagsstelle ist.
Aber Katja ist erst seit zwei Jahren dabei. „Diese Entscheidung wird nicht leicht!“, denkt Maike. „Alle kennen sich, und viele werden es „gemein“ finden, dass nicht Susanne die Stelle bekommt. Sie werden sagen, ich sei ungerecht.“

Eine Zwickmühle, die im Übrigen natürlich nicht auf den öffentlichen Dienst beschränkt ist. Es gibt Tausende von Parallelen in großen Industriekonzernen.

Die Motive

Soziale Gerechtigkeit und Leistungsprinzip

Maike benötigt von ihrem Team erstklassige Leistungen, um den neuen Standards zu genügen. Sie hat in den letzten Monaten verstärkt darauf geachtet, wie effektiv ihre Mitarbeiter sind. Sie hat nach Eigenschaften wie Verantwortungsbewusstsein, Loyalität, lösungsorientiertem Denken und Handeln, Schnelligkeit und positiver Grundeinstellung Ausschau gehalten. Ihren Erfolg kann sie nur mit den Besten erreichen. Dumm ist nur, dass die Besten nicht in jedem Fall auch die Mitarbeiter sind, die am längsten dabei sind. Oder die bei den Kollegen am beliebtesten sind.

Die Mitarbeiter stellen soziale Gesichtspunkte in den Vordergrund ihrer Überlegungen. Sie fragen sich, wer es verdient hätte, eine volle Stelle zu bekommen. Sie neigen zur Solidarität mit denen, die am schönsten kuscheln können (vergleiche Kapitel 4). Es geht nicht um das Wohl des Unternehmens, sondern um persönliches Wohlergehen und die Befriedigung eines Gerechtigkeitsgefühls.

Mut zu unpopulären Entscheidungen

Als Führungskraft kommen Sie immer wieder in Situationen, in denen Sie sich in Personalfragen zwischen fachlichen und sozialen Aspekten entscheiden müssen. Hier gilt es, gut zu überlegen und Vor- und Nachteile genau abzuwägen. Die Festlegung auf den fachlich besseren, aber „unverdienteren“ Mitarbeiter wird Ihnen Proteste einbringen. Unpopuläre Entscheidungen lassen den Beliebtheitsgrad von Chefs rapide abfallen. Nun ist es wichtig, dass Sie Ihre Entscheidung durchziehen und nicht schwanken angesichts der möglicherweise massiven Gegenwehr. Begründen Sie Ihre Wahl und zeigen Sie den Mitarbeitern, dass Sie sehr wohl alle Aspekte beachtet haben.

Leistung zählt

Maike entscheidet sich für die fachlich Bessere und teilt Katja mit, dass sie ab sofort ganztags arbeitet. Mit Susanne führt sie ein ausführliches Gespräch, in dem sie ihre Leistung würdigt und ihr Anregungen gibt, was sie tun kann, um sich so zu verbessern, dass sie das nächste Mal auf jeden Fall eine Chance hat. Katja und Susanne können beide auf ihre Unterstützung zählen. Nun gilt es, die Empörung der anderen Mitarbeiter auszuhalten.

Maike ruft alle zusammen und verkündet ihren Entschluss. „Ab Juli wird Katjas Stelle aufgestockt. Meine Entscheidung habe ich mir nicht leicht gemacht. Nach den vielen Veränderungen, die wir in der letzten Zeit erlebt haben, ist uns allen deutlich geworden, dass an erster Stelle die Qualität der Arbeitsleistung steht. Das wird jetzt immer wichtiger und wir kommen nicht daran vorbei, dass wir ab sofort nur noch daran gemessen werden. Katjas Leistungen sind so herausragend, dass ich mich für sie entschieden habe."

Maike nutzt die Situation, um die anstehende Kulturveränderung endgültig einzuläuten. Die Mitarbeiter müssen verstehen, dass neue Werte gelten. Die Entscheidung für Qualität gibt allen Mitarbeitern ein wichtiges Signal. Sie werden nicht mehr automatisch berücksichtigt, wenn es um Beförderungen oder Zuwendungen geht. Ab sofort sind sie gefordert, ihre Leistung den Standards anzupassen und kontinuierlich Qualität zu liefern.

Hier wird eine Einzelentscheidung als Präzedenzfall genutzt. Sie wird damit zu einer Grundsatzentscheidung. Die Mitarbeiter wissen ab sofort, womit sie rechnen können. Hält Maike nun konsequent an den Grundlagen für ihren Entschluss fest, wird sie zwar nicht unbedingt geliebt, aufgrund der Berechenbarkeit ihres Handelns aber respektiert werden.

Unpopulär und schwierig wird es meistens auch dann, wenn es um Entlassungen geht.

Eine schwierige Entlassung

Ralf Möhring ist Personalleiter in einem großen Industriekonzern. Kerstin Bruns, eine Bereichsleiterin, kündigt ihm an, dass sie einen Mitarbeiter loswerden will, den sie für absolut unfähig hält.

Ralf soll sich nun darum kümmern. Erschwerend kommt hinzu, dass die Ehefrau des Mitarbeiters ebenfalls im Konzern arbeitet und eine gute und fähige Mitarbeiterin ist, die das Unternehmen auf keinen Fall verlieren möchte.
Zunächst geht Ralf mit Kerstin gemeinsam alle Aspekte der Entscheidung durch. „Wie sind Sie zu Ihrem Entschluss gekommen?“ – „Welches Ergebnis erhoffen Sie sich, wenn der Mitarbeiter ausscheidet?“ – „Welche Risiken sehen Sie?“

Bei Personalentscheidungen empfehle ich immer eine Zwei-Stufen-Strategie. Es müssen im Grunde zwei Entscheidungen getroffen werden:

1. Die letzte Chance: Wie kann ich den Mitarbeiter unterstützen und eventuell noch aufbauen? Wie lange gebe ich ihm Zeit? Woran messe ich den Erfolg?
2. Die letzte Konsequenz: Wenn es nicht mehr geht, wie werde ich ihn los?

An beiden Entscheidungen kommen Sie nicht vorbei. Als Vorgesetzter haben Sie eine Fürsorgepflicht und damit die Aufgabe, dem Mitarbeiter eine Chance zu geben, seine Leistungen zu verbessern. Erst wenn das scheitert, ist die Entscheidung für eine Kündigung oder Versetzung an der Reihe. Damit sich dieser Prozess nicht zu lange hinzieht ist es absolut notwendig, dass Fristen gesetzt werden. Nur so bleiben Sie als Chef glaubwürdig.

Die letzte Chance vertan

Kerstin berichtet: „Ich beobachte den Mitarbeiter schon lange und habe bereits mehrere Gespräche mit ihm geführt. Zu Beginn des Jahres habe ich ihm angeboten, ein Seminar zu besuchen. Und über die

Möglichkeit, ein Einzelcoaching in Anspruch zu nehmen, habe ich ihn auch informiert. Daraufhin hat auch beides stattgefunden. Allerdings habe ich nicht feststellen können, dass der Mitarbeiter spürbare Fortschritte zeigt.“
„Haben Sie mit ihm denn vereinbart, wie lange Sie ihm Zeit lassen, seine Leistungen zu verbessern?“
„Ja, und die Frist, die ich mir und dem Mitarbeiter gesetzt hatte, ist nun abgelaufen. Darum muss ich jetzt Konsequenzen ziehen und ihm kündigen.“
Die Kündigung gilt es nun gemeinsam mit dem Personalleiter durchzusetzen. In diesem speziellen Fall muss sie nicht nur dem Betroffenen gegenüber vertreten werden, sondern auch dessen Frau positiv „verkauft“ werden. Kerstin spricht mit ihrem Mitarbeiter und Ralf zeitgleich mit dessen Frau. Mit viel Fingerspitzengefühl gelingt es, zu einer Auflösungsvereinbarung zu kommen, die für beide Seiten akzeptabel ist. Die Frau des Betroffenen wird in dieser Zeit von ihrem Chef, der eingeweiht ist, immer wieder darauf angesprochen, wie sehr ihre Mitarbeit im Unternehmen geschätzt wird.

In diesem Fall wurde die Entscheidung wohl überlegt getroffen. Mit Erfolg: Die Ehefrau ist immer noch im Unternehmen und hegt keinen Groll. Allerdings lagen hier die Tücken in der Realisierung. Nicht selten beeinflusst die Angst vor möglichen Widerständen oder Schwierigkeiten bei der Umsetzung die richtige Entscheidung – oder verhindert sie sogar.

Durchsetzen?

Konsequenz statt Härte

Haben Sie eine Entscheidung getroffen (bravo!), dann sind Sie aber noch nicht am Ziel (sorry!). Die Entscheidung muss auch in die Tat umgesetzt werden. Es schadet dem Ansehen einer Führungskraft enorm, wenn harte Entscheidungen angekündigt, dann aber nur windelweich gespült umgesetzt werden. Es gibt aber auch immer noch Führungskräfte, die ganz im Sinne autoritärer Führung Beschlüsse mit dem Holzhammer durchsetzen. Verdeckter oder offener Widerstand wird die Umsetzung hier immer wieder blockieren. Windelweich oder autoritär: Ich finde beides feige. Warum? Weil sich in beiden Fällen der Chef nicht traut, sich mit den Betroffenen auseinander zu setzen.

Mutig sind Sie, wenn Sie Vertrauen in Ihre eigene Entscheidungskompetenz, zeigen. Zeigen Sie Konsequenz, aber keine Härte. Schließlich haben unbeliebte Entscheidungen auch den positiven Aspekt, dass jeder weiß, innerhalb welcher Grenzen er sich bewegen kann und welche Themen wie ernst genommen werden.

Beteiligen!

Mitarbeiter setzen Entscheidungen dann um, wenn sie sie verstehen und akzeptieren. Beteiligen Sie die betroffenen Mitarbeiter, wenn Sie sicher erreichen wollen, dass die Entscheidung akzeptiert wird. Fragen Sie sie nach ihren Vorschlägen und nach ihrer Sicht der Lage. Begreifen Sie den Widerstand als Chance, die es zu nutzen gilt: Widerstand ist ein Kommunikationsangebot (siehe dazu auch Kapitel 9). Gerade bei möglicherweise unpopulären Entscheidungen ist es sinnvoll, die Mitarbeiter einzubeziehen. Denn sonst werden sie hundert Gründe finden, warum die Entscheidungen nicht umsetzbar sind. Das kann sogar so weit gehen, dass sie destruktiv handeln und Ihnen beweisen wollen, dass es gar nicht gehen *kann*. Mitarbeiterbeteiligung erfordert Ihren Mut, weil Diskussionen und Konflikte auszuhalten sind. Bedenken Sie: Diese Diskussionen und Konflikte dürfen keine Scheingefechte sein – und doch muss Ihre Entscheidung am Ende immer noch stehen!

Verkaufen!

Unbeliebte und unpopuläre Entscheidungen brauchen einen längeren Atem, weil sie erstens Mitarbeiterbeteiligung erfordern und zweitens gut verkauft werden müssen.

Und das gilt auch für Ihre eigenen Vorgesetzten. Denn Ihre Entscheidungen müssen ja nicht immer nur nach unten, sondern auch seitwärts und nach oben verkauft werden.

Wie ein guter Verkäufer brauchen Sie eine wirksame Vorteil-Nutzen-Argumentation. Niemand wird gern etwas tun, wenn er nicht weiß, was er selbst davon hat.

Wie Sie Entscheidungen gut verkaufen

1. Schildern Sie den Entscheidungsweg und Ihren Entschluss zügig, klar und nachvollziehbar.
2. Nennen Sie die allgemeinen Vorteile, die Sie bei der Umsetzung der Entscheidung erwarten.
3. Erklären Sie, welchen Nutzen diese Entscheidung für die jeweils Betroffenen hat. Was können sie erwarten, wenn die Entscheidung umgesetzt wird?
4. Fragen Sie nach Einverständnis.
5. Einwände, die nun kommen, nehmen Sie ernst und behandeln Sie mit Respekt.
6. Wiederholen Sie noch einmal Vorteile und Nutzen und holen Sie das Einverständnis ab.

6. Wiederholen Sie noch einmal Vorteile und Nutzen und holen Sie das Einverständnis ab.
7. Wenn immer noch Zweifel zu erkennen sind, behandeln Sie weiter Einwände und fragen außerdem, unter welchen Umständen Sie denn eine Zustimmung oder Akzeptanz bekommen würden.
8. Diskutieren Sie die Vorschläge und bestehen Sie auf der Umsetzung der Entscheidung. Machen Sie deutlich, dass Sie die Verantwortung übernehmen und sich der Chancen und Risiken bewusst sind, die Chancen aber deutlich in der Überzahl sehen.
9. Kommunizieren Sie den Zeitplan für die Umsetzung.

Wie jeder, der etwas verkaufen oder durchsetzen will, werden Sie mit Einwänden konfrontiert sein. Freuen Sie sich darüber, denn sie geben Ihnen die Gelegenheit, Ihren Standpunkt noch verständlicher zu erläutern. Wenn Sie die Einwände nicht grundsätzlich als Widerstand, sondern als Informationsinteresse interpretieren, haben Sie große Chancen, positiv zu punkten.

Einwände

Es gibt immer gute Gründe für Einwände, nämlich Befürchtungen:

Angst vor Veränderung

Angst vor Geldverlust

Angst vor Misserfolg

Angst vor Übervorteilung

Angst vor Nicht-Nutzen

Angst vor schlechten Bedingungen

Angst, ein Zugeständnis zu machen. Aber auch: reines Unwissen und Fehlinformation

Wenn Sie berücksichtigen, dass hinter jedem Einwand Befürchtungen und Bedürfnisse stecken, verlieren sie schnell ihren Schrecken. Die folgenden Methoden können – situationsgerecht angewendet – Blockaden lösen.

ⓜ

Methoden zur Behandlung von Einwänden

1. Aufwertung

   „Prima, gut dass Sie das erwähnen!"

2. Aktives Zuhören: Den Einwand vom Vorwand trennen durch Hinterfragen oder Verbalisieren. Wiederholen Sie die Aussage des Partners mit eigenen Worten als Sie-Aussage)

   „Sie befürchten ..., Sie fragen sich ...,
   das kann ich gut verstehen ..."

3. Akzeptanz gegenüber dem Partner zeigen, Beziehung aufbauen/erhalten

   „Ich finde Ihren Einwand berechtigt.
   Trotzdem bin ich der Meinung, dass ..."

4. Kooperation statt Konfrontation. Nicht widersprechen, statt „aber" „und" sagen.

   „Ja. Und außerdem ...
   Richtig. Und dann gilt es allerdings noch zu berücksichtigen, dass ..."

Einwände vorwegnehmen:

„Sie meinen jetzt vielleicht, dass ... Da kann ich Sie beruhigen ..., dazu kann ich Ihnen sagen ...“

Vergleichsmethode anwenden: Den Nutzen und den Vorteil gegenüber anderen Alternativen herausstellen.

„Für uns alle wäre es so besser, als ...“

Gegenfrage stellen:

„Haben Sie schon einmal darüber nachgedacht ...“

Isolationsmethode anwenden: durch Kontrollfragen sicherstellen, welche Punkte schon abgehakt sind. Jas sammeln. Problem isolieren und dann entkräften. Diese Methode eignet sich vor allem für den Gesprächsabschluss.

„Wir sind uns also einig, dass ...“

Lust auf Entscheidungen

Eine befreundete Personalleiterin hat ein positives Verhältnis zu Entscheidungen: „Unpopuläre Entscheidungen verkaufen, macht mir Spaß. Ich bin ein Fan von Kompromissen und neuen Wegen, die man zusammen mit Kollegen finden und gehen kann. Grundvoraussetzung ist, dass sich alles im Rahmen völliger Legalität bewegt und niemand zu Schaden kommt. Dann ist sowohl dem Mitarbeiter, dem Chef als auch mir geholfen.“

Love it!

Können Sie sich vorstellen, Lust an Entscheidungen zu finden? Sie bewegen etwas. Sie sind aktiv. Sie gestalten und managen Veränderungen. War das nicht der Grund, warum Sie eine Führungsposition angestrebt haben? Hat Sie das nicht gereizt?

Klar, Fehler passieren immer. Sie können auch Fehlentscheidungen treffen. Aber wollen Sie sich wegen der Angst vor Fehlern vor Ihrer Verantwortung drücken? Lernen Sie aus den Fehlern. Treffen Sie das nächste Mal bessere Entscheidungen. Und überlegen Sie sich vorher, was Sie tun werden, wenn sich herausstellt, dass die Entscheidung falsch war. Seien Sie hartnäckig. Aber halten Sie auch nicht dickköpfig an Fehlern fest, wenn gar nichts mehr geht. Zur Verantwortung, die Sie übernehmen, gehört nämlich auch, zu Ihren Fehlern zu stehen.

Nochmals: Sie kommen an Entscheidungen sowieso nicht vorbei, wenn Sie ein erfolgreicher Chef sein wollen. Warum beginnen Sie nicht damit, sie zu lieben?

Fazit:

Eine Führungskraft, die keine Entscheidungen trifft, ist keine.

Machen Sie sich mit den Chancen und Risiken vertraut und entwerfen Sie Handlungsszenarien für den Ernstfall.

Mit Ihren Entscheidungen sind Sie ganz allein. Stellen Sie sich Ihrer Verantwortung.

Treffen Sie auch Entscheidungen, wenn Sie nicht hundertprozentig sicher sind. Die Zukunft ist niemals sicher.

Treten Sie entschieden und mit Festigkeit auf, wenn Sie eine Entscheidung bekannt geben.

Stehen Sie zu Ihren Entscheidungen.

Entscheidungen erfordern Mut. Sie können sich damit richtig unbeliebt machen – eine wunderbare Chance, sich langfristig Vertrauen, Respekt und Glaubwürdigkeit zu verdienen!

„ERWISCHT!"

Von der hohen Kunst der Motivation.

Wer kündigt, wird belohnt

Meine Freundin Sonja arbeitet in der PR-Branche. Bei ihrem letzten Arbeitgeber machte sie interessante Erfahrungen rund um das Thema Motivation. Sie war mit einer Kollegin in ein winziges Büro gesperrt, das kaum Möglichkeiten zur Bewegung neben den Schreibtischen bot. Kollegen aber, die schon länger dort waren und mit dem Chef „gut konnten", hatten Einzelbüros. Sonja bekam in den zwei Jahren, die sie in dieser Agentur fristete, kaum Anerkennung für gute Leistungen. Ja, richtig: Das kann zwei Gründe haben. Allerdings scheidet der erste Grund, an den Sie gerade denken, aus. Denn Kunden und externe Partner gaben ihr immer wieder positives Feedback. An ihren Leistungen konnte es beim besten Willen nicht liegen. Bleibt der zweite Grund: Der Inhaber nahm Höchstleistungen als selbstverständlich hin. Er protegierte seine Lieblinge, indem er ihnen gelegentlich Insider-Informationen zukommen ließ oder ihnen Praktikanten oder Volontäre zur Seite stellte. Die „Neuen" und alle anderen ackerten in ihren kleinen Büros ohne Unterstützung vor sich hin. Die Stimmung in der Agentur war von Intrigen und Missgunst geprägt. Richtig interessant wurde es aber, als die ersten Kolleginnen die Konsequenzen aus dieser demotivierenden Situation zogen und kündigten: Zum Abschied schenkte ihnen ein plötzlich großzügi-

ger Chef ein Wellness-Wochenende an der Ostsee. Sonja kam dann etwas später auch in den Genuss dieser Zuwendung, als sie der Agentur endlich den Rücken kehrte.

Ein beeindruckendes Beispiel zum Thema Motivation. Absurd, meinen Sie? Kaum zu glauben, aber das Beispiel ist keinesfalls erfunden: Da belohnt wirklich ein Chef seine Mitarbeiter dafür, dass sie hochgradig frustriert das Unternehmen verlassen!

Wie viel Hilflosigkeit spiegelt sich doch in diesem Verhalten! Oder ist es Ignoranz? Immer wieder sitzen auf den Chefsesseln Menschen, die ein großes Schild mit der Aufschrift „Lobe nicht!“ vor sich herzutragen scheinen. Und andere glauben vermutlich: „Wenn ich nichts sage, dann wissen meine Mitarbeiter schon, dass alles in Ordnung ist. Sonst hätte ich mich schon längst gemeldet.“ Aha, keine Kritik zu äußern wird mit loben gleichgesetzt.

Fehlerlos – aber ohne Motivation

Jochen Kern ist Kundendienstleiter. Er hat sich zum Ziel gesetzt, seine Abteilung straff zu organisieren. Seine Mitarbeiter sollen nach dem „Null-Fehler-Prinzip“ arbeiten. Immer, wenn etwas nicht zur Zufriedenheit läuft, spricht Jochen mit den betreffenden Mitarbeitern. Er ist stolz darauf, dass er Abweichungen schnell entdeckt und seine Mitarbeiter fast immer erwischt, wenn sie Fehler machen.

Seine Abteilung sollte eigentlich hervorragende Ergebnisse erzielen. Leider muss er feststellen, dass die Servicetechniker nicht bereit sind, selbstständig kleinere Entscheidungen zu übernehmen. Ständig ruft einer an oder steht vor seiner Tür und fragt. Und motivierter Einsatz über das normale Maß hinaus fehlt völlig. Häufig bekommt Jochen den Satz:

„Das ist nicht meine Aufgabe, dafür werde ich nicht bezahlt“, zu hören. Oder, wenn kurz vor Feierabend eine Arbeit nur mit zusätzlichem Einsatz zu bewältigen ist: „Dann ist das eben so!“, mit dem zusätzlichen Hinweis darauf, dass alles leichter zu schaffen sei, wenn neue Mitarbeiter eingestellt würden, die Bezahlung besser wäre, eine neue Telefonanlage installiert oder die Unternehmenssoftware gewechselt würde. Kein Wunder, dass Jochen sich erpresst fühlt. Er ist wütend und hilflos.
Ein guter Zeitpunkt, guten Rat anzunehmen! Wie soll er bloß die Mitarbeiter dazu bringen, engagiert zu arbeiten?

Motive des Chefs

Bloß nicht loben

Jochen und Sonjas Chef gehören zu den Vorgesetzten, die sich schwer damit tun, Mitarbeiter und ihre Leistungen anzuerkennen. Viele dieser Chefs befürchten, dass die Mitarbeiter „übermütig“ werden, wenn sie sie zu oft loben. Auch die Angst, die Mitarbeiter könnten Lob und Anerkennung als Argument in Verhandlungen über Gehaltserhöhungen ins Feld führen, geht um. Sicher spielt auch ein weit verbreitetes Vorurteil eine Rolle: Mitarbeiter brauchen Druck, um gut zu arbeiten. Man muss ihnen immer nur die Fehler vor Augen führen, damit sie es beim nächsten Mal besser machen.

Was denken die Mitarbeiter?

Die Beispiele zeigen, dass die Vorgesetzten keinen Erfolg mit ihrem Vorgehen haben. Die Mitarbeiter sind demotiviert, fühlen sich nicht wohl, tun nur das Nötigste oder verlassen sogar das Unternehmen. Sie haben nicht das Gefühl, dass ihre Leistung überhaupt gesehen wird. Stattdessen haben sie eine Heidenangst, zum Chef zitiert zu werden. Denn aller Erfahrung nach bedeutet das immer auch, dass sie gemaßregelt werden. Also ist es besser, alles zu vermeiden, was zu Fehlern führen könnte. Bloß nicht selbst etwas entscheiden: Es könnte sich ja als falsch herausstellen. Und bloß nicht mehr tun als nötig: Wer viel arbeitet, macht auch viele Fehler! Die Belegschaft sieht schwarz. Alle denken nur daran, nicht negativ aufzufallen. Niemand verschwendet einen Gedanken daran, was zu tun wäre, um positiv aufzufallen. Das macht auch gar keinen Sinn angesichts einer anerkennungsfreien Atmosphäre. Beachtet werden die Menschen hier nur, wenn sie nicht gut arbeiten. Warum sollten sie sich also übermäßig anstrengen? Leistungssteigerungen sind dann aus Sicht des Managers nur noch mit erhöhtem Druck möglich – sollte man meinen. Aber Druck schafft bekanntermaßen langfristig nicht die besten Ergebnisse. Es gibt sicher intelligentere und sehr viel effektivere Möglichkeiten, Mitarbeiter zu motivieren.

Ohne Lob nichts los

Motivation oder Motivierung?

Alle reden davon: „Die müssen einfach mal richtig motiviert werden, dann laufen sie auch wieder.“ Wenn Anforderungsprofile für das mittlere Management verfasst werden, steht Mitarbeitermotivation auf den Wunschzetteln immer im oberen Drittel. Allerdings, hören Sie sich einmal um, Sie werden feststellen, dass darunter jeder etwas anderes versteht. Viele tun sich schwer zu definieren, was „Motivation“ eigentlich bedeutet.

Motive, Motivation, Bedürfnisse

Ein Motiv ist etwas, das einen Menschen dazu bringt, etwas zu tun, um ein bestimmtes Ziel zu erreichen. Das lateinische Wort „movere“ bedeutet „bewegen, in Bewegung setzen“.

Es gibt primäre, angeborene Motive bzw. Grundbedürfnisse:

körperlich:

- Nahrung
- Obdach
- Sexualität
- Schlaf
- Wärme
- Kleidung

seelisch:

- Liebe
- Harmonie
- Geborgenheit

und sekundäre, erworbene Motive, die durch Erfahrungen und Lernprozesse im Laufe des Lebens entstehen und sich ständig wandeln können:

- Soziale Bindung
- Sicherheit
- Kontakt
- Zuwendung
- Anerkennung
- Status, Prestige
- Gewinn
- Sinn
- Neugier
- Macht
- Unabhängigkeit

Motivation entsteht aus dem Wunsch, Bedürfnisse zu befriedigen, um Wohlbefinden herbeizuführen. Dieser Wunsch kann entstehen, wenn eine Situation als defizitär erlebt wird, d. h. ein Mangel wahrgenommen wird, oder wenn ein erwünschter Zielzustand zur Aktivität reizt. Motivation ist die Bereitschaft zum zielgerichteten Handeln.

Man unterscheidet zwei Arten von Motivation: Die extrinsische *Motivierung*, bei der das Verhalten von äußeren Faktoren (Belohnung, Strafe, Geld etc.) gelenkt wird, und die intrinsische *Motivation*, bei der es um das Handeln (Spaß, Interesse, Neugier) selbst geht. Sie setzt sich zusammen aus Sachinteresse, dem Anreiz positiver Emotion und einer Erfolgserwartung. Die extrinsische Motivierung braucht Belohnung oder Zwang, um zu funktionieren.

Intrinsisch motivierte Mitarbeiter sind Erfolgssucher. Sie brauchen weniger Kontrolle. Bei extrinsisch motivierten Misserfolgsvermeidern ist sie zwingend notwendig.

Erfolgssucher:

Mitarbeiter, die voll motiviert Erfolg und Befriedigung in ihrer Arbeit suchen und finden.

Misserfolgsvermeider:

Mitarbeiter, die demotiviert ihre Arbeit mit gebremstem Einsatz erledigen und dabei möglichst nicht negativ auffallen wollen.

„Wie kriegen wir die Motivation in den Mitarbeiter rein?“

Nun könnte man vermuten, dass ein Chef nur dafür sorgen muss, dass die grundlegenden Bedürfnisse der Mitarbeiter erfüllt werden, um sie zu motivieren. Das stimmt zwar, aber nur zum Teil. Auch langfristige Ziele können Mitarbeiter motivieren. Das übergeordnete Fernziel in einem größeren Sinnzusammenhang kann sich hervorragend zur Motivation eignen.

Immer wieder wird in der Managementliteratur (z. B. bei Sprenger) die Frage aufgeworfen, ob man andere Menschen überhaupt motivieren könne. Dabei wird davon ausgegangen, dass jeder grundsätzlich aus sich selbst heraus motiviert sei, man ihn aber sehr wohl demotivieren könne. Wenn wir annehmen, dass Motive aus dem Wunsch nach Befriedigung von Grundbedürfnissen entstehen, dann erscheint diese Meinung plausibel. Und ich weiß, dass sie stimmt!

Verhindert ein Vorgesetzter, dass seine Mitarbeiterin ihr Grundbedürfnis nach Kontakt befriedigen kann, indem er sie von allen Meetings ausschließt oder ihr ein kleines, abgelegenes Einzelzimmer zuweist, kann er davon ausgehen, dass sie demotiviert wird. Wenn Ihr Chef Ihnen ans Herz legt: „Sie müssen ihre Mitarbeiter mal besser motivieren!“, dann fordert er Sie dazu auf, ein bestimmtes Vorurteil zu akzeptieren: Mitarbeiter sind tendenziell Leistungsverweigerer und bedürfnisgesteuerte Marionetten. Man muss nur großzügig eine Dosis Motivation über ihnen ausschütten und schon laufen sie los. Menschen als reine Reiz-Reaktionsmaschinen? Damit machen wir es uns zu einfach! Zwang (bedrohen, bestrafen), Bestechung und Ködern (belohnen, belobigen) werden als Motivierungsstrategien gern genutzt. Und bringen, wie jede extrinsische Motivation, nicht den erhofften langfristigen Erfolg.

Ein Zuviel an Motivierungsversuchen über Bestechen und Ködern kann leicht in Verwöhnen ausarten und damit verflachen. Der Mensch gewöhnt sich an alles. Eine Konsumhaltung wird provoziert, nach dem Motto: „Gib du mir erst, dann mache ich auch.“ Und das verhindert erfolgreich jede Eigeninitiative. Immer mehr wollen die Mitarbeiter haben, um überhaupt zu arbeiten. Bestechen, ködern, belohnen: An dieser Stelle komme ich nicht darum herum, von Geld zu sprechen. „Geld allein macht nicht glücklich“

Korruptionsförderung

und ist für langfristige Motivation denkbar ungeeignet. Eine leistungsgerechte Bezahlung mit einem variablen Anteil hat heute in fast allen Unternehmensbereichen Einzug gehalten. Lassen Sie sich aber nicht von einem ausgeklügelten „Mitarbeiter-Entlohnungssystem" zum Glauben verführen, das sei nun die völlig ausreichende Investition in Mitarbeitermotivation und der Weisheit letzter Schluss. Denn alleine reicht das nicht aus. Incentives und andere Köder werden sonst als leicht durchschaubare Techniken nicht ernst genommen. Die Mitarbeiter werden zu abhängigen Budget-Junkies, die immer mehr von der Droge „Bonus" brauchen. Ein guter Nährboden für Jammerzirkel. Und eine große Gefahr, intrinsische Motivation in die wenig effektive extrinsische Motivierung zu verwandeln.

Die alte Frau und die Steinewerfer

Eine alte Frau hatte seit einiger Zeit Ärger mit Jugendlichen aus ihrer Straße. Sie warfen täglich Steine und Flaschen in ihren Garten. Als sie es nicht mehr aushielt, bot sie den Jugendlichen einen Euro an, wenn sie am nächsten Tag wieder kämen und Steine in den Garten würfen. Die Jugendlichen kamen, warfen Steine und holten sich ihren Euro ab. Die alte Frau sagte: „Wenn ihr morgen wieder kommt und noch mehr Steine und auch Flaschen mitbringt, dann gebe ich jedem wieder einen Euro." Wieder reagierten die Jugendlichen, kamen am nächsten Tag und brachten mehr Steine und Flaschen. Nun bot die alte Frau ihnen 50 Cent, wenn sie am nächsten Tag wieder kämen. Die Jugendlichen reagierten, wie die kluge Frau es vorausgesehen hatte: Sie weigerten sich. Für so wenig Geld wollten sie die Steine und Flaschen nicht mehr anschleppen. Reiz und Spannung des Tuns waren ver-

loren. Die anfänglich vorhandene Motivation wurde durch Motivierung zerstört.

Was im Fall der alten Frau sehr klug war, ist in Unternehmen extrem kontraproduktiv. Erfolgsuchende Mitarbeiter, die voll motiviert sind, werden zu demotivierten Misserfolgsvermeidern.

Motivation statt Motivierung

Befreien Sie sich und Ihre Mitarbeiter von der bequemen, aber für alle unbefriedigenden Motivierung. Schaffen Sie eine Basis für Motivation, indem Sie nicht verführen, sondern fordern. Fordern Sie Ihre Mitarbeiter zu Höchstleistungen heraus, indem Sie sie ihnen zutrauen. Es ist Ihr Recht und Ihre Pflicht als Führungskraft, Forderungen zu stellen. Haben Sie keine Angst vor der zunächst empörten Reaktion der Mitarbeiter. Die Empörung ist verständlich, im Grunde haben doch erst Sie selbst sie durch Ihre Motivierungsversuche verursacht. Wer eigenverantwortliche Mitarbeiter möchte, Mitarbeiter, die aus sich heraus motiviert sind, darf sie nicht verwöhnen oder verführen – auch wenn das zunächst der einfachste Weg zu sein scheint. Nehmen Sie Ihre Mitarbeiter ernst und handeln Sie entsprechend – dann wird sich Motivation von selbst einstellen. Selbstverständlich brauchen Sie auch dafür Werkzeuge.

Lernen am Erfolg

Verhaltensverstärker

Die Erkenntnis, dass zufällige Verhaltensweisen, die positiv verstärkt werden, anschließend unbewusst öfter wiederholt werden, ist ein wichtiger Bestandteil erfolgreicher Pädagogik – und der Verhaltenstherapie.

Das gilt auch für Ihr Geschäft. Sie möchten, dass Ihre Mitarbeiter ein bestimmtes Verhalten an den Tag legen oder eine bestimmte Leistung kontinuierlich erbringen? Sie möchten, dass einzelne Mitarbeiter ein störendes Verhalten einstellen?

Dann erwischen Sie Ihre Mitarbeiter! Jawohl, lauern Sie ihnen auf, und wenn sie tun, was Sie sich von ihnen wünschen, wenn sie gute Leistungen bringen, freundlich zu Kunden sind oder Verantwortung übernehmen, dann verstärken Sie dieses Verhalten durch sofortiges Lob und Anerkennung. Nicht nur, wenn Sie gerade mal gut gelaunt sind. Nicht nur partiell. Konsequent und immer! Dann werden Sie feststellen, dass das erwünschte Verhalten wiederholt wird.

Im Umkehrschluss können Sie auch Verhalten löschen. Jochen und Sonjas Chef löschen positives und erfolgreiches Verhalten ihrer Mitarbeiter dadurch, dass sie es nicht beachten. Beständiges Nicht-Beachten von Verhalten führt leicht dazu, dass es nicht wiederholt wird. Aus biologischer Sicht ist das ja auch sinnvoll: Ergebnisloses Tun ist Energieverschwendung. Und angesichts des eiszeitlichen Klimas und knapper Nahrungsressourcen mussten unsere Ahnen Energieverschwendung eindämmen, wo immer möglich. Das ist erst ein paar hundert Generationen her, ein Wimpernschlag in der Evolutionsgeschichte. Kein Wunder also, dass heute gute Mitarbeiter sich keine Mühe mehr geben, wenn ihre Leistung nicht beachtet wird. Das Ignorieren führt zur Löschung von Verhalten. Dieses Wissen können Sie allerdings auch nutzen, um angemessen mit unerwünschtem Verhalten umzugehen.

Hilflosigkeit mit Methode

Conny Richter hat in ihrer Buchhaltung einen langjährigen Mitarbeiter, Werner Sommer, der ihr schon lange Sorgen macht. Sobald eine Schwierigkeit auftaucht, kultiviert er eine nervtötende Hilflosigkeit. Er fragt Conny nach Dingen, die er selbst wissen müsste und verlangt von ihr Entscheidungen, die eindeutig von ihm selbst getroffen werden könnten. Sie geht immer auf ihn ein, hilft ihm weiter und sagt ihm, was zu tun ist. Manchmal übernimmt sie die Arbeit, weil sie meint, dass es dann schneller geht. Dabei wird sie immer ärgerlicher und fragt sich, warum Werner nicht ein wenig selbständiger sein kann! Immer bleibt alles an ihr hängen und Werner scheint an manchen Tagen alle seine Erfahrungen und Routine vergessen zu haben.

Hier gilt es, die negativen Verstärker zu erkennen und zu vermeiden. Negative Verstärker sind die Hilfe und das Mitgefühl, das Werner immer wieder bekommt. Er hat Erfolg mit seinem Verhalten und sieht keinen Grund, es zu ändern. Wenn Conny also etwas verändern und die Hilflosigkeit löschen will, muss sie die Verstärker vermeiden und neue Wege wagen.

Selbstständigkeit fördern

Conny hat entschieden, dass sie etwas ändern will. Sie hat erkannt, dass Werner Sicherheit braucht und ihre Hilfsbereitschaft als Zeichen von Zuneigung wertet. Ihr Ziel ist es nun, ihm mehr Vertrauen in seine Kompetenz zu vermitteln und ihm zu zeigen, dass sie ihn schätzt.
Als der Mitarbeiter wieder mit einem Buchungsvorgang zu ihr kommt, der ihm unlösbar erscheint, kontert sie: „Herr Sommer, es stimmt, das ist eine knifflige Angelegenheit. Ich kann verstehen, dass Sie es sich nicht leicht machen mit der Entscheidung, wie das zu bearbeiten ist. Sie haben doch schon eine Menge ähnlicher Probleme gelöst. Da sind Sie viel mehr Profi als ich. Überlegen Sie doch selbst noch einmal. Ich habe im Moment gar keine

Zeit. Wenn Sie sich entschieden haben, wie Sie vorgehen wollen, dann kommen Sie ruhig noch einmal vorbei."
Werner Sommer guckt ratlos und deprimiert. Beinahe wird Conny weich angesichts dieser Blicke. Stattdessen ermuntert sie ihn: „Sie werden es schon schaffen. Ich habe volles Vertrauen in Ihre Professionalität", und verabschiedet sich von ihm. Ihr ist zwar nicht ganz wohl dabei. Ein wenig zweifelt sie schon, ob es klappt. Aber sie ist fest entschlossen, konsequent ihren Kurs weiter zu fahren.

Dazu gehört auch, dass, wenn er es schafft, sie ihn erwischen wird und das neue, erwünschte Verhalten durch Anerkennung verstärkt! Wenn Conny den Mut hat, die Konfrontation, die ja in ihrem Nein steckt, durchzuhalten, wird sie Werner immer selbständiger erleben.

Eigenmotivation fördern – Demotivation verhindern

Geld ist nicht mehr alles

Zunächst ist es wichtig zu wissen, dass es einen Wertewandel in der Arbeitsmotivation gegeben hat, den – so merkwürdig das klingt – viele Chefs immer noch nicht wahrhaben wollen. Bis in die frühen siebziger Jahre waren Prestige und Geld die wichtigsten Motive im Berufsleben. Seit Anfang der achtziger Jahre stehen andere Dinge im Vordergrund:

- Arbeitsinhalte
- Spaß
- Selbstentfaltung
- Arbeitsklima
- Verantwortung

- Gestaltungsspielraum
- Anerkennung

Mehr Sinn, mehr Wert

Welches Ziel motiviert einen angestrengt in der Erde grabenden Arbeiter wohl am meisten?

Ich buddle ein Loch ☹
Ich pflanze einen Baum 😐
Ich lege einen Garten an ☺

Es geht darum, einen übergeordneten Sinn in der Arbeit zu sehen. Was können Sie also tun, um ihre Mitarbeiter wertschätzend dabei zu unterstützen, ihre Eigenmotivation nicht zu verlieren oder wieder zu erlangen?

1. Erkennen Sie die Leistungen Ihrer Mitarbeiter an

Lob wirkt entspannend und stärkt das Selbstwertgefühl.

Ehrliche Anerkennung, die von Herzen kommt, meint nicht nur die erbrachte Leistung, sondern erkennt auch die Person an.

ⓜ

So loben Sie wirksam:

1. Erwischen Sie Ihre Mitarbeiter bei guten Leistungen und geben Sie das Lob möglichst direkt nach der erbrachten Leistung.
2. Loben Sie aus ehrlicher Überzeugung. Nur dann wird Ihre Gestik und Mimik den Wahrheitsgehalt des Lobes bestätigen
3. Achten Sie auf die Übereinstimmung von Sprache und Handeln. Wenn Sie eine Idee loben, sie dann aber sofort vergessen, nicht weiter verfolgen und auch nie wieder erwähnen, wirken Sie unglaubwürdig.

4. Zeigen Sie Wertschätzung, indem Sie sich dem Mitarbeiter zuwenden, wenn Sie ihn loben. Ein zwischen Tür und Angel hingeworfenes „gut gemacht" ist zwar besser als gar keine Anerkennung, wirkt aber desinteressiert.
5. Loben Sie konkret und leistungsangepasst. Heben Sie Einzelheiten hervor und sagen Sie, was Ihnen besonders gut gefallen hat.

Sie befürchten, dass zu viel Lob zu einer Anspruchshaltung bei den Mitarbeitern führt? Das kann passieren. Zu häufiges Lob, das nicht mehr den tatsächlich erbrachten Leistungen entspricht, verunsichert. Es wird nicht mehr ernst genommen. Ein Mitarbeiter, der dauernd für alles, was er tut, gelobt wird, beginnt irgendwann, sich zu überschätzen, sich für den Tollsten zu halten. Gleichzeitig ist er schnell frustriert, wenn ihm einmal etwas nicht gelingt oder er keine Anerkennung bekommt. Loben Sie also nur, wenn es wirklich etwas zu loben gibt. Aber loben Sie! Vergessen Sie nicht, dass Lob eine positive Verstärkung für das Wiederholen von erwünschtem Verhalten ist.

Der Kundendienstleiter Jochen – Sie erinnern sich? Der mit dem „Null-Fehler-Prinzip" – erwischt seine Mitarbeiter immer nur, wenn etwas schief läuft. Das fördert eine Kultur der Angst und der mangelnden Wertschätzung. Wie könnte Jochen die Motivation seiner Mitarbeiter unterstützen?

Die richtige Gelegenheit zum Loben

Jochen möchte, dass seine Kundendienstmitarbeiter mehr Eigenverantwortung übernehmen und auch zusätzliche Leistungen erbringen, ohne dass er diese erst absegnen oder anordnen muss. Er wünscht sich Erfolgssucher und keine Misserfolgsvermeider. Jochen beginnt, darauf zu achten, wann ein Mitarbeiter dieses erwünschte Verhalten zeigt.

So erwischt er Max Schneider, einen erfahrenen Monteur, als dieser ohne zu fragen entschieden hat, eine Arbeit durchzuführen. Sie hatte zwar Mehrkosten verursacht, war aber dringend notwendig, um den Kunden nicht zu verlieren. Max Schneider berichtet ihm schuldbewusst davon, weil er mit einem Rüffel rechnet. Er hätte vielleicht gar nicht selbst entscheiden dürfen? Und was ist mit den Kosten? Es hätte ja auch schief gehen können.
Und nun kommt die neue, für den Mitarbeiter völlig unerwartete Reaktion seines Chefs: „Herr Schneider, Sie haben genau richtig gehandelt. Es hätte viel zu viel Zeit gekostet, sich erst mit mir kurz zu schließen. Ich finde es gut, dass Sie Ihre Erfahrung so zum Wohl unseres Geschäfts einsetzt. Vielen Dank!“ Max Schneider ist geplättet. Eigeninitiative wird gelobt! Wenn das so ist, dann kann er es ja auch mal wieder versuchen ...

Vertrauen braucht Mut

Verständlich, dass Sie dabei zunächst Bedenken haben. Da ist die Angst, dass etwas schief geht. Die Befürchtung, dass die Mitarbeiter nicht allen Situationen gewachsen sind. Schließlich haben sie es bisher noch nicht unter Beweis gestellt. Wie können Sie Ihre Bedenken zerstreuen? Ganz einfach: Tun Sie es trotzdem! Fassen Sie sich ein Herz und gehen Sie den neuen Weg. Haben Sie Mut, den Mitarbeitern etwas zuzutrauen. Sie werden immer häufiger feststellen, dass es klappt. Und gleichzeitig geben Sie damit den Mitarbeitern die Chance, besser zu werden und sich weiterzuentwickeln. – Das schafft Motivation!

2. Übertragen Sie Verantwortung

Sinn

Zunächst werden Sie vielleicht erfahren, dass viele sich scheuen, Verantwortung zu übernehmen. Das spricht deutlich dafür, dass die Mitarbeiter befürchten, für eventuelle Fehler geradestehen zu müssen. Und niemand anderen dafür verantwortlich machen zu können – zum Beispiel Sie, die Sie ja diese Anordnung gegeben haben. Lassen Sie die Fachleute selbst entscheiden oder an Entscheidungsfindungen mitwirken so oft es geht. Nehmen Sie den Mitarbeitern bei Schwierigkeiten nicht die Arbeit aus der Hand. Helfen Sie und suchen Sie gemeinsame Lösungswege. – Das gibt der Arbeit Sinn!

3. Setzten Sie Ziele

Klarheit

Erarbeiten Sie gemeinsam mit Ihren Mitarbeitern Abteilungsziele. In Einzelgesprächen definieren Sie, ausgehend von diesen allgemeinen Zielen, die persönlichen Ziele jedes Mitarbeiters. So kann jeder sehen, wie seine Leistung zum Erfolg der Abteilung und des Unternehmens beiträgt. – Das schafft Klarheit!

4. Zeigen Sie, dass Ihnen der Mitarbeiter wichtig ist

Gutes Klima

Positive menschliche Zuwendung, ehrliches Interesse an der Person des Mitarbeiters, Freundlichkeit und Aufmerksamkeit sind für uns alle wichtig. Sie unterstützen das Selbstwertgefühl. Gratulieren Sie persönlich zum Geburtstag, fragen Sie nach der Familie, nach Interessen oder nach Meinungen. Ich meine damit aber keine mehr oder weniger brillanten schauspielerischen Leistungen! Das persönliche Interesse gehört eigentlich zum normalen Umgang, wenn man sich täglich sieht und gemeinsame Ziele hat. Forschen Sie ein wenig, Sie werden Ihr aufrichtiges Interesse an den Menschen, mit denen Sie zusammenarbeiten, sicher entdecken. Und dann: Fragen Sie und erzählen Sie. Der Mitarbeiter fühlt sich dadurch als ganzer Mensch ernst genommen. – Das schafft ein positives Klima!

5. Informieren Sie

Handeln Sie nicht nach dem Prinzip „Wissen ist Macht“. Ihre Mitarbeiter sehen mehr Sinn in ihrer Tätigkeit, wenn sie auch über Hintergründe und wichtige Unternehmensentscheidungen informiert sind. Dann können sie auch den Garten oder den Baum sehen, statt immer nur Löcher zu graben. – Das macht stolz auf Leistung und motiviert zum Weiterdenken!

Stolz

6. Fordern Sie Leistung

Keine Angst! Leistung zu fordern kann sehr positive Auswirkungen haben. Zeigen Sie, dass Sie dem Mitarbeiter zutrauen, diese Leistung zu erbringen. Zeigen Sie, dass Sie ihm Höchstleistungen zutrauen. Das fördert den Spaß an der Arbeit und bringt Anerkennung, wenn das Ziel erreicht ist und obendrein Selbstbestätigung. Das so gesteigerte Selbstbewusstsein brauchen die Mitarbeiter, um sich selbst mehr zuzutrauen. – Das bringt Spaß an Leistung und Erfolg!

Spaß

7. Schaffen Sie eine motivierende Atmosphäre

Dazu gehört mehr als nur eine Happy Hour am Freitag. Wohlgemerkt: auch die kann sinngebend und klimaverbessernd wirken. Allerdings nur, wenn Sie sie sinnvoll

Entlastung

gestalten. Nutzen Sie eine Stunde gemeinsamen Frühstückens, Kuchenessens oder Sekttrinkens dazu, über Unternehmenserfolge der vergangenen Woche zu berichten und besondere individuelle Leistungen oder gute Ideen zu würdigen.

Eine motivierte Atmosphäre entsteht, wenn Sie aufmerksam und konsequent auf der Klaviatur von Fordern, Fördern, Anerkennung und Beachtung spielen. Wenn das für Sie neu ist, dann kostet es zunächst viel Anstrengung – doch es lohnt sich! Denn motivierte, selbstbewusste Mitarbeiter bringen mehr und bessere Leistung. – Das entlastet Sie langfristig!

Mutig geführt

Gut gelobt

Vertrauen in die Fähigkeiten der Mitarbeiter zu haben, erfordert Mut. Klar kann es auch einmal schief gehen. Auch Lob kann schief gehen. Nämlich dann, wenn es zu viel, quasi mit der Gießkanne erfolgt. Dann glaubt Ihnen nämlich keiner mehr. Und Lob fällt manchen Chefs schwer: Sie haben Angst vor einem daraus entstehenden Anspruchsdenken. Andererseits habe ich auch Chefs erlebt, die Angst vor Kritikgesprächen haben. Der Mitarbeiter könnte ihn hinterher negativ sehen und sich vielleicht sogar von ihm abwenden!

Seien Sie konsequent. Sie erfüllen das Bedürfnis der Mitarbeiter nach Sicherheit, wenn Sie berechenbar in Ihren Reaktionen sind. Das erreichen Sie, wenn Sie klare Regeln aufstellen, Ihre Erwartungen an die Mitarbeiter formulieren und loben und kritisieren, wo es angebracht und notwendig ist. Dann wird Ihr Verhalten langfristig akzeptiert – auch wenn die Mitarbeiter nicht über jede Kritik jubeln werden.

Entscheiden Sie sich! Nehmen Sie die Herausforderung an, sich mit jedem Mitarbeiter und seinen Motiven zu beschäftigen. Loben und kritisieren Sie punktgenau und zielorientiert. Nehmen Sie sich in diesem Sinne Zeit für Ihre Mitarbeiter. Als junge Führungskraft in einem amerikanischen Unternehmen bekam ich die Lektion: „99 % of your business is people!“ Das kostet Kraft, Zeit und den Mut zur Konfrontation. Und verschafft Ihnen auf der anderen Seite Achtung und Erfolg!

Was könnte Sonjas Chef tun, um die schleichende Demotivation in seiner Agentur zu verhindern? Wie kann er innerlich gekündigte, abgestellte Mitarbeiter wieder zu angestellten Mitarbeitern machen?

People Business

Der Inhaber der Agentur möchte verhindern, dass noch mehr gute Mitarbeiter weggehen. Die Kunden murren schon angesichts der häufigen Fluktuation in der Betreuung. Er nimmt sich vor, neben seinen Kunden auch die Mitarbeiter in den Mittelpunkt seiner Beachtung zu stellen. Er möchte mehr über ihre Motive erfahren, ihnen zeigen, dass er persönliches Interesse an ihnen hat.

Er entscheidet, sich die Zeit zu nehmen und jeden Morgen eine Runde durch die Büros zu machen. Dabei wechselt er mit jedem ein paar Worte, fragt nach privaten Ereignissen und danach, mit welchen Themen sich die Mitarbeiter gerade beschäftigen. Er erfährt dabei viel über den Stand von Projekten, über Schwierigkeiten, Tendenzen im Kundenkontakt und kleine persönliche Erfolge. Diese Maßnahme führt dazu, dass er seine Mitarbeiter immer besser kennen lernt.

Die Mitarbeiter wiederum sehen ihren Chef regelmäßig und fühlen sich mit der Zeit besser wahr- und ernst genommen. Informationen gibt es ab jetzt für alle zeitnah. Er versucht, seine Mitarbeiter bei guten Leistungen zu erwischen. Und wenn Sonjas Chef positive Rückmeldungen von Kunden bekommt, gibt er sie sofort an die verantwortlichen Mitarbeiter weiter.

Als nächsten Schritt plant er einen Workshop mit Unterstützung einer externen Moderatorin, um gemeinsam mit allen Mitarbeitern ein Leitbild zu entwickeln. Hier sollen gemeinsame Ziele formuliert werden, Vereinbarungen über interne und externe Kommunikation getroffen und Verantwortliche für die Umsetzung der geplanten Maßnahmen ernannt werden. Kontinuierlich ziehen nun alle an einem Strang.

Wellness-Wochenenden für Aussteiger gibt es nicht mehr. Und auch keine Aussteiger ...

Fazit

Entscheiden Sie sich für konsequentes Lob- und Kritikverhalten.

Motivation ist immer vorhanden. Ihre Aufgabe ist es, Demotivation zu vermeiden und Motive zu erkennen und zu verstärken.

Geben Sie Ihren Mitarbeitern Ziele und Sinn bei der Arbeit.

Vermeiden Sie Verwöhnen und Bestechen. Fordern und fördern Sie lieber.

Erwischen Sie Ihre Mitarbeiter bei erwünschtem Verhalten und verstärken Sie es durch Anerkennung. Ignorieren Sie und löschen Sie damit unerwünschtes Verhalten.

„Wie sag' ich's bloss?"

Von der alltäglichen Herausforderung, Mitarbeitergespräche zu führen.

Sprachlose Chefs

Sabine ist Personalleiterin. Hans-Jürgen, ein Abteilungsleiter, sitzt ihr gegenüber. Er ist wild entschlossen:
„Die Frau Wöhler ist wirklich nicht mehr tragbar. Dauernd gibt es Beschwerden, weil sie unsauber arbeitet, Termine nicht einhält, und dazu ist sie noch unfreundlich gegenüber Kunden."
„Hast du schon mit ihr darüber gesprochen?", fragt Sabine.
„Ja, ich meine Nein, darum bin ich ja hier. Kannst du ihr nicht einen Aufhebungsvertrag anbieten?"
Sabine seufzt. „Ja, das kann ich natürlich. Aber warum hast du denn nicht vor drei Monaten mit ihr gesprochen, als ihre Probezeit ablief? Dann wäre das alles kein Problem gewesen."
Hans-Jürgens Rechtfertigung kann sie sich schon denken:
„Ach weißt du, ich hatte einfach keine Zeit. Und in sechs Monaten sieht man ja auch nicht immer alles."
Nur zu oft ist Sabine damit konfrontiert, dass Führungskräfte schwierige Mitarbeitergespräche vermeiden und erst dann zu ihr kommen, wenn die Trennung von einem Mitarbeiter ansteht.

In meiner Praxis als Trainerin und Coach erlebe ich viele Vorgesetzte, die keine regelmäßigen Mitarbeitergespräche führen, von Beurteilungsgesprächen ganz zu schweigen. Nicht selten bekomme ich von ihnen den Auftrag, den Mitarbeitern im Training „mal zu verklickern", was von ihnen im Job erwartet wird. Tatsächlich ist genau das die Aufgabe der Führungskräfte. Sie müssen die Mitarbeiter über Erwartungen, Aufgaben und Ziele informieren. An ihnen ist es, Feedback über die Leistung zu geben, zu loben und zu kritisieren.

Natürlich ist das eine Aufgabe, die vielen unangenehm ist. Hier und da verschanzen sie sich hinter fehlender Zeit oder finden andere Ausreden. Der eine oder andere will gar nicht verstehen, warum Vier-Augen-Gespräche notwendig sein sollen: Man sehe sich doch täglich und würde immer kurz ein paar Worte wechseln. Ein Lob geht ja vielleicht noch. Aber Kritik? Hilfe! Das könnte ja vielleicht ein schwieriges Gespräch werden. Und wenn es dann zum Streit kommt, was dann?

Bezahlt um Gespräche zu führen

Liebe Chefs, was meinen Sie, wofür Sie bezahlt werden? Konfliktscheue Führungskräfte sind ja vielleicht ganz nett. Sie haben aber meistens nicht die besten Mitarbeiter. Warum? Weil ihre Mitarbeiter zum Beispiel gar nicht wissen, wo sie stehen. Weil sie die Erwartungen nicht kennen, die an sie gestellt werden. Weil sie nicht motiviert sind.

Wer erfolgreich führen will, muss in jeder Situation – spontan oder geplant – entschieden und klar kommunizieren. Ganz alltäglich im Small Talk mit Mitarbeitern und Kollegen ebenso wie in Besprechungen, bei Präsentationen, in Verhandlungen mit internen und externen Partnern und ganz besonders im Gespräch mit einem Mitarbeiter unter vier Augen. Wenn Sie sich dabei unsicher fühlen, dann fehlt Ihnen zwar noch eine wichtige Fertigkeit als Chef, aber es verlangt ja auch niemand von Ihnen Perfektion auf Anhieb. Es genügt, wenn Sie bereit und fähig sind, an sich zu arbeiten. Sie schicken Ihre Mitarbeiter doch auch auf Seminare. Gut, dann besuchen Sie eben selbst demnächst eines, in dem Sie die Kommunikation mit Mitarbeitern üben können. Gehen Sie auch in dieser Hinsicht mit gutem Beispiel voran.

Für Mitarbeitergespräche gibt es vielfältige Anlässe. In diesem Kapitel werden wir uns mit den folgenden vier Situationen ausführlicher auseinander setzen:

- Anerkennung
- Kritik
- Beurteilung und Zielvereinbarung
- Förderung

Walking around

Small Talk ist sicher nicht der richtige Anlass, um Anerkennung oder Kritik en passant abzuhaken. Trotzdem sollten Sie die Wirkung des alltäglichen Schwätzchens mit Ihren Mitarbeitern nicht unterschätzen. Ideal ist es, wenn Sie jeden Morgen zur Begrüßung einen Rundgang machen. Der innere Schweinehund? Lieber gleich an den eigenen Schreibtisch? Lieber erst mit dem Führungskollegen klönen? Mantel aus und ins Meeting? Ab sofort gilt Ihr erstes Interesse Ihren Mitarbeitern. Sie zeigen, dass Sie da sind, bezeugen Interesse in gelegentlichen Kurzgesprächen und unterstützen damit das gute Arbeitsklima. Diese Gespräche sollten Ihnen nicht schwer fallen. Ganz anders sieht es mit den gezielten Vier-Augen-Gesprächen aus. Ich erinnere mich noch genau an das Gefühl, das ich vor meinem ersten Kritikgespräch hatte. Und ich gebe zu: Es war alles andere als ein angenehmes Gefühl. Ganz zu schweigen von der ersten Kündigung! Dieser Teil der Führungsaufgaben wird keinem Chef schmecken – es sei denn, er ist ein rücksichtsloser Eisblock. Aber mit der richtigen Portion Führungsmut und mit einer systematischen Vorbereitung können Sie diesen ungeliebten Pflichten ihren Schrecken nehmen.

Anerkennung

Flüchtiges Lob

Mittags, auf dem Weg zur Kantine: „Gute Arbeit“, sagt Gerd im Vorbeigehen zu Peter und klopft ihm anerkennend auf die Schulter. Peter guckt verblüfft, will etwas sagen, aber da ist Gerd schon um die Ecke verschwunden.

Anerkennung? Ja sicher, das sollte Anerkennung sein. Allerdings fiel sie hier so lapidar aus, dass sie nicht unbedingt den gewünschten Effekt haben wird (siehe dazu auch Kap. 6, Erwischt!). Lob und Anerkennung sollten Ihnen mehr wert sein, als nur eine kurze Bemerkung im Vorübergehen.

Anerkennung ist ein Mittel, um dem Mitarbeiter zu zeigen, dass Sie seine gute Leistung bemerkt haben und sie zu schätzen wissen. Sie können damit seine Leistungsbereitschaft weiter fördern, sein Selbstbewusstsein wird gestärkt. Lob trägt generell zur Motivation bei: ein guter Grund, dafür etwas mehr Zeit zu investieren!

Ein gut gewähltes Publikum kann den Effekt noch intensivieren: Loben Sie ruhig im Beisein von anderen. Aber Vorsicht! Wenn Sie es mit einem Mitarbeiter zu tun haben, der wegen seiner guten Leistungen von den Kollegen bereits schief angesehen wird, oder wenn er in einem Team arbeitet, in dem es schon zu Neid und Intrigen gekommen ist, erreichen Sie mit öffentlichem Lob unter Umständen das Gegenteil von Motivation. Es kann sein, dass sich der so Hervorgehobene wehrt und alles tun wird, um in Zukunft nicht mehr herausgestellt zu werden. Denn schließlich bekommt er zusammen mit dem Lob eine Menge Scherereien gleich mitgeschenkt. Das kann sogar zu einem Leistungsabfall führen. Im Fall von Peter ist das glücklicherweise anders.

Einen Eindruck hinterlassen

Peter sitzt mit einer Kollegin und einem Auszubildenden in seinem Büro, als Gerd, sein Chef, hereinkommt. Gerd begrüßt alle und wendet sich dann Peter zu: „Peter, ich habe gerade mit dem Kunden in Bremen über den Verlauf Ihres Projekts dort gesprochen. Der Kunde ist ganz begeistert. Gratuliere! Sie machen da sehr gute Arbeit. Vor allem, wie Sie es schaffen, bei aller Präzision auch noch die Zeitvorgaben einzuhalten, gefällt mir sehr."
„Danke. Es macht mir auch Spaß, mit diesem Kunden das Projekt durchzuführen. Wir sind ziemlich gut im Plan."
Peter freut sich ganz offensichtlich über die Anerkennung. Der Auszubildende ist beeindruckt und die Kollegin nickt ihm anerkennend zu. Gerd verabschiedet sich und als er die Tür hinter sich schließt, gratuliert die Kollegin Peter zu seinem Erfolg. Wenn das kein guter Tag ist!

Dieses Lob ist auf eine konkrete Leistung bezogen. Indem Gerd auf Einzelheiten eingeht, zeigt er besondere Wertschätzung, denn er behauptet nicht nur, dass er Peters gute Leistung genau beobachtet hat, er beweist es auch gleich. Wenn dazu noch die Anerkennung der Kollegen kommt, ist das Ziel erreicht: Der Mitarbeiter ist motiviert, seine gute Leistung zu erhalten und, wenn möglich, sogar noch zu steigern.

Kritik

Die Gardinenpredigt

„Meine Güte, Frau Koch, können Sie nicht einmal mitdenken? Jetzt ist der Monatsbericht schon wieder nicht da. Sie wissen doch, dass ich gleich ins Meeting muss!“ Max Wilkes Stimme schallt laut über den Flur. Er ist wütend. Immer wieder hat er seiner Sekretärin deutlich gesagt, dass er nicht ohne den Bericht im Meeting auftauchen kann. Und nun hat sie es schon wieder nicht geschafft, ihn rechtzeitig fertig zu stellen. Petra Koch muss sich die Gardinenpredigt durch die offene Tür anhören – und die Kollegen im Raum gegenüber hören mit. Oh, wie peinlich! Dieser blöde Kerl soll sich bloß nicht so anstellen. Mehr als arbeiten kann sie schließlich auch nicht, denkt Petra. Sie wird ihrerseits wütend, hebt trotzig den Kopf und geht hinüber zu Max.
„Wirklich, Herr Wilke, ich habe alles versucht. Aber wenn ich die Zahlen nicht rechtzeitig geliefert bekomme, ja, dann kann ich doch auch nichts machen. Gestern sind die Zahlen erst gekommen. Ich kann doch nicht hexen!“ Ihre Stimme klingt aggressiv, während sie sich rechtfertigt.
„Dann geben Sie mir wenigstens jetzt die Zahlen, die Sie schon haben. Und im nächsten Monat will ich den Bericht einen Tag vorher auf dem Tisch haben, sonst können Sie sich Ihren freien Mittwoch abschminken. Kümmern Sie sich eben mal ausnahmsweise rechtzeitig darum, dass alle Zahlen zur Verfügung stehen. Treten Sie den anderen auf die Füße. So und jetzt muss ich mich weiter vorbereiten.“

Max beendet das Gespräch. Fünf Minuten später knallt Petra ihm wortlos einen Stapel Papier auf den Schreibtisch.

Kritisieren ist nicht Herunterputzen

Na, haben Sie gemerkt, was hier schief läuft? Max' Ärger ist nachvollziehbar. Keine Frage: So eine Unzuverlässigkeit darf er nicht akzeptieren. Aber auch Petra können wir verstehen. Wer lässt sich schon gern bloßstellen? Außerdem fühlt sie sich ungerecht behandelt. Wahrscheinlich kommen die beiden mindestens den ganzen restlichen Tag nicht über ihren gegenseitigen Groll hinweg.

Nichts gegen Kritik. Wenn Mitarbeiter nicht auf Fehler angesprochen werden, wenn keiner sich traut, ihnen zu sagen, dass ihr Verhalten nicht den Erwartungen entspricht, dann können sie sich auch nicht verbessern. Auf keinen Fall dürfen Chefs hier kneifen. Aber besser als Max in unserem Beispiel kann man es schon machen.

Was beim Loben positiv sein kann, geht beim Äußern von Kritik mit Sicherheit ganz böse daneben: Kritisieren Sie ausschließlich unter vier Augen! Wer diese Regel nicht beachtet, stellt seine Mitarbeiter bloß. Sie erreichen damit bestimmt nicht, dass sich das kritisierte Verhalten bessert. Vielmehr wird sich der Mitarbeiter zurückziehen, schmollen oder aggressiv rechtfertigend dagegen halten, ja – eventuell sogar zum Gegenangriff übergehen. Schließlich muss er sein Gesicht vor den anderen wahren.

Jemanden öffentlich bloßzustellen ist eine Form mangelnder Wertschätzung. Schließen Sie die Tür und dann zeigen Sie im nun folgenden Vier-Augen-Gespräch, dass es Ihnen nur um die Sache geht und Sie die Person weiter schätzen. Das können Sie noch unterstützen, indem Sie fragen, was Sie *beide* tun können, damit sich der Fehler nicht wiederholt. Oder zumindest fragen Sie, was der andere zu tun gedenkt, um eine Veränderung herbeizuführen.

Mit Kritik soll der Mitarbeiter dazu bewogen werden, sein Verhalten entsprechend zu ändern. Das Gespräch dient also nicht dem „Herunterputzen", sondern der Kooperation in Richtung auf eine Verbesserung.

ⓘ

Destruktive Kritik:

- Drohen:
  Ich ziehe Ihnen den Schaden vom Gehalt ab, wenn Sie nicht sofort ...
- Erpressen:
  Wenn Sie am Freitag frei haben wollen, dann müssen Sie aber ...
- Persönlich angreifen:
  Sie sind wirklich unfähig ...
- Verallgemeinern:
  Dauernd sehe ich Sie privat telefonieren ...
- Bloßstellen:
  Fragen wir doch mal Ihre Kollegen: Hätten Sie nicht sofort gemerkt, dass da etwas nicht stimmt?
- Unterstellen:
  Sie haben wahrscheinlich gerade mal wieder mit einer Kollegin geschwatzt und dabei die Zeit vergessen ...

Konstruktive Kritik:

- Partnerschaftlich:
  Um die Situation besser zu verstehen, lassen Sie uns ...
- Ich-Botschaften:
  Mir ist gestern aufgefallen, dass ...
- Von der Sache ausgehen, Fakten nennen:
  Heute habe ich einen Anruf von einem Kunden bekommen, dem Sie gestern einen Rückruf zugesagt hatten. Er hat sich beschwert, dass Sie nicht angerufen haben ...
- Gemeinsam Lösungen suchen:
  Was können wir tun, damit es das nächste Mal besser funktioniert?

- Nach der Sichtweise des anderen fragen:
  Zu dem Vorfall würde ich gern deine Meinung hören ...
  Kannst du mir erklären, wie es dazu kommt, dass ...
  Gestern war ... Was war los?

Destruktive Kritik nagt am Selbstwertgefühl, der Kritisierte fühlt sich seinem Kritiker unterlegen. Konstruktive Kritik gibt dem anderen die Möglichkeit, aktiv und positiv zu reagieren. Berechtigte Kritik tut immer weh und trifft. Wenn Sie aber dabei dem Mitarbeiter die Chance geben, sein Gesicht zu wahren, wird er den Inhalt der Kritik besser annehmen können. Sie helfen ihm damit, lösungsorientiert zu denken und sich nicht mit Rechtfertigungen aufzuhalten.

Kritisch, aber konstruktiv

Die angespannte Atmosphäre zwischen Max Wilke und Petra Koch muss nicht sein:

„Frau Koch, kommen Sie bitte einmal kurz in mein Büro. Ich möchte etwas mit Ihnen besprechen."
Max schließt die Tür und setzt sich mit Petra an den kleinen Besprechungstisch. Petra ahnt schon, dass es um den Monatsbericht geht. Sie hat sich selbst schon geärgert, dass es wieder nicht geklappt hat mit den Zahlen aus der Buchhaltung.
„Es geht um den Monatsbericht Frau Koch. Ich habe heute um 11:00 Uhr das Meeting und der Bericht ist noch nicht fertig. Ich kann das nicht akzeptieren. Was ist passiert?"
Petra nickt. „Ach, wissen Sie, Herr Wilke, ich schaffe das einfach nicht, wenn die Zahlen aus der Buchhaltung immer erst in letzter Minute kommen. Das tut mir ja auch Leid. Aber ich kann doch wirklich nichts dafür."

Max geht nicht auf die Rechtfertigung ein und bleibt konsequent: „Frau Koch, ich möchte, dass vom nächsten Monat an der Bericht einen Tag vor dem Meeting bei mir auf dem Tisch liegt. Das ist eindeutig Ihre Aufgabe und wir haben das auch schon mehrmals so besprochen. Was können Sie denn tun, um die Zahlen früher zu bekommen?"
„Was könnte ich tun ...", Petra überlegt. „Ich kann noch einmal in Ruhe mit der Kollegin in der Buchhaltung sprechen. Ich weiß aber nicht, ob ich mit ihr weiterkomme."
Max hakt nach. „Und was schlagen Sie in diesem Fall vor?"
„Nun, dann wäre es vielleicht ganz gut, wenn Sie mit der Leiterin der Buchhaltung sprechen", sagt Petra zögerlich. „Eventuell können die Abläufe dort etwas verändert werden. Mir würde es schon reichen, wenn die Auswertung am Tag vor dem Meeting um 16:00 Uhr bei mir ist. Ich bleibe dann etwas länger und Sie haben den Bericht um 18:00 Uhr vorliegen. Alle anderen Daten kann ich ja schon vorher einarbeiten."
Max ist einverstanden. „Okay, dann sprechen Sie bitte gleich heute mit der Kollegin, und wenn Sie nichts erreichen, machen Sie für mich einen Termin mit der Leiterin der Buchhaltung. Ich gehe davon aus, dass wir damit das leidige Thema der verspäteten Berichte vom Tisch haben."
Petra nickt erleichtert. Sie ist froh, dass das erwartete Donnerwetter ausgeblieben ist. Umso mehr fühlt sie sich nun verpflichtet, für Abhilfe zu sorgen.

Respekt und Konsequenz

Nach diesem Gespräch bleibt kein Groll zurück. Der Chef hat deutlich sein Missfallen ausgedrückt und gleichzeitig darauf bestanden, dass eine Lösung gefunden wird. Er hat Petra respektvoll behandelt und sie dazu aufgefordert, selbst eine Lösung zu finden. Er zeigt damit, dass er ihr zutraut, das Problem in den Griff zu bekommen. Seine Erwartung ist klar und Petra muss jetzt aktiv werden. Gleichzeitig hat er aber auch seine Hilfe zugesagt. Hier haben zwei erwachsene Menschen miteinander gesprochen und gemeinsam eine Lösung gesucht und gefunden.

Ihre Strategie bei Kritikgesprächen:

1. Gönnen Sie sich eine Pause, um Distanz von Ihrem Ärger, der Wut oder der Enttäuschung zu gewinnen. Denken Sie noch einmal über die Kritikpunkte nach und überlegen Sie, welches Ziel das Gespräch haben soll: Was will ich erreichen, was will ich sagen? Einfach nur „zusammenfalten" ist *kein* geeignetes Ziel!
2. Versetzen Sie sich in die Lage des Mitarbeiters. Welche Gründe könnte es für sein Verhalten geben? Ist er sich des Fehlers bewusst? Wie steht es mit seinem Selbstbewusstsein?
3. Führen Sie ein Vier-Augen-Gespräch in ungestörter Atmosphäre.
4. Nehmen Sie sich Zeit.
5. Kommen Sie schnell zum Thema.
6. Nennen Sie Fakten, keine Vermutungen.
7. Vermeiden Sie Verallgemeinerungen.
8. Klären Sie die Standpunkte: Fragen Sie den Mitarbeiter nach seiner Sichtweise und formulieren Sie klar Ihre Meinung.
9. Klären Sie die Hintergründe.
10. Suchen Sie gemeinsam nach einer Lösung, eventuell machen Sie einen Lösungsvorschlag.
11. Fassen Sie das Gespräch zusammen und wiederholen Sie die getroffenen Vereinbarungen.

Natürlich ist es verlockend einfach, seinen Ärger spontan loszuwerden und sich dann weiteren Gesprächen zu entziehen. Allerdings demonstriert der Chef auf diese Weise ausschließlich Dominanz und der Mitarbeiter erlebt den Verlust an Wertschätzung. Genauso leicht machen es sich diejenigen, die nach Laisser-faire-Manier tatenlos zusehen, den Ärger herunterschlucken und hoffen, dass beim nächsten Mal alles besser wird. Mit professioneller Führung hat weder das eine noch das andere Verhaltensmuster etwas zu tun.

Auch wenn es mehr Zeit, Courage und Engagement erfordert: Langfristig erfolgreicher als Chef werden Sie sein, wenn Sie den Mut haben, den Mitarbeiter mit Ihrer Kritik auf offene und faire Weise zu konfrontieren.

Beurteilung und Zielvereinbarung

Ein Beurteilungsgespräch sollte routinemäßig mindestens einmal im Jahr stattfinden. In vielen Unternehmen sind regelmäßige Mitarbeiterbeurteilungen gängige Praxis. Sie werden oft mit Hilfe eines standardisierten Beurteilungsverfahrens durchgeführt. In den meisten Fällen ist es sinnvoll, Beurteilung und Zielvereinbarung miteinander zu verbinden.

Worum geht es im Zielvereinbarungs- und Beurteilungsgespräch?

- Rückblickend wird geklärt, inwieweit die im letzten Gespräch vereinbarten Ziele erreicht worden sind.
- Die Stärken und Schwächen des Mitarbeiters werden erörtert. Das beinhaltet sowohl die eigene Einschätzung des Mitarbeiters als auch die Bewertung seiner Leistungen und seines beruflichen Verhaltens durch den Chef.

Dabei geht es zum Beispiel um den aktuellen Stand des persönlichen und fachspezifischen Einsatzes, die fachliche und persönliche Entwicklung und die Übereinstimmung der Fähigkeiten und Fertigkeiten des Mitarbeiters mit den Anforderungen, die an seinen Arbeitsplatz gestellt werden.

- Der Beurteiler bekommt die Gelegenheit, im Gespräch seine Einschätzung zu überprüfen. Gegebenenfalls wird er seine Bewertung ändern, wenn er von den Argumenten des Mitarbeiters überzeugt wird.
- Die Gesprächspartner diskutieren und vereinbaren erreichbare Ziele und Maßnahmen zur Leistungsverbesserung und setzen eine Frist, nach deren Ablauf die Zielerreichung überprüft wird.
- Es wird über zukünftige Aufgaben und Ziele gesprochen. Gegebenenfalls werden zusätzlich arbeitsplatzbezogene Ziele vereinbart, z. B. Umsatzsteigerung, Projektarbeit etc.

Ob Sie nun einen standardisierten Beurteilungsbogen vor sich liegen haben oder nicht: Ein solches Gespräch erfordert gute Vorbereitung und ausreichend Zeit.

Je besser Ihre Vorarbeit ist, desto besser wird das Gespräch verlaufen. Was benötigen Sie? Sie benötigen zweierlei: eine gute Organisation der Rahmenbedingungen und eine gründliche inhaltliche Vorbereitung.

Wie können Sie optimale Rahmenbedingungen sichern?

Eventplanung

- Kündigen Sie dem Mitarbeiter Ihre Absicht, mit ihm ein Beurteilungsgespräch zu führen, in einem kurzen Vier-Augen-Gespräch an:

„Wie Sie wissen, finden bald wieder die turnusmäßigen Mitarbeitergespräche statt. Dabei möchte ich mit Ihnen Rückschau auf die Zielsetzungen aus dem letzten Gespräch halten. Wir werden dabei Ihre Stärken und darüber hinaus vorhandene Potenziale erörtern und gemeinsam Ziele für das kommende Jahr besprechen. Zur Vorbereitung machen Sie sich doch bitte auch Gedanken über Ihre eigene Einschätzung Ihrer Leistungen, Ihre besonderen Erfolge des letzten Jahres und Ihre beruflichen Ziele für die Zukunft. Bitte planen Sie am kommenden Dienstag um 10:30 Uhr etwa ein bis zwei Stunden Gesprächszeit ein. Passt Ihnen der Termin?“

- Vereinbaren Sie einen Termin mit dem Mitarbeiter, der den Arbeitsfluss nicht unnötig unterbricht. Denken Sie daran, dass nach dem Mittagessen viele Menschen müde sind. Am besten eignet sich ein Termin am Morgen, nachdem die erste Post gesichtet ist, oder am Nachmittag, wenn es schon ein wenig ruhiger wird.
- Planen Sie genügend Zeitpuffer bei sich und dem Mitarbeiter ein, wenn Sie den Termin vereinbaren. Keiner von Ihnen beiden sollte unter Zeitdruck stehen. Sie sollten mit mindestens 90 Minuten rechnen und zusätzlich noch einen Puffer von maximal 60 Minuten einplanen.
- Besorgen Sie sich für das Gespräch einen ruhigen und störungsfreien Raum. Dafür eignet sich Ihr Büro, wenn Sie garantieren können, dass es zu keinen Unterbrechungen kommt. Allerdings sollten Sie über einen separaten Gesprächstisch verfügen. Wenn Sie sich hinter Ihrem Schreibtisch verschanzen, wird sich Ihr Gesprächspartner nicht wohl fühlen. Wenn Ihr Mitarbeiter ein eigenes Büro hat, können Sie auch diesen Ort wählen. Entscheiden Sie sich für einen Besprechungsraum, hat das den Vorteil eines neutralen Umfeldes,

der weder Sie noch Ihren Gesprächspartner mit einem „Heimvorteil" ausstattet.

- Ideal ist ein runder Tisch. Sollte das nicht möglich sein, dann setzen Sie sich unbedingt „über Eck" mit einer vernünftigen räumlichen Distanz, das heißt mit nicht weniger als einem Meter Abstand. Zwei, die sich gegenübersitzen, werden in schwierigen Gesprächen leichter zu Gegnern.

Nun sind die äußeren Bedingungen geschaffen und Sie können sich mit der inhaltliche Vorbereitung befassen. Wenn Sie Ihre Hausaufgaben gut machen, haben Sie einen roten Faden, können das Gespräch sinnvoll gliedern und alle wesentlichen Gesichtspunkte behandeln. Ganz bestimmt werden Sie sich sicherer fühlen und dadurch gegebenenfalls auch flexibler reagieren.

Was gehört zu einer optimalen und hilfreichen Vorbereitung?

Hausaufgaben für den Beurteiler

- Setzen Sie sich mit der Person auseinander: Was erwartet sie möglicherweise? Wie geht es ihr momentan? Wie schätzt sie sich voraussichtlich selbst ein? Wie ist das Verhältnis zwischen Ihnen und dem Mitarbeiter? Wie könnte er reagieren und wie gehen Sie damit um?
- Was war im letzten Jahr? Welche Ziele wurden im letzten Gespräch vereinbart? Wie wurden sie erfüllt?
- Wie ist die aktuelle Arbeitsplatzbeschreibung? Welche Standards werden von Mitarbeitern im Unternehmen gesamt und an diesem Arbeitsplatz besonders erwartet? Wie erfüllt der Mitarbeiter diese Erwartungen?
- Welche besonderen Vorkommnisse positiver und negativer Art gab es im Beurteilungszeitraum? Hierfür reicht es nicht, sich vage das eine oder andere ins Ge-

dächtnis zu rufen. Sonst besteht die Gefahr, dass Sie sich entweder nur an kurz zurückliegende Begebenheiten erinnern oder Fakten vernachlässigen und damit oberflächlich und allgemein werden. Ich empfehle generell, sich immer dann, wenn Ihnen außergewöhnlich gute Leistungen oder besondere Fehler der Mitarbeiter auffallen, eine Notiz mit Zeitangabe zu machen. Diese Gedankenstützen sind ausgesprochen nützlich für das Beurteilungsgespräch – vor allem, wenn es um negative Bewertungen geht.

- Wie schätzen Sie die Arbeitsergebnisse ein? Wenn sich Teile Ihrer Einschätzung auf Berichte von anderen stützen, überprüfen Sie diese Informationen gründlich. Ziehen Sie nur gesicherte Fakten und Beispiele zur Beurteilung heran.
- Wenn der Mitarbeiter Kontakt zu anderen Abteilungen hat: Wie schätzt Ihr Führungskollege sein Verhalten ein?
- An welchen Fortbildungen und Schulungsmaßnahmen hat der Mitarbeiter teilgenommen? Welchen Schulungsbedarf sehen Sie und womit können Sie diesen begründen?
- Was wird im nächsten Jahr sein? Welche Unternehmens- und Abteilungsziele gibt es? Was erwarten Sie von dem Mitarbeiter?

Die Vorurteilsfalle

Seien Sie sich der Tatsache bewusst, dass Sie als Beurteiler nicht frei von Vorurteilen sind. Das ist nämlich kaum zu vermeiden. Denn Vorurteile machen das Leben leichter und verschaffen vermeintliche Sicherheit. Leider führen sie auch leicht in die Irre. In Mitarbeitergesprächen können sie sich auf die Beurteilung und den Beurteilten auswirken.

Der Schein kann trügen

Jan bekommt von seinem Chef immer nur die besten Beurteilungen. Nun ist er beileibe nicht jemand, der sich bei der Arbeit ein Bein ausreißt. Aber er versteht es, immer wieder zu demonstrieren, dass er voll auf seiner Seite steht. Mit Komplimenten – „So einen tollen Chef wie Sie hatte ich noch nie!" „Sie machen das aber auch immer so souverän!" – und Gunstbezeugungen – „Ich habe im Garten wunderbar süße Kirschen. Soll ich Ihnen morgen mal welche mitbringen?" – wickelt er seinen Chef bei passender Gelegenheit immer wieder ein.
Auch Claudia kann sich über positive Beurteilungen nicht beklagen. Sie befolgt jede Anweisung sofort und hundertprozentig und steht auch sonst immer „stramm". Widerspruch und eine eigene Meinung gönnt sie sich nicht.
Ganz anders sieht es bei Jürgen aus. Er macht sich viele Gedanken und legt Wert darauf, kritisch und konstruktiv zum Unternehmenserfolg beizutragen. Sein deutlich gelebtes Anliegen, Dinge zu verbessern, kommt bei seinem Chef gar nicht gut an. Seine Beurteilungen sind regelmäßig davon geprägt, dass er als widerborstig, schwierig und störend empfunden wird.

Sehen Sie die Fallstricke? Ein Vorurteil ist schnell gefällt. Überprüfen Sie genau, warum Ihnen ein Mitarbeiter sympathischer ist als ein anderer. Sind Sie vielleicht jemandem auf den Leim gegangen? Hat sich jemand bei Ihnen unbeliebt gemacht, weil Sie erkennen mussten, dass er die eine oder andere Idee hatte, die besser war als Ihre eigene? Gegen Sympathie und Antipathie müssen (und können) Sie sich nicht wehren. Sie sollten sich aber Ihre emotionalen Beziehungen zu Ihren Mitarbeitern bewusst machen und sie nicht zur Grundlage für die Beurteilung machen. Dann haben Sie zumindest die Chance, gegenzusteuern, wenn Sie den objektiven Weg zu verlassen drohen. Hier zählen nur Fakten.

Die Durchführung

Nun ist es so weit. Der Termin ist da und es kann losgehen. Jetzt sind Ihre kommunikativen Fähigkeiten besonders gefragt. Zeigen Sie Wertschätzung. Das erreichen Sie, indem Sie den Mitarbeiter mehrmals während des Gesprächs mit Namen ansprechen. Zeigen Sie Verständnis für seine Meinung, auch wenn sie nicht Ihren Ansichten entspricht. Heben Sie bei Widersprüchen zunächst die Gemeinsamkeiten heraus: „In diesem Punkt stimme ich dir zu und in dem anderen habe ich folgende Sichtweise ..."

Das gewisse Und

Wertschätzung für die Meinung des anderen können Sie durch einfaches Vertauschen von zwei kleinen Wörtern zeigen. Selbst dann, wenn Sie anderer Meinung sind und das auch ausdrücken.
Benutzen Sie das kooperative „und" anstelle des konfrontativen und abwertenden „aber"!
Wenn jemand etwas sagt, das sein Gegenüber ganz anders sieht, kommt ganz automatisch ein „aber", gefolgt von seinem Standpunkt. Der Erste wird wieder mit „aber" seine Meinung bekräftigen. Das kann sich leicht zum Streit hochschaukeln. „Aber" ist ein konfrontatives Wort. Wer es benutzt, um seine Meinung gegen die eines anderen zu stellen,

wertet das vorher Gesagte ab und das nachher Gesagte wird zur absoluten Wahrheit. Dass sich der andere dagegen wehrt, ist nur zu verständlich.
Ganz anders verläuft die Unterhaltung, wenn das Wort „und" an die Stelle des „aber" tritt. Die nach dem „und" geäußerte Ansicht steht *neben* der erstgenannten und nicht *über* ihr. Mit diesem kleinen sprachlichen Trick können Sie in vielen Fällen einen Streit vermeiden – ohne dass Sie mit Ihrer Meinung hinter dem Berg halten müssten.

Als Chef führen Sie das Gespräch und lassen sich den Verlauf nicht aus der Hand nehmen. Das heißt aber nicht, dass Sie monologisieren. Und wie bekommen Sie Ihren unter Umständen befangenen Mitarbeiter dazu, selbst am Gespräch teilzunehmen?

Fördern Sie den Dialog

- Schaffen Sie eine lockere Atmosphäre und leiten Sie das Gespräch mit einem kurzen Small Talk ein: „Hallo, Dörte. Wie hast du es bloß geschafft, heute schon um acht hier zu sein? Ich habe gnadenlos lange im Stau gestanden!" „Bei diesem Wetter hätten wir früher in der Schule hitzefrei bekommen. Ich trinke hier schon meinen zweiten Liter Wasser. Möchten Sie auch ein Glas? ... Wie kommen Sie denn mit diesen Temperaturen klar?"
- Knüpfen Sie an vergangene Gespräche an: „Erinnern Sie sich daran, dass wir vor einem Monat darüber gesprochen haben ...?"
- Zeigen Sie Interesse und stellen Sie offene Fragen: „Wie ist Ihnen denn aufgefallen, dass an der Stelle etwas geändert werden muss?" „Welches Vorgehen schlagen Sie vor?" „Wie sehen Sie das?"
- Mitarbeiter fragen in der stressigen Situation dieses Gesprächs nicht unbedingt nach, wenn sie etwas nicht

verstanden haben. Stellen Sie Zwischenfragen, regen Sie zur Stellungnahme an und stellen Sie so fest, ob Sie richtig verstanden worden sind. „Ich bin mir nicht sicher, ob ich alle Aspekte beachtet habe...?“ „Wie schätzen Sie das ein?“ „Wie sieht das aus Ihrer Warte aus?“ „Was ist Ihre Meinung dazu?“

- Fassen Sie den Stand des Gesprächs zusammen, wenn Sie das Gefühl haben, dass Sie aneinander vorbeireden. Bei Meinungsverschiedenheiten sollten Sie prüfen, ob Sie auch wirklich über das Gleiche sprechen, bevor Sie sich auf eine Debatte einlassen.

Ablaufplanung Nun wird es ernst! Sie haben sich gut vorbereitet? Kennen Ihre Argumente und können sie mit Fakten belegen? Sie sind sich klar über Ihre Erwartungen an den Mitarbeiter? Dann brauchen Sie nur noch den roten Faden für den Gesprächsablauf:

Gesprächseröffnung:	Beginnen Sie mit einem kurzen, auflockernden Small Talk, nennen Sie die voraussichtliche Dauer, Zweck und Ziel des Gesprächs und eventuelle Formalitäten.
Beurteilung:	Den Auftakt zu Ihrer Beurteilung bildet ein ehrliches und konkretes Lob. Heben Sie zunächst gute Leistungen hervor. Dann nennen Sie die wesentlichen Schwächen und Mängel. Der Soll-Ist-Vergleich macht deutlich, warum Sie hier negativ bewerten.
Erörterung:	Nun hat der Mitarbeiter Gelegenheit zur Stellungnahme und zu der eigenen Einschätzung seiner

Arbeit. Fragen Sie an dieser Stelle auch, was seiner Meinung nach die Ursachen für möglicherweise unzureichende Leistungen sind. Wenn Ihre Meinungen voneinander abweichen, brauchen Sie für die ausführliche und konkrete Begründung Ihrer Beurteilung Ihre gut vorbereiteten Argumente. Seien Sie auch offen dafür, dass der Mitarbeiter Sie überzeugt, dass Sie sich in einem Punkt irren. Und bleiben Sie konsequent und in der Sache hart, wenn es an Ihrer Meinung nichts zu ändern gibt.

Planung: Formulieren Sie deutlich Ihre Erwartungen an die zukünftige Leistung des Mitarbeiters. Fragen Sie ihn, wie er die nötigen Verbesserungen erreichen will und was er dafür braucht. Machen Sie eigene Vorschläge und bieten Sie eventuell Fortbildungsmöglichkeiten an.

Zielvereinbarung: Zielvereinbarungen sind

Smarte Ziele

S = spezifisch und detailliert
M = messbar
A = akzeptabel
R = realistisch
T = terminiert

Gesprächsende: Legen Sie gemeinsam Ziele fest und stellen Sie einen Plan für deren Erreichung auf. Welche Ziele müssen bis wann erreicht sein? Wie wird gemessen und woran ist zu

merken, dass die vereinbarten Ziele erreicht wurden? Formulieren Sie Ziele immer positiv: Statt: „Herr Walter kommt nicht mehr zu spät", heißt es: „Herr Walter kommt ab sofort immer pünktlich."
Fassen Sie die wichtigsten Punkte, Ergebnisse und Vereinbarungen zusammen und geben Sie ein Feedback zum Gespräch. Bitten Sie den Mitarbeiter ebenfalls um seine Rückmeldung. Vereinbaren Sie einen Termin für die nächste Beurteilung oder einen Zwischenstandscheck. Wünschen Sie dem Mitarbeiter viel Erfolg.

Wenn es in Ihrem Unternehmen kein standardisiertes Verfahren mit entsprechenden Formblättern für Beurteilungen und Zielvereinbarungen gibt, dann sollten Sie nach dem Gespräch ein Protokoll erstellen, das beide Beteiligten unterschreiben. Nur so können Sie sicher sein, dass der Mitarbeiter das Ergebnis des Gesprächs akzeptiert.

Während der Mitarbeiter nun damit zu tun hat, seine Leistungen zu verbessern und die neu gesetzten Ziele zu erreichen, ist es Ihre Aufgabe, Abweichungen oder Rückfälle in „altes" Verhalten möglichst rasch zu bemerken und zur Sprache zu bringen (siehe Kritikgespräche).

Förderung

Zukunftsarbeit

Wie das soeben geschilderte Beurteilungsgespräch benötigt auch das Fördergespräch Vorbereitung. Und zwar nicht nur auf das konkrete Gespräch, sondern auch grundsätzlich auf das Thema Mitarbeiterentwicklung.

Potenziale zu erkennen und zu fördern ist eine wichtige Aufgabe von Führungskräften. Leider wird sie oft vernachlässigt. Da ist zunächst einmal die Angst, dass andere Mitarbeiter sich vernachlässigt oder übergangen fühlen könnten. Und als Nächstes die Befürchtung, den geförderten Mitarbeiter an andere Abteilungen oder gar an einen anderen Arbeitgeber zu verlieren. Das allerdings müssen Sie als Chef in Kauf nehmen. Als Belohnung winken Ihnen dafür motivierte Mitarbeiter und das interne Ansehen, eine „Kaderschmiede" zu sein. Intern rekrutiertes Potenzial ist zudem allemal besser als die aufwändige Suche und Einarbeitung externer Kandidaten.

Bereiten Sie Ihre Mitarbeiter langfristig darauf vor, dass Sie in Ihrer Abteilung konsequent nach Entwicklungspotenzial suchen werden. Schaffen Sie ein Klima, in dem Anforderungen und Erwartungen klar ausgesprochen werden und regelmäßig Feedback über den eigenen Leistungsstand gegeben wird. So verhindern Sie so gut es geht Eifersucht und Missgunst. (Machen Sie sich aber keine Illusionen: Wo Menschen sind, da gibt es Neid, das werden Sie niemals völlig abstellen können.)

Sprechen Sie über die Notwendigkeit und den Nutzen der Entwicklung und Förderung zum Beispiel von Führungspotenzial. Sagen Sie, dass Sie darum immer wieder mit dem einen oder der anderen Gespräche führen werden. Die Absicht klar zu verkünden ist ein gutes Mittel gegen jedes Getuschel. Betonen Sie auch, dass, wer möchte, Sie bitte selbst ansprechen soll.

Vorbereitung

Keine Heimlichkeiten

Laden Sie Ihren Kandidaten ganz offiziell ein. Bitte nicht zwischen Tür und Angel, sondern bereits in einem kurzen Gespräch unter vier Augen in Ihrem Büro. Auf keinen Fall dürfen Sie vor lauter Bequemlichkeit kryptisch sein: „Ich habe da was mit Ihnen zu besprechen. Passt es Ihnen heute Nachmittag um 15:00 Uhr?" Nein. Sagen Sie lieber gleich, worum es geht: „Ich habe in letzter Zeit viel Positives von Ihnen gesehen. Darum möchte ich mit Ihnen über Ihre weitere Entwicklung sprechen. Passt es Ihnen ...?". Nun weiß der Mitarbeiter Bescheid und kann sich gedanklich auf das einstellen, was auf ihn zukommt.

Überlegen Sie sich genau, welches konkrete Ziel Sie mit dem Gespräch verfolgen. Was wollen Sie erreichen, welche Themen wollen Sie ansprechen und welche auf gar keinen Fall? Ein Beispiel für eine Zielbestimmung:

> *Der Mitarbeiter soll am Ende des Gesprächs wissen, dass Sie Ihn fördern wollen. Er soll seine eigene Vorstellungen über seine berufliche Zukunft geäußert haben und eventuell schon erste Schritte planen. Er soll über die Möglichkeiten seiner beruflichen Entwicklung und der damit verbundenen Chancen informiert sein. Sie haben die nächsten Schritte und Aktivitäten mit ihm vereinbart.*

Zur mentalen Vorbereitung gehört auch, dass Sie die Perspektive des anderen übernehmen und versuchen einzuschätzen, wie er reagieren könnte und wie Sie damit umgehen wollen.

Gesprächsablauf

Alles klar? Sie sind vorbereitet und der Mitarbeiter weiß Bescheid? Hier ist Ihr roter Faden für den Gesprächsverlauf:

Gesprächseröffnung: Beginnen Sie mit einem ehrlichen und konkreten Lob. Beachten Sie die besonderen Neigungen und Vorlieben Ihres Gegenübers und fragen Sie:

„Was gefällt Ihnen an Ihrer derzeitigen Tätigkeit besonders?" „Was macht Sie zufrieden?" „Was fällt Ihnen besonders leicht?" „Wo haben Sie die meisten Erfolgserlebnisse?"

Locken Sie den Mitarbeiter aus der Reserve, indem Sie ihn anregen, über seine Wünsche zu sprechen. „Stellen Sie sich vor, Sie könnten ganz einfach mit jemandem tauschen und seinen Arbeitsplatz einnehmen. Was wäre das dann hier in unserer Abteilung? Und mit wem im Unternehmen würden Sie gern den Platz wechseln? Oder gibt es etwas ganz anderes, was Sie gern tun würden?"

Information: Ermuntern Sie den Mitarbeiter, ruhig ein wenig zu träumen. Und fragen Ihn dann, was ihm an den genannten Positionen und Tätigkeiten reizvoll erscheint. So bekommen

Sie wertvolle Informationen darüber, welche Herausforderungen ihn motivieren.

Teilen Sie Ihre Einschätzung mit: „Ich habe überlegt, dass Sie im nächsten Jahr schon ... übernehmen könnten." „Wenn ich mir Ihre berufliche Zukunft vorstelle, sehe ich Sie als ... vor mir." „Ich kann mir vorstellen, dass Sie ein hervorragender ... sein können. Was meinen Sie dazu?"

Diskussion: Es kann sein, dass der Mitarbeiter Bedenken und Einwände hat. Wenn Sie gut vorbereitet sind, haben Sie sich auch schon überlegt, wie Sie damit umgehen wollen. Sprechen Sie über die Chancen und Vorteile, die der Mitarbeiter zu erwarten hat. Nehmen Sie dabei Bezug auf seine Motive.

Eine gute Frage in dieser Phase kann auch sein: „Wie müsste die Situation sein, was müsste geschehen, damit Sie sich auf eine solche Veränderung/Weiterentwicklung einlassen?"

Fördern und fordern: „Welche Fähigkeiten bringen Sie schon mit?" „Wo wollen Sie noch dazulernen?" Erörtern Sie gemeinsam mit dem Mitarbeiter seine Begabungs- und Leistungsschwerpunkte. Zeigen Sie Vertrauen in

seine Fähigkeiten und ermutigen Sie ihn, auch ungenutzte Fähigkeiten auszuprobieren. Sprechen Sie seinen Ehrgeiz an und schaffen Sie Gelegenheiten zur Entwicklung.
Fordern Sie! Gute Gelegenheiten zur Entwicklung sind besondere Arbeitsaufgaben oder Projekte. Auch die Teilnahme an einem wichtigen Meeting oder die Präsentation einer Idee können dazu geeignet sein.

Vereinbarungen: „Was können Sie selbst tun? Welche Unterstützung kann ich Ihnen geben?"
Besprechen Sie die nächsten Schritte, setzen Sie Ziele und vereinbaren Sie einen Termin, an dem die Erreichung der Ziele und der Stand der Entwicklung überprüft werden.

Gesprächsende: Geben Sie sich gegenseitig ein Feedback über das Gespräch und wünschen Sie dem Mitarbeiter viel Erfolg. Drücken Sie Ihre Freude darüber aus, dass er sich den Herausforderungen stellt.

Ihr Coaching ist gefragt

Der Mitarbeiter ist nun auf dem Weg, mit Ihrer Hilfe einen beruflichen Schritt nach vorne zu machen. Er braucht – wie alle anderen auch – nun kontinuierlich Ihre Anerkennung und Kritik. Lassen Sie ihn nicht allein.

Höre ich Sie stöhnen? Kann es sein, dass Sie nach der Lektüre dieses Kapitels meinen, dass Sie dafür doch sowieso meist gar keine Zeit haben? Sie können doch nicht dauernd mit jedem Mitarbeiter sprechen? Ich enttäusche

Sie gern: Sie müssen. Allerdings wird es in einer Kultur, in der der Chef immer klar seine Einschätzung abgibt und berechenbar fordert und fördert, weniger Unsicherheit geben. Selbstständig arbeitende Mitarbeiter machen ihren Vorgesetzten weniger Arbeit. Und wollen Sie leugnen, dass Ihre Mitarbeiter Ihr Kapital sind? Ihr eigener Erfolg hängt davon ab, wie gut Ihre Leute sind. Da lohnt sich jedes Engagement. Auch, wenn manche Gespräche nicht immer einfach sind. Den Mut zur Auseinandersetzung sollten Sie schon haben. Er gehört zu den wichtigen Eigenschaften einer Führungskraft!

Fazit

Ohne Mitarbeitergespräche funktioniert Führung auf lange Sicht nicht.

99 % of your business is people! Nehmen Sie sich Zeit für Ihre Mitarbeiter.

Seien Sie einfühlsam und begegnen Sie Ihren Gesprächspartnern mit Wertschätzung.

Bleiben Sie hart und konsequent in der Sache.

In einer Kultur, in der jeder über seinen Leistungsstand und seine Möglichkeiten informiert ist, gedeihen Motivation und Selbstvertrauen.

Drama im Dreieck

Warum Streitigkeiten zwischen Mitarbeitern früher oder später Chefsache sind – am besten früher.

Ein ungleiches Paar

Brigitte und Kai sind ein Team. Gemeinsam betreuen sie im Customer Service eines Dienstleistungsunternehmens ein Kundengebiet. Brigitte ist schon seit mehr als zwanzig Jahren im Unternehmen, Kai kam vor knapp einem Jahr dazu. Ihr Chef Stefan hat bewusst den engagierten jungen Mitarbeiter mit der routinierten, aber ruppigen und unzuverlässigen Brigitte „verbandelt". Er soll ihre Fehler abfangen und sie kann ihm noch viel beibringen. Sie ist bei den Kunden bekannt, die Außendienstmitarbeiter haben sich an sie gewöhnt und er bringt frischen Wind und eine ausgesprochen hohe Servicekompetenz mit.

Brigitte Meine und Kai Krüger mögen sich nicht. Kai kann es kaum ertragen, wie unfreundlich sie mit den Kunden spricht – Brigitte ärgert sich über den Schleimer. Gerade hat Kai einen Anruf bekommen, in dem der Kunde sich nach der Erledigung seiner Beschwerde erkundigt. Er hatte deswegen vor drei Wochen mit Brigitte gesprochen.

Kai findet den Vorgang unbearbeitet in der gemeinsamen Kundenablage und ist sauer: „Mensch, Brigitte, das darf doch nicht wahr sein! Wir wollten doch alle Beschwerden so schnell wie möglich bearbeiten. Und jetzt muss ich diesen Kunden beruhigen und weiter hinhalten, obwohl der schon seit

drei Wochen auf eine Antwort wartet. Wieso hast du denn das liegen gelassen? Dauernd muss ich für dich die Kastanien aus dem Feuer holen!"
Brigitte giftet zurück: „Ich habe es halt einfach nicht geschafft. Ich gebe hier die meisten Aufträge ein, während du deine Zeit damit verbringst, irgendwelche alten Fälle auszugraben. Außerdem kann ich es nicht mehr hören, wie du den Kunden um den Bart gehst. Wenn du nicht immer so viel telefonieren würdest, könntest du mir auch mal mit den Bestellungen helfen."
Danach ist erst einmal Funkstille. Kai klärt die Kundenbeschwerde und kann es sich nicht verkneifen, einer Kollegin und auch Stefan, seinem Chef, von diesem Vorfall zu berichten. Brigitte schüttet ihr Herz bei zwei Außendienstkollegen aus, die genauso lange im Unternehmen sind wie sie: „Dieser junge Schnösel will mir sagen, wie ich meine Arbeit machen soll. Bis jetzt hat sich noch keiner über mich beschwert."

Es ist nicht das erste Mal, dass sich die beiden in die Haare kriegen. Stefan beobachtet sie schon länger. Allerdings möchte er nicht eingreifen. Brigitte ist eine Mitarbeiterin, die nicht mit der Zeit gegangen ist. Ihre Arbeit ist nicht selten schlampig und der Ton mit Kunden und Kollegen rüde. Aufgrund ihrer langen Betriebszugehörigkeit ist es aber nicht so einfach, ihr zu kündigen. Er hat schon andere Abteilungen gefragt, aber kein anderer möchte sie bei sich im Team haben. Stefan hofft darauf, dass die Konkurrenz mit dem smarten Kai sie zu besserer Leistung und zu kundenorientiertem Verhalten animiert. „Die beiden müssen sich zusammenraufen. Das sind erwachsene Leute und ich will mich da nicht einmischen", erklärt er einem Kollegen.

Motive des Chefs

Der Brandstifter

Stefan hat es hier mit einem schwelenden Konflikt zu tun, an dessen Entstehen er selbst nicht ganz unbeteiligt ist. Er hat absichtlich eine Situation geschaffen, in der es zu Konflikten kommen muss. Sein Ziel ist es gewesen, eine Mitarbeiterin dazu zu bewegen, ihr Verhalten zu ändern und ihre Leistung zu verbessern. Dafür nutzt er den Elan eines jungen Mitarbeiters. Der Chef selbst hält sich im Hintergrund und wartet ab, ob seine Rechnung aufgeht. Er hat also einen Brand gelegt und hofft nun, dass der Wind das Feuer in die richtige Richtung treibt und dass es nicht außer Kontrolle gerät. Vor der direkten Auseinandersetzung mit Brigitte hat er Angst. Oft genug hat er erfahren, dass er mit ihr nicht weiterkommt. Jedes Gespräch mit ihr endete damit, dass sie zurück an ihren Arbeitsplatz ging und so weitermachte wie bisher. Mittlerweile scheut er die Konfrontation mit ihr. Kai soll nun stellvertretend seine Rolle als Kritiker übernehmen. Bezeichnend, dass der Chef hier einen Konflikt sieht, aber nicht eingreift und nicht Stellung bezieht. Wer möchte schon gern zwischen die Fronten geraten? Egal, was er tut, irgendeiner wird am Ende unzufrieden mit ihm sein. Da geht er dem Konflikt doch lieber aus dem Weg. Das wird sich schon von selbst erledigen. Die Wahrheit aber ist, das es sich nicht von selbst erledigt! Ein anderes Beispiel:

Dreiecksverhältnis

> *Zwischen der Produktmanagerin Jessica und Thomas, dem Leiter Forschung und Entwicklung, gärt es. Bei jeder Gelegenheit macht Thomas abfällige Bemerkungen über Jessicas Arbeit. Er vergleicht sie mit ihrer Vorgängerin und dabei lässt er kein gutes Haar an ihr. Er wirft ihr vor, sie habe kein Interesse an technischen Details. In Meetings kommt*

es vor, dass er ihre Kompetenz offen anzweifelt, wenn sie Fragen stellt. Jessica geht ihm inzwischen möglichst aus dem Weg. Vieles, was beide direkt klären müssten, läuft stattdessen über Herbert, den gemeinsamen Chef.

Einmal spricht Jessica ihn darauf an: „Herbert, ich weiß nicht mehr, was ich tun soll. Thomas akzeptiert mich einfach nicht. Ich leiste gute Arbeit und er ignoriert das. Ich habe das Gefühl, er ist beleidigt, dass ich nicht so viel von seiner geliebten Technik verstehe wie meine Vorgängerin. Das mag stimmen. Aber Tüfteleien sind nicht mein Job. Und ich habe ihm tausendmal gesagt, dass ich nicht desinteressiert bin, wie er es mir immer vorwirft. Können Sie nicht mal mit ihm sprechen?"

Herbert lächelt und meint: „Ja, so ist er nun mal. Machen Sie sich nichts draus. Er meint es nicht so. Vielleicht sprechen Sie ihn mal direkt darauf an. Aber ich meine, Sie sollten das nicht überbewerten."

Am nächsten Tag geht Jessica zu Thomas ins Büro und spricht ihn direkt darauf an – ganz so, wie ihr Chef es ihr geraten hatte: Sie sagt Thomas, sie habe das Gefühl, er würde sie nicht ernst nehmen. „Ich würde gern mit dir darüber sprechen." Thomas schaut kaum vom Schreibtisch hoch und winkt ab. „Du, das stimmt doch auch, dass du nicht so erfahren in der Technik bist wie deine Vorgängerin. Mit der ging das einfach besser. Ich wüsste nicht, was wir da zu besprechen hätten." Unverrichteter Dinge zieht sich Jessica zurück.

Die Zusammenarbeit wird immer mühsamer, da beide es ab sofort vermeiden, direkt miteinander zu kommunizieren. Herbert hört beiden zu, wenn sie sich über den jeweils anderen bei ihm beschweren und beschwichtigt beide nach demselben Muster: „Lassen Sie mal, der/die ist eben so. Der/die hatte eben einen schlechten Tag.“

Passivität mit Folgen

Wie gesagt, das erledigt sich nicht von selbst. Die Zusammenarbeit ist ernsthaft gefährdet und der Chef greift nicht ein. Wieder ist das Motiv die Befürchtung, es nicht beiden recht machen zu können. Da hält man sich dann lieber heraus. Lieber nicht Partei ergreifen, wenn es darum geht, Konflikte zwischen Mitarbeitern zu schlichten. Schließlich haben Sie es mit erwachsenen Menschen zu tun und Sie sind ja schließlich nicht der Kindergärtner Ihrer Abteilung. – Das haben Sie doch auch schon einmal gedacht, nicht wahr?

Leider werden diese Spannungen immer stärker und immer kontraproduktiver, je länger sie anhalten. Wenn die Kommunikation gestört ist, leidet die Effizienz der Arbeit. Leistungen werden schlechter und Mitarbeiter gehen in die innere Kündigung, werden krank oder verlassen das Unternehmen. Man wird sich höheren Orts fragen müssen, ob die betreffende Abteilung nicht vielleicht schlecht geführt ist.

Andererseits: Ein völlig spannungsfreies Büro ist erstens unrealistisch (heben Sie einfach einmal einen Zipfel des Teppichs, unter den alles gekehrt wird ...). Und zweitens wäre solch ein Friede-Freude-Eierkuchen-Team langweilig, unkreativ und langfristig unproduktiv. Der Idealfall wäre: Konflikte und Spannungen sind normal, sie sind erlaubt und dürfen auftreten – und werden regelmäßig bewältigt. Das Bewältigen, das ist Ihr Job!

Konflikte sind Chefsache. Es nutzt nichts, den Kopf in den Sand zu stecken. Wer erfolgreich führen will, muss sich mutig der unangenehmen Aufgabe stellen, mit Konflikten umzugehen.

Konflikte mutig anpacken

Bleiben Sie neutral – aber werden Sie aktiv!

In den beiden genannten Beispielen wenden sich die Mitarbeiter direkt an den Chef. Das ist gut! Sie möchten ihren Ärger loswerden und erhoffen sich jeweils, dass er auf ihrer Seite steht. Das ist weniger gut! Wenn Sie sich nun als Chef die Vorwürfe anhören, ohne etwas zu unternehmen, können die Mitarbeiter munter spekulieren, ob Sie auf ihrer Seite stehen oder auf der Seite des anderen. Natürlich ist es verlockend, sich das Problem anzuhören, den Verständnisvollen zu geben und vielleicht sogar mit dem Gesprächspartner über die abwesende Konfliktpartei zu sprechen. Aber Vorsicht! Dabei kann es leicht passieren, dass Sie sich die gerade gehörte Argumentation zu Eigen machen und unbewusst Partei ergreifen. Sie kennen nur eine Seite der Medaille und beginnen, mit diesen unvollständigen und schlagseitigen Informationen zu handeln – unbewusst oder bewusst. Das geht mit Sicherheit schief.

Wenn Mitarbeiter zu Ihnen kommen und sich über einen Kollegen beklagen, haben Sie die Pflicht, auch die andere Seite zu hören. Schlagen Sie ein Gespräch zu dritt vor. Einzelgespräche können Zweifel an Ihrer Neutralität aufkommen lassen. Vielleicht leidet Ihre Souveränität sogar gegenüber beiden Streithähnen. Selbst wenn Sie am Ende möglicherweise eine Entscheidung treffen müssen, die einem der Kontrahenten Recht gibt, ist es zunächst notwendig, vorurteilslos zuzuhören und eine einvernehmliche Lösung zu suchen.

Woran Sie Konflikte erkennen

Offene und innere Konflikte

Wenn Mitarbeiter zu Ihnen kommen, um sich über einen Kollegen oder eine Sache zu beschweren, dann können Sie davon ausgehen, dass es einen Konflikt gibt. Wenn nicht zwischen den beiden Parteien, dann zumindest bei derjenigen Partei, die Sie angesprochen hat. „Wie?“, denken Sie vielleicht, „Einen Konflikt hat man doch immer mit einer anderen Person!“ Das stimmt nicht ganz. Einen Konflikt kann auch eine Person ganz allein mit irgendetwas haben. Oder mit sich selbst. Zum Beispiel, wenn es darum geht, eine neue Software zu nutzen und der Mitarbeiter ständig schimpft, dass die alte ja viel besser war. Dieses Verhalten kann auf einen inneren Konflikt hinweisen: Der Mitarbeiter hat Angst, dass er den neuen Anforderungen nicht gewachsen ist, traut es sich aber nicht zu sagen.

In einem anderen Fall spricht eine Mitarbeiterin mit Ihnen über einen Kollegen, der immer „so viel im Haus unterwegs“ ist. Ihr Ärger richtet sich nach außen gegen den Kollegen – der innere Konflikt ist möglicherweise, dass die Mitarbeiterin gern auch mehr Kontakt zu anderen Abteilungen hätte, es ihr aber nicht so leicht fällt, mit anderen ins Gespräch zu kommen.

Nicht immer machen es die Mitarbeiter ihren Vorgesetzten so leicht. Wenn Sie Augen und Ohren nicht offen halten, besteht die Gefahr, dass Sie zu spät reagieren. Dann nämlich, wenn der Konflikt bereits eskaliert ist.

Die neun Eskalationsstufen im Konfliktfall (nach Glasl)

1. Erste Spannungen und Verstimmungen, Standpunkte verfestigen sich.

> 2. Konkurrenzverhalten, verletzende Bemerkungen, Schwarz-Weiß-Denken, Tratschrunden, Andeutung kleiner Bündnisse
> 3. Schuldzuweisung an die Gegenseite, nonverbales destruktives Verhalten, Behinderung des anderen
> 4. Die Gerüchteküche blüht, die Gegenseite wird gegenüber anderen abgewertet, Schritt für Schritt wird die Sachebene verlassen
> 5. Ein Feindbild entsteht, es geht inzwischen um „gut" und „böse", die Angriffe werden sehr persönlich und das Ansehen des anderen wird vorsätzlich beschädigt.
> 6. Die Emotionen steigern sich, Drohungen werden ausgestoßen und Vergeltung angekündigt, Ängste entstehen.
> 7. Eine Kompromiss ist nicht mehr möglich, entweder Sieg oder Niederlage, es wird mit offenem Visier gekämpft.
> 8. Die Existenzgrundlage des anderen wird angegriffen.
> 9. Es gibt kein Zurück mehr, selbst auf die Gefahr hin, dass man selbst mit untergeht.

Die Feuerwehr

Als Chef müssen Sie sowieso eingreifen. Tun Sie es auf einer der ersten Eskalationsstufen des Konflikts. Je früher Sie reagieren, desto leichter haben Sie es. In den folgenden Fällen sollten Sie so schnell wie möglich ein Gespräch mit dem oder den Betroffenen führen:

- Zwei Mitarbeiter reden nicht mehr miteinander.
- Ein Mitarbeiter fehlt häufig für einen oder zwei Tage.
- Mitarbeiter machen Dienst nach Vorschrift und schauen weder nach links noch nach rechts.
- Eifersucht auf einen oder mehrere Kollegen wird offen gezeigt.
- Es wird über einen oder mehrere Kollegen hergezogen oder gelacht, wenn sie nicht da sind.
- Ein Mitarbeiter widerspricht Ihnen oder einem bestimmten Kollegen permanent und nimmt dabei eine feindliche Haltung ein.

- Mitarbeiter ziehen sich aus allen sozialen Kontakten zurück.
- Die Motivation und die Arbeitsleistung lässt nach.
- Ein Mitarbeiter strahlt täglich schlechte Laune und Frust aus.

Lassen Sie Ihre Mitarbeiter nicht in Ruhe

Klar, es kann sich auch einmal herausstellen, dass das beobachtete Verhalten ganz andere Gründe hatte und gar kein Konflikt im Arbeitsumfeld vorhanden ist. Die Ursachen liegen möglicherweise im Privaten. Aber meistens sind die Indikatoren sicher. Und wenn doch alles in Ordnung ist, dann haben Sie zumindest einmal wieder die Gelegenheit gehabt, mit einem Mitarbeiter ein persönliches Gespräch zu führen. Sie haben Interesse an seiner Person gezeigt und ihn damit in seiner Motivation unterstützt (siehe Kapitel 7). Aber lassen Sie sich nicht täuschen. Gerade ein Mitarbeiter, der auf dem konfliktbedingten Rückzug ist, wird versuchen, Sie zu beschwichtigen: „Kein Thema." „Alles in Ordnung." „Nein, wie kommen Sie dann darauf, dass etwas nicht stimmt?"

Lassen Sie Ihre Mitarbeiter nicht in Ruhe. Wenn es in Ihrem Bereich Konflikte gibt, von denen Sie nichts wissen – oder von denen Sie nichts wissen wollen –, dann wird früher oder später Ihr Ansehen und Ihre Effizienz als Führungskraft leiden. Und es wird immer schlimmer werden ...

Das Gespräch

Gleiches Szenario, neue Version: Nehmen wir einmal an, Herbert, der Chef von Jessica und Thomas, hat frühzeitig bemerkt, dass in dem Verhältnis der beiden zueinander etwas nicht stimmt. Es ist ihm nicht entgangen, dass Thomas Jessica immer wieder angreift und Jessica sich immer mehr aus dem Kontakt zurückzieht. Nun will er eingreifen, bevor aus dem Schwelbrand ein offenes Feuer wird. Dafür hat er sich zwei Vorgehensweisen überlegt.

1. Er schnappt sich Thomas in einer ruhigen Minute: „Thomas, ich muss mal mit Ihnen über Jessica reden. Sie scheint Ihnen gegenüber doch sehr verunsichert zu sein. Können Sie nicht ein bisschen netter zu ihr sein? Sie müssen sie doch nicht immer vor allen so herunterputzen."
   Oder nehmen wir an, Herbert kommt Jessicas Bitte nach, einmal mit Thomas zu sprechen:
   „Thomas, Jessica hat mich gebeten, mit Ihnen zu sprechen. Meinen Sie nicht, dass Sie sich ihr gegenüber unfair verhalten?"
2. Er schnappt sich Jessica in einer ruhigen Minute: „Jessica, ich habe gemerkt, dass Sie gegen Thomas nicht ankommen. Sie sind aber auch viel zu empfindlich. Vielleicht sollten Sie ab und zu etwas mehr Interesse an seiner geliebten Technik zeigen. Dann können Sie mit ihm bestimmt ganz gut auskommen. Und nehmen Sie ihn nicht so ernst. Er meint es nicht so."

Sie favorisieren die erste Variante? Verständlich – Jessica ist schließlich das Opfer, und ihr wollen Sie beispringen, stimmt's? Schauen wir einmal, wie das ausgeht:

Einzelgespräch Nummer eins

Der in einer ruhigen Minute von Herbert geschnappte Thomas lehnt sich zurück und setzt eine erstaunte Miene auf. „Wieso ist sie denn verunsichert? Ich spreche doch nur aus, was offensichtlich ist. Mit ihrer Vorgängerin war das alles viel einfacher."

Herbert hat das Gefühl, so nicht weiterzukommen. Er möchte erreichen, dass Thomas Verständnis für Jessica aufbringt und sie mit seinen Angriffen in Ruhe lässt.
Er nimmt sie in Schutz: „Sie ist doch noch nicht so lange dabei, und Sie können nicht von ihr erwarten, dass sie genauso arbeitet wie ihre Vorgängerin. Lassen Sie ihr doch etwas Zeit.“
Thomas ist skeptisch. „Es nervt mich einfach, mit jemandem zusammenarbeiten zu müssen, der nicht die notwendige Erfahrung hat. Aber uns bleibt ja wohl nichts anderes übrig, als abzuwarten, dass sie besser wird.“ Resigniert hebt er die Hände.
Herbert ist nicht so ganz zufrieden. Aber er meint, erreicht zu haben, dass Thomas sich nun Mühe geben wird, nicht mehr so ruppig auf Jessica zu reagieren. „Danke Thomas, es wird bestimmt einfacher für Jessica, wenn Sie sie nicht mehr so angreifen. Vielleicht wird sie ja auch entspannter und kann sich besser auf Ihre Anforderungen einstellen.“ Thomas nickt und das Gespräch ist beendet.
Jessica, die von diesem Gespräch nichts weiß, bemerkt in der nächsten Zeit, dass Thomas ihr nicht mehr aggressiv, dafür aber gönnerhaft begegnet. Das macht sie keinesfalls zufriedener, im Gegenteil. Nun fühlt sie sich noch weniger ernst genommen und noch mehr abgewertet als vorher. Eine neue Stufe des Konflikts ist erreicht.
Nicht viel anders wird es ihr gehen, wenn Herbert zu ihr sagt: „Jessica, ich habe jetzt mal mit Thomas gesprochen. Er wird sich bemühen, etwas netter zu Ihnen zu sein.“

Hier haben zwei über eine Dritte gesprochen. In ihrer Abwesenheit wurde verhandelt, wie man mit ihr umgehen sollte. Allein darin liegt mangelnde Wertschätzung für die Betroffene. Sie hat keine Chance, für sich selbst zu sprechen. Es ist, als ob zwei Erwachsene über die Erziehung eines Kindes redeten.

Okay?

Die Transaktionsanalyse beschert uns folgende hilfreiche Einsichten: Menschen kommunizieren aus drei verschiedenen Grundhaltungen oder Ich-Zuständen heraus.

1. Ich bin okay – du bist nicht okay

Diesen Zustand bezeichnet man als Eltern-Ich, weil dieses Verhalten wie bei Eltern mit ihren Kindern durch Fürsorge, Bewertung, Strafe und Moral gekennzeichnet ist. Dieser sich selbst fast schon zu sichere Typ hat immer Recht, hat die Sache im Griff, weiß besser als andere, was richtig ist, wirkt dominierend, behandelt andere von oben herab, z. B. schulmeisterlich, richterlich, wie ein Polizist, aber auch fürsorglich und unterstützend. Er hat gelernt, schnell selber die Initiative zu ergreifen und lieber auf andere einzuhauen oder sich um sie zu kümmern, als ihnen eine Chance zur ersten Aktion zu geben oder sich selbst analytisch mit ihnen zu beschäftigen. Kontrolle über sich selbst und andere spielt ein große Rolle.

Strategie im Konflikt: Es gibt einen Gewinner und einen Verlierer.

2. Ich bin nicht okay – du bist okay

Hier spricht man vom Kind-Ich, weil von brav über spontan bis zu rebellisch und trotzig das Verhalten an Kinder erinnert. Dieser eher unsichere Typ macht die Wertschätzung seiner eigenen Person von der Reaktion der anderen abhängig. Er ergreift nicht schnell die Initiative, sondern wartet ab, um dann auf andere zu reagieren. Das führt dazu, dass er sich oft unterlegen fühlt. In schwierigen Situationen macht er sich gern unsichtbar oder weicht aus. Auf Druck reagiert er mit Flucht. Alternativ kann er aber auch trotzig und aggressiv werden. Gern werden andere für die eigene Situation verantwortlich gemacht.

Strategie im Konflikt: Es gibt einen Verlierer und einen Gewinner.

Diese beiden Typen, Eltern-Ich und Kind-Ich, nehmen ihre Umwelt nur durch die eigene Brille wahr, was oft zu Aggressionen und Konflikten führt. Es liegt nahe, dass ein Verhalten im Eltern-Ich ein Kind-Ich-Verhalten beim Gesprächspartner hervorrufen kann und umgekehrt.

3. Ich bin okay – du bist okay

Ganz erwachsen und überlegt geht der Realist mit den Situationen um, die ihm begegnen. Er befindet sich in der Position des Erwachsenen-Ich. Er kann Kritik ertragen, sich in die Lage des anderen versetzen, andere Meinungen gelten lassen. Er kann sich selbst realistisch einschätzen, seine Situation nüchtern analysieren und Strategien für ein erfolgreiches Handeln entwickeln. Er orientiert sich an Fakten, handelt nicht instinktiv, sondern ist analytisch, positiv und konstruktiv in der Kommunikation. Das beinhaltet eine Übereinstimmung mit sich selbst und eine klare Wertschätzung und Akzeptanz des anderen. Abweichende Meinungen anderer sind nicht bedrohlich.

Strategie im Konflikt: Es gibt nur Gewinner.

Herbert hat sich mit seinem Appell an Thomas zu Jessicas Fürsprecher gemacht. Auch darin liegt eine Abwertung. Sein Verhalten gründet auf der Annahme, dass Jessica nicht für sich allein sprechen kann und seine (väterliche) Hilfe braucht.

Herbert betrachtet Jessica als Opfer, schwingt sich zum Retter auf und setzt sich verhandelnd mit dem Täter in Verbindung. Doch wo es Opfer, Täter und Retter gibt, findet ein Drama statt. Dieser Weg führt nicht aus dem Drama heraus, sondern mitten hinein.

Sie meinen nun, die zweite Variante wäre besser gewesen? Spielen wir sie einmal durch:

Einzelgespräch Nummer zwei

Die von Herbert in einer ruhigen Minute geschnappte Jessica fühlt sich angegriffen: „Ich bin gar nicht empfindlich. Was würden Sie sagen, wenn Sie dauernd jemand kritisieren würde, nur weil Sie anders denken als er? Ich leiste gute Arbeit. Darüber kann sich doch nun wirklich niemand beschweren."
Herbert ist überrascht von ihrer heftigen Reaktion. Er hat das Gefühl, ins Fettnäpfchen getreten zu sein. „Es geht doch gar nicht darum, dass Sie nicht gute Arbeit machen. Sie wissen doch, dass ich mit Ihnen zufrieden bin. Aber warum können Sie Thomas nicht einfach den Gefallen tun und sich etwas mehr mit Technik beschäftigen?"
Wieder meint Jessica, sich verteidigen zu müssen. „Ich beschäftige mich genau so weit mit Technik, wie es für das Produktmanagement notwendig ist. Dass Thomas so viel Wert darauf legt, dass ich es auch noch gern und noch ausführlicher tue, kann doch nicht dazu führen, dass ich andere Dinge vernachlässige. Oder wollen Sie das etwa?"
Nun reicht es Herbert. Jessica scheint ja gar nicht einsichtig zu sein. Dabei wollte er doch nur helfen und jetzt reagiert sie trotzig. Er findet, sie ist undankbar. Sein Ton wechselt von väterlich-wohlwollend zu väterlich-streng: „So kommen wir nicht weiter. Lassen Sie sich nicht immer so provozieren

und seien Sie einfach etwas gelassener. Ich erwarte, dass Sie beide in Zukunft reibungslos zusammen arbeiten. Das wird doch wohl möglich sein zwischen erwachsenen Menschen!" Herbert beendet das Gespräch.

Jessica fühlt sich unverstanden und ungerecht behandelt. Sie ignoriert künftig zwar die abfälligen Äußerungen von Thomas, reagiert aber in anderen Zusammenhängen aggressiv sowohl auf Thomas als auch auf Herbert.

Was ist passiert? Hier wollte der Chef beschwichtigend auf eine Mitarbeiterin einwirken. Dass er ihr helfen wollte, ist nicht angekommen. Er wollte eigentlich Dankbarkeit von ihr ernten und ist überrascht, das Gegenteil erreicht zu haben. Die Mitarbeiterin fühlt sich sogar angegriffen und greift nun ihrerseits den vermeintlichen neuen Kontrahenten an. Herbert hat Jessica das Gefühl vermittelt, sie sei schuld an der Situation, weil sie zu empfindlich reagiere. Ein Vorwurf, der nicht dazu geeignet ist, die Situation zu klären.

Das Drama-Dreieck

Im Drama-Dreieck agieren ein Verfolger (bzw. Täter), ein Opfer und ein Retter.

Der Retter hilft, auch wenn er nicht darum gebeten wurde. Er gibt Ratschläge, tröstet und unterstützt. Grundlage für diese Rolle ist, dass der Retter den anderen nicht für fähig hält, sich selbst zu helfen. (Fürsorgliches Eltern-Ich)

Der Verfolger macht anderen Vorwürfe, weist zurecht, macht den anderen klar, wo es langgeht. Grundlage für diese Rolle ist, dass der Verfolger den anderen nicht wertschätzt. (Kritisches Eltern-Ich)

ⓘ

> Das Opfer macht sich klein, verhält sich unterwürfig, wirkt hilflos und unsicher. Grundlage für diese Rolle ist, dass das Opfer sich selber abwertet. (Angepasstes Kind-Ich)
>
> Mit dem Drama-Dreieck beschreibt die Transaktionsanalyse ein psychologisches Spiel, das keinem der Beteiligten wirklich nutzt. Im Laufe des Spiels wechseln die Positionen. So kann der Retter leicht zum Verfolger oder auch zum Opfer werden. Am Ende fühlt sich jeder missverstanden. Der Ausweg aus dem Drama ist für keinen der Beteiligten in Sicht.

Das perfekte Drama

Am Beispiel von Herbert, Jessica und Thomas kann man sehr schön beobachten, wie die Rollen des Drama-Dreiecks von einen zum anderen springen und sich alle drei immer tiefer in den Konflikt hineinziehen lassen. Thomas beginnt als Verfolger, Jessica findet sich schnell in der Opferrolle wieder, und Herbert lässt es sich nicht nehmen, sich als Retter aufzuschwingen. Aber indem Thomas sich als Opfer der fehlenden Technik-Affinität von Jessica darstellt, vertauscht er die Rollen. Und nachdem Herbert als Retter bei Jessica auf Granit beißt, wechselt er schnell von der Retter- in die Verfolgerrolle. Was kann Herbert jetzt noch tun, bevor die ganze Abteilung zum Opfer wird, die dann von Jessica gerettet wird, indem sie kündigt?

Konflikte managen

Führen und moderieren

Gute Führungskräfte sind gute Konfliktmanager. Sie analysieren die Ursachen und das Umfeld des Konflikts und agieren als Moderator. Dabei vergessen sie aber nicht, dass sie Chef sind und gegebenenfalls Entscheidungen treffen müssen. Sie agieren vorwiegend im Erwachsenen-Ich.

Kann man gleichzeitig Moderator und Chef sein? Die Frage ist berechtigt. Im Zweifel sind Sie immer Chef! Das kann auch bedeuten, dass Sie in schwierigen Fällen die Entscheidung treffen sollten, dass es nicht ohne eine externe Konfliktmoderation geht.

Aber zunächst sind Sie als Führungskraft gefragt. Stellen Sie sich der Situation und gehen Sie dem Konflikt entgegen statt zu warten, dass er sie verfolgt.

Bei einem Konflikt zwischen Mitarbeitern führt jedes lange Gespräch des Chefs mit einer einzelnen Konfliktpartei zu weiteren Spannungen. Jeder wird vermuten und befürchten, dass Partei ergriffen wird und über die eigene Partei schlecht oder abwertend geredet wird. Allein um diesen Spekulationen keinen Raum zu geben, sollten Gespräche sofort mit allen Beteiligten geführt werden.

In der Rolle des Moderators ist der Chef neutral. Er tritt den Parteien mit Respekt gegenüber und achtet darauf, dass jeder Gelegenheit bekommt, seinen Standpunkt darzustellen. Meist hilft die Anwesenheit eines Dritten den Beteiligten schon, respektvoll miteinander umzugehen. Die weitere Eskalation kann dabei gestoppt werden.

Setzen Sie sich also in Ruhe mit den Betroffenen an einem neutralen Ort zusammen und nehmen Sie sich genügend Zeit. Ein neutraler Ort kann Ihr Büro oder ein Besprechungsraum sein, nie aber das Büro einer der Parteien.

Moderieren und Fragen

Einleitend stellen Sie die Situation dar und stellen sicher, ob bei allen die Bereitschaft vorhanden ist, gemeinsam eine Lösung zu finden.

Folgende Fragen helfen Ihnen im Gespräch weiter:

- Warum ist der Konflikt entstanden?
- Welche Probleme gibt es?
- Welche Symptome deuten auf den Konflikt hin?
- Was sind die möglichen Ursachen?
- Was fehlt?

- Wie gehen die Parteien miteinander um?
- Was sind die Standpunkte?
- Was wollen Sie?
- Was erwarten Sie vom anderen?
- Was sind Sie bereit, dafür zu tun?
- Worum wird eigentlich gestritten?
- Welche Interessen stehen dahinter?
- Was wollen die Parteien genau?
- Was soll erreicht werden?
- Was verhindert eine Lösung?
- Welche theoretischen Abhilfen wären denkbar?
- Welche Lösungsansätze wurden schon ausprobiert?
- Warum sind sie gescheitert?
- Welche anderen Lösungsmöglichkeiten gibt es?
- Wie sehen die nächsten Schritte aus?

Der Moderator wertet nicht. Er fasst zusammen und stellt weiterführende Fragen. Die Lösungsvorschläge sollten nicht von ihm kommen. Damit würde er sich in die Rolle des Retters begeben und die anderen in die Position unmündiger Kinder verweisen. Vertrauen Sie darauf, dass die Mitarbeiter selber in der Lage sind, Lösungen zu finden. Üben Sie keine Kritik an den Parteien. Als Verfolger sind Sie wenig hilfreich. Mit Verfolger- und Retterverhalten können Sie leicht in die Gefahr geraten, dass sich beide Konfliktparteien gegen Sie verbünden und Sie so unversehens zum Opfer werden. Der Moderator verhält sich im Erwachsenen-Ich und verfolgt eine auf Kooperation zielende Gewinner-Gewinner-Strategie.

Dabei ist es wichtig, gut und aktiv zuzuhören. Fassen Sie das Gesagte zusammen, wiederholen Sie wichtige Aussagen und zeigen Sie Verständnis für beide Positionen. Hinterfragen Sie unklare und missverständliche Äußerungen und vergewissern Sie sich, dass jeder verstanden hat, worum es geht.

In Konflikten wird schnell zu Bewertungen und Abwertungen gegriffen. Wenn Beobachtungen mit Bewertungen verknüpft werden, vermindert sich die Wahrscheinlichkeit, dass die andere Person wohlwollend zuhört. Achten Sie darauf, dass Bewertung und Beobachtung getrennt werden. Beobachtungen sollten immer klar definiert, konkret und auf den Zusammenhang bezogen sein. Bewertungen müssen vom Moderator hinterfragt werden. Er hat die Aufgabe, sie deutlich als Bewertung zu kennzeichnen. Verallgemeinerungen und abwertende Äußerungen sind tabu.

Durch Fragen vom Konflikt zur Lösung

Gerd:	„Gerti macht nie was zu Ende. Immer muss ich das in Ordnung bringen!“
Moderator:	„Kannst du uns ein konkretes Beispiel nennen?“
Gerd:	„Na ja, letzte Woche hat sie die Idee gehabt, das Büro umzuräumen und nun stehen die Kartons immer noch herum.“
Gerti:	„Du bist ja auch immer so furchtbar pingelig!“
Moderator:	„Dich stört das also nicht so sehr wie Gerd, dass die Kartons noch nicht weggeräumt sind?“
Gerti:	„Ja, genau. Ich erledige lieber erst die Dinge, die ich für wichtig halte.“
Moderator:	„Welche waren das in diesem konkreten Fall?“
Gerti:	„Da war noch ein wichtiger Vorgang aufzuarbeiten, der morgen fällig ist.“

Moderator:	„Dann räumst du morgen also auch die Kartons weg?“
Gerti:	„Klar. Aber dass Gerd nun gleich so ein Drama daraus macht ...“
Gerd:	„Das ist ja nicht das erste Mal gewesen, dass so etwas passiert. Du bist einfach unzuverlässig.“
Moderator:	„Dich stört es, dass du das Gefühl hast, du kannst dich nicht auf Gerti verlassen?“
Gerd:	„Ja, genau!“
Moderator:	„Also, du, Gerd, wünscht dir von Gerti, dass sie sich an Absprachen hält und zuverlässig ist, und du, Gerti, wünscht dir von Gerd mehr Verständnis für deine Prioritäten. Ist das richtig?“
Beide:	„Ja.“
Moderator:	„Dann lasst uns mal besprechen, was ihr beide tun könnt, um euch anzunähern.“

So kann der Beginn eines klärenden Gesprächs zwischen zwei Konfliktparteien aussehen.

Wenn die Situation schon so sehr eskaliert ist, dass ein Wort das andere gibt und die Parteien nicht mehr wirklich zuhören, was die andern sagen, ist ein kontrolliertes Gespräch auf jeden Fall hilfreich, wenn nicht sogar notwendig. Dabei fassen Sie als Moderator jede Aussage zunächst mit Ihren eigenen Worten zusammen und lassen erst danach die Äußerung der Gegenseite zu. Sie nehmen damit Tempo und Aggression aus der Debatte heraus, zwingen zum Zuhören und Nachvollziehen der genannten Argumente und erreichen eher, dass wieder Bezug zueinander aufgenommen wird.

Brigitte und Kai

Erinnern Sie sich noch an Brigitte Meine und Kai Krüger aus dem Customer Service und die misslungene Brandstiftung ihres Chefs Stefan? Bei der Suche nach den Ursachen ihres Konfliktes muss sich Stefan eingestehen, dass er einen wesentlichen Anteil daran hat, dass es zu Spannungen gekommen ist. Seine Strategie, einer schwachen Mitarbeiterin einen Erfolg versprechenden Kollegen zur Seite zu stellen, um zu erreichen, dass sie sich positiv verändert, hat nicht den erwünschten Effekt. Hier gibt es nun nichts mehr zu delegieren oder abzuwarten. Nun ist Stefan als entschiedene Führungskraft gefragt! Er muss ein kritisches Mitarbeitergespräch mit Brigitte führen. Doch zunächst will er das schlechte Klima zwischen ihr und Kai thematisieren.

Der gelöschte Schwelbrand

Stefan setzt ein Gespräch zu dritt an. Er wählt einen kleinen Besprechungsraum aus, sorgt für Getränke und Kekse und nimmt sich zwei Stunden Zeit. Am runden Tisch sitzen nun alle zusammen. Brigittes Haltung ist deutlich skeptisch, Kai wirkt eifrig positiv. Beide sehen sich nicht an.
Stefan ist am Zug. „Wir sitzen heute hier zusammen, weil ich bemerkt habe, dass Ihre Zusammenarbeit nicht so gut ist, wie ich es mir wünsche. Woran liegt es?“ Schweigen.
Brigitte guckt vor sich hin und Kai macht zögernd den Anfang: „Na ja, ich finde es nicht so gut, wenn Kunden lange auf die Erledigung ihrer Anfragen warten müssen und die Vorgänge bei Frau Meine liegen bleiben. Ich muss dann später die Kastanien aus dem Feuer holen.“

Stefan: „Sie sind also sauer auf Frau Meine, weil Sie befürchten, wegen ihr mehr Arbeit zu haben?“
Kai: „Ja. Und ich finde, sie behandelt die Kunden nicht so, wie es unseren Vorgaben entspricht.“
Stefan: „Frau Meine, was sagen Sie dazu?“
Brigitte: „Also ich finde das übertrieben. Ich mache meine Arbeit schon lange und der Außendienst und meine Kunden sind sehr zufrieden mit mir.“
Stefan: „Sie meinen, dass es keinen Grund für Herrn Krüger gibt, sauer auf Sie zu sein?“
Brigitte: „Nein. Ist doch alles in Ordnung.“
Stefan: „Nun, das finde ich nicht. Was ich höre und sehe ist, dass Sie sich streiten und über den jeweils anderen beschweren. Unser Ziel ist es, den Kunden in kürzester Zeit den gewünschten Service in hoher Qualität zu bieten. Voraussetzung dafür sind Teams, die gut zusammenarbeiten. Gegenseitiges Vertrauen und guter Informationsfluss sind dafür unerlässlich. Beides scheint mir bei Ihnen nicht vorhanden zu sein.“
An diesem Punkt macht Stefan deutlich, welche Erwartungen er an die beiden hat und welches Ziel es zu erreichen gilt. Eine Weile lässt er noch beide ihre Standpunkte darstellen, fasst zusammen und sorgt dafür, dass die Aussagen Schritt für Schritt sachlicher werden. Schließlich ist es Zeit für die Suche nach einer Lösung. Zunächst fasst Stefan noch einmal alle wichtigen Äußerungen zusammen und wiederholt die Zielsetzung, ein Team zu schaffen, das sich in der Arbeit ergänzt und effizienten Kundenservice bietet.
Stefan: „Ich finde es gut, dass Sie einmal ganz offen darüber gesprochen haben, womit Sie unzufrieden

sind. Was können Sie tun, um zu einer besseren Zusammenarbeit zu finden?"
Brigitte und Kai beginnen nun mit Hilfe der Moderation von Stefan, Lösungsmöglichkeiten vorzuschlagen. Auch in dieser Phase des Gesprächs muss Stefan gut darauf achten, dass über die Sache gesprochen wird und nicht über die Person. Schließlich einigen sich Brigitte und Kai auf einen neuen Versuch. Stefan fasst das Ergebnis zusammen, betont, dass es sich um eine Vereinbarung handelt, die für alle bindend ist und verständigt sich mit den beiden auf einen Termin, an dem sie zu dritt über die Fortschritte und den Stand der Dinge sprechen werden.

Das beschriebene Szenario ist eine mögliche Form des Vorgehens. Während des gesamten Gesprächs hat Stefan darauf geachtet, im Erwachsenen-Ich zu bleiben. Er hat sich neutral verhalten, ohne zu werten, und ist seiner Führungsrolle gerecht geworden, indem er das Ziel unmissverständlich klar gemacht hat.

Die eigenen Grenzen erkennen

Wenn ein Chef in den Konflikt involviert ist oder sogar die Ursache für den Konflikt ist, wird es unter Umständen schwierig für ihn, neutral zu bleiben. In diesem Fall gehört es zu seiner Kompetenz als Führungskraft, seine Grenzen zu erkennen und externe Hilfe in Anspruch zu nehmen.

Jessica und Thomas

Nun zu unserem zweiten Konfliktfall. Die Produktmanagerin Jessica und der Leiter Forschung und Entwicklung, Thomas, liegen im Clinch. Wir haben gesehen, was passieren kann, wenn der Chef sich als Retter präsentiert. Herbert kann es besser machen.

Der Ausweg aus dem Drama

Herbert ist es leid, immer wieder einen der beiden beruhigen zu müssen. Hinzu kommt, dass inzwischen einige Pannen passiert sind, weil die Kommunikation zwischen Jessica und Thomas nicht funktioniert. Er vereinbart einen Termin mit den beiden und sorgt dafür, dass es während des Gesprächs zu keinen Störungen kommt.

Herbert: „Ich beobachte schon etwas länger, dass es zwischen Ihnen Spannungen gibt. Wenn ich es richtig verstanden habe, sind Sie, Thomas, unzufrieden damit, dass Jessica sich scheinbar nicht so sehr für die Technik interessiert, wie Sie es gern hätten. Und Jessica, Sie ärgern sich, weil Thomas Sie bei Meetings oft kritisiert und Sie sich nicht Wert geschätzt fühlen. Stimmt das?“

Herbert klärt zunächst die Standpunkte der Konfliktparteien. Dann definiert er das Ziel des Dreiergesprächs: „Ich möchte heute mit Ihnen beiden darüber sprechen, wie Sie sich auf einen kooperativen und respektvollen Umgang miteinander verständigen können. Als Ihr Vorgesetzter kann ich es nicht akzeptieren, dass Sie durch Ihre schlechte Kommunikation den Erfolg des Bereichs Marketing aufs Spiel setzen.“

Nun fragt er nach den Hintergründen. Ganz wichtig ist in dieser Diskussion die Erörterung der Ursachen. Was sind die gemeinsamen, übergeordneten Ziele? Wie kommt es, dass Thomas so viel Wert auf besonderes technisches Verständnis legt? Ist das wirklich wichtig für einen Produktmanager? Welche Rolle spielt Jessicas Vorgängerin? Wie sieht Jessica die Lage? Wie viel Kenntnisse hat sie und wo sieht sie noch Nachholbedarf? Welche Befürchtungen stecken hinter den gegenseitigen Vorwürfen?

Sorgfältig arbeitet Herbert Gemeinsamkeiten und Trennendes heraus und fasst am Ende noch einmal alles zusammen. Im nächsten Schritt erarbeiten Jessica und Thomas Vorschläge für ein kooperatives Zusammenarbeiten. Sie vereinbaren kleine Schritte und regelmäßige kurze Abstimmungstreffen. Einen gemeinsamen Evaluationstermin mit Herbert finden sie überflüssig. Sie wollen es erst einmal allein versuchen. Wenn es Schwierigkeiten gibt, werden sie Herbert wieder als Moderator hinzuziehen.

Kommunikation unter Erwachsenen

Durch seine Entscheidung, ein gemeinsames Gespräch zu führen, hat Herbert eine Sachlichkeit in den Konflikt eingebracht, die vor viel zu langer Zeit bereits verloren gegangen war. Er hat demonstriert, wie erwachsenes Verhalten funktioniert und damit auch bei Jessica und Thomas erwachsenes Verhalten möglich gemacht. Gleichzeitig hat er sehr klar gesagt, dass er den bestehenden Zustand nicht akzeptiert.

Ohne Zweifel sind derartige Aussprachen harte Arbeit für den Chef. Er muss sehr konzentriert und entschlossen sein. Das gehört zu seinem Job. Wer sich hier vor seiner Verantwortung drückt, wird mit schlechtem Arbeitsklima, ungenügenden Ergebnissen und Zweifeln an seiner Führungsfähigkeit bestraft.

Wie Sie kooperativ kommunizieren

- Vermeiden Sie in Diskussionen das „aber“, wenn Sie Ihre vom Vorredner abweichende Meinung vortragen. Sagen Sie stattdessen lieber „und“. Damit zeigen Sie Respekt vor der Meinung des anderen, werten sie nicht ab und stellen Ihre Meinung gleichberechtigt daneben.

- Sprechen Sie vorzugsweise von der Zukunft: lösungsorientiert statt problemorientiert!

- Verwenden Sie Ich-Botschaften statt der angreifenden Du-Botschaften.

  Ich bin ... wie Sie sich fühlen
  Wenn du ... was der Anlass dafür ist
  Weil ... welchen Grund es dafür gibt
  Und ich möchte ... was Sie sich vom anderen wünschen

  Ich-Botschaften tragen dazu bei, Spannungen in einem Konflikt abzubauen und fördern eine friedliche Lösung. Sie enthalten kaum negative Urteile über den anderen, sie rufen weniger Abwehr hervor, da sie einen Wunsch und eine Beschreibung des eigenen Zustands beinhalten. Vor allem aber enthalten sie weder Angriff noch Schuldzuweisung, also muss der andere sich nicht rechtfertigen oder verteidigen.

- Nutzen Sie die Technik des kontrollierten Dialogs: Der Gesprächspartner oder der Moderator wiederholt das Gesagte, bevor das nächste Argument gebracht wird. Das führt vom bloßen Austausch von Anschuldigungen zur Diskussion, weil es dazu verhilft, Bezug aufeinander zu nehmen. Sie vermeiden damit den sinnlosen Schlagabtausch und zwingen sich zum Zuhören. Gleichzeitig wird die Gesprächsdynamik verlangsamt.

- Trennen Sie Bewertung und Beobachtung. In Konflikten wird schnell zu Bewertungen und Abwertungen gegriffen. Wenn Beobachtungen mit Bewertungen verknüpft werden, vermindert sich die Wahrscheinlichkeit, dass die andere Person zuhört. Trennen Sie deshalb sauber Bewertung und Beobachtung.

  Beobachtungen sollten immer klar definiert, konkret und auf den Zusammenhang bezogen sein. Bewertungen immer nur als Ich-Botschaften senden!

Konflikte als Chance

Konflikte sind unvermeidbar – und unverzichtbar

Haben Sie auch eher ein unangenehmes Gefühl, wenn Sie an Konflikte denken? Streit und Ärger fallen den meisten ein, wenn man sie zu diesem Thema befragt.

Das muss nicht so sein. Konflikte haben durchaus auch einen positiven Charakter und machen Sinn. Wenn Sie Ihr Konfliktmanagement konsequent betreiben, werden Sie erfahren, dass es mit der Zeit immer einfacher wird, im Team Lösungen zu finden. Das Sprichwort „Liebe ist nach dem Streit am schönsten" trifft auch für die Arbeitswelt zu. Wenn sich zwei nach einem Konflikt ausgesprochen haben, gemeinsam eine Lösung gefunden haben und wieder zufrieden sind, können sie ein besseres Verhältnis entwickeln, als sie es vor dem Konflikt hatten.

Des Weiteren sorgen Konflikte für Veränderungen und verhindern Stagnation. Gerade bei der Suche nach Lösungen für scheinbar unvereinbare Standpunkte werden ungeahnte positive Kräfte frei. Das alles natürlich nur unter der Voraussetzung, dass Sie als Führungskraft Ihre Verantwortung als Konfliktmanager wahrnehmen.

Fazit

Konflikte sind Möglichkeiten – und als solche wertvolle Chancen.

Haben Sie Mut zur Auseinandersetzung. Gehen Sie keinem Konflikt, den Ihre Mitarbeiter haben, aus dem Weg.

Nur wer Konflikte konsequent bearbeitet, kann die im Streit negativ genutzte Energie in positive und konstruktive Energie umwandeln.

Spielen Sie nicht den Retter und halten Sie sich mit Lösungsvorschlägen zurück.

Lassen Sie Gefühle zu. Beschwichtigen Sie nicht, sondern zeigen Sie Verständnis. Suchen Sie gemeinsam nach Lösungen.

Wenn Sie selbst Beteiligter oder Partei im Konflikt sind, sollten Sie besser einen Unbeteiligten als Moderator hinzuziehen.

Der Widerspenstigen Zähmung

Warum es sich lohnt, die Angst vor Widerstand zu besiegen

Zäh, stumm, feindselig, passiv, hinterhältig, offen und aggressiv verweigernd: Widerstand hat viele Gesichter. An seiner Hartnäckigkeit sind schon so manche Innovation und viele notwendige Veränderungsprojekte gescheitert. Und gescheitert sind auch immer wieder Führungskräfte, denen man vorwirft, dass sie „ihre Leute nicht in den Griff bekommen". Ich habe Chefs erlebt, die, zermürbt vom Widerstand, sich auf die Suche nach einem anderen Betätigungsfeld machten. Oder andere, die in finsterstes autoritäres Verhalten zurückfielen. Nicht zu vergessen die zahlreichen Nachgiebigen, die sich der Macht des Widerstandes beugen und es lieber ihren Mitarbeitern recht machen, als konsequent Unternehmensziele zu verfolgen.

Als Chef, der erfolgreich sein und etwas bewegen will, kommen Sie nicht daran vorbei, sich mit Widerstand auseinander zu setzen, ohne in konfliktträchtige Diktatur oder scheinbar bequemes Laisser-faire zu verfallen.

Ein Himmelfahrtskommando

Clarissa ist die neue Chefin des Customer Service. Bei der Einstellung hat der Geschäftsführer ihr zu verstehen gegeben: „In der Abteilung geht alles drunter und drüber. Und alles nur Frauen. Sie können sich vorstellen, was da los ist! Da muss mal jemand richtig aufräumen! So geht das jedenfalls nicht weiter." Vor konsequentem Vorgehen und schwierigen Aufgaben hat Clarissa keine Angst.

Dass aber der Widerstand so massiv werden würde, hat sie nicht erwartet. Schuld daran war der Geschäftsführer selbst, der, wo immer er Gelegenheit dazu hatte, über den Customer Service schimpfte und drastische Maßnahmen ankündigte. Clarissas Vorgänger ist ein netter Mann, der sehr viel Wert auf Harmonie legt. Die Mitarbeiterinnen machten mit ihm, was sie wollten. Er sprach die Fehler, die sie machten, nicht an, sondern bügelte sie selbst wieder aus. Schwer überarbeitet und nervlich am Ende musste er schließlich aufgeben. Heute hat er schwere Magenprobleme und ist nach einem Nervenzusammenbruch auf eine Stelle ohne Mitarbeiterverantwortung versetzt worden.

Neue Besen ...

Hier wollte es einer allen recht machen und ein anderer, der Geschäftsführer, versucht es mit Drohungen. Und in dieser Situation kommt Clarissa in das Unternehmen und soll nun alles wieder richten. Die Mitarbeiterinnen haben Angst vor den angedrohten Veränderungen und fühlen sich verunsichert, weil die neue Chefin (noch) nicht berechenbar ist. Kein Wunder, dass sich in der Abteilung Widerstand regt. Schauen wir einmal genauer hin:

„Queen of the Gang"

Karin ist die ungekrönte Königin der Abteilung. Sie hat einen guten persönlichen Kontakt zu Michael, der in der EDV verantwortlich für die Belange des Customer Service ist. Das ist ein Grund dafür, dass sie einiges erreicht, was dem ehemaligen Abteilungsleiter nie gelungen wäre. Michael ist für Karin immer zu kleinen Gefälligkeiten außer der Reihe bereit. Das verschafft ihr Macht. Und über diesen Kanal erfährt sie viele Dinge, zu denen andere keinen Zugang bekommen. Außerdem ist sie schon seit ihrer Lehrzeit in der Firma und kennt viele Außendienstmitarbeiter, Verkaufsleiter und einige Führungskräfte sehr gut. Sie gehört zu den Leuten im Unternehmen, die immer bestens informiert sind.

Motiv: Karin hat Angst, dass die Neue ihr ihre Stellung als die „Unersetzliche“ streitig macht oder ihre Kompetenz nicht sieht. Sie will ihre Macht auf keinen Fall abgeben.

Widerstand: Karins Widerstand äußert sich darin, dass sie sich vor allem mit Michael verbündet. Beide achten genau auf alles, was Clarissa sagt und tut. Natürlich arbeitet sich Clarissa erst ein. Aber ihre mangelnde Erfahrung mit den internen Abläufen bietet Karin und Michael genug Gelegenheit, sie abfällig zu kommentieren. Karin hält Informationen zurück, die Clarissa braucht, um die Organisation kennen zu lernen. Sie schart ihre Anhänger um sich und zieht über die Neue her, die „keine Ahnung davon hat, was hier los ist. Außerdem kennt sie unser Geschäft überhaupt nicht“. Ihre Kolleginnen wenden sich an Karin, wenn sie Probleme haben. Clarissa bleibt außen vor.

Die „Alten“

Jutta, Inge und Monika sind schon seit mehr als 20 Jahren in der Firma. Fast so lange arbeiten sie im Customer Service. Sie haben schon viele Chefs gehabt und erlebt, wie sie alle wieder gingen. Sie hängen an den lieb gewonnenen Routinen des Alltags. „Fehler passieren nun mal“, ist ihr Kommentar, wenn etwas schief läuft. Bei Inge hängt ein Plan an der Wand, in dem sie die Tage bis zu ihrer Pensionierung (in 10 Jahren!) durchstreicht. Alle drei fühlen sich als das Urgestein der Firma und kennen noch die

Zeiten, als „alles ganz anders war, wir noch Karteikarten hatten und die Ware selbst aus dem Lager geholt haben". Sie pflegen Kontakt zu all den „alten" Kollegen, die sich auch noch gern an früher erinnern.

Motiv: Die „Alten" stehen allen Veränderungen misstrauisch gegenüber. Sie befürchten, neuen Anforderungen nicht gewachsen zu sein. Die gewohnten Fehler sind vertraut, und es gibt bekannte Strategien, mit ihnen umzugehen. Neue Fehler bedeuten Ungewissheit und die macht Angst. Sie fürchten natürlich auch um den Erhalt ihrer Bequemlichkeit. Ihre Gewohnheiten wollen sie gar nicht gern aufgeben.

Widerstand: Jutta, Inge und Monika wehren sich auf ihre Art. Jutta macht einfach so weiter wie bisher, auch wenn Clarissa andere Anweisungen gibt. Stur fährt sie ihr gewohntes Programm ab. Inge reagiert bei Diskussionen über Veränderungen von Abläufen mit Bemerkungen wie: „Das haben wir vor zehn Jahren schon mal versucht und dann ist es doch wieder geändert worden." Oder: „Das können wir mit unseren Kunden nicht machen." Oder noch besser: „Ob das der Außendienst wohl mitmacht?" Monika reagiert gar nicht. Nur einmal, als Clarissa der Kragen platzt und sie sie zur Rede stellt, weil Monika keinerlei Engagement zeigt, erwidert diese: „Ich habe schon so viele Chefs kommen und gehen sehen. Sie werde ich auch noch überleben."

Die „Unauffälligen"

Katja, Anne, Kerstin und Petra sind noch nicht so lange im Unternehmen wie die „Alten". Ihnen gefällt es gut im Customer Service. „Der Job ist okay und macht Spaß", meint

Katja. Alle erledigen ihre Arbeit gewissenhaft und achten sorgfältig darauf, es sich weder mit Karin noch mit Jutta, Inge und Monika zu verderben. Von Beginn an haben sie deren Macht und Autorität akzeptiert. Sie vermeiden darum auch, Stellung zu beziehen. In Diskussionen mischen sie sich nicht ein. „Bloß nicht auffallen!", ist ihre Devise.

Motiv: Die „Unauffälligen" haben Angst, zwischen die Fronten zu geraten. Einerseits wollen sie es sich mit den Wortführerinnen der anderen Fraktionen nicht verderben. Andererseits: Bei der Chefin dürfen sie auch nicht negativ auffallen. Es ist ein Dilemma. Die Chefin hat schließlich die Macht, zu entlassen, aber die Kolleginnen könnten ihnen das Leben ganz schön schwer machen. Diese Erfahrung haben die vier schon gemacht. Den möglicherweise bevorstehenden Veränderungen sehen sie mit Angst entgegen. Was, wenn sie nicht mehr in der Lage sind, die Anforderungen zu erfüllen?

Widerstand: Die „Unauffälligen" sind weit davon entfernt, laut oder aktiv Widerstand zu leisten. Sie wählen den leisen Weg der Verdrängung. Petra und Anne fühlen sich plötzlich häufig unwohl und melden sich immer wieder für ein paar Tage krank. Katja und Kerstin haben mit Müdigkeit zu kämpfen und sind unerklärlicherweise unkonzentrierter als gewohnt. Alle vier ziehen sich innerlich zurück, machen ihre Arbeit, ohne wirklich bei der Sache zu sein. Auf die offenen Fragen von Clarissa antworten sie nur ausweichend und äußerst wortkarg.

Ursachen für Widerstand

Angst vor Veränderung

Widerstand gibt es immer, wenn Veränderungen anstehen. Die erste Reaktion auf konkret geplante oder auch nur befürchtete Maßnahmen aus der Gerüchteküche ist pure Angst. Die Betroffenen zweifeln an den positiven Auswirkungen der Neuerungen. Und nicht nur das: Sie sind sich sicher, dass es für sie negative Konsequenzen haben wird. Vielleicht glauben sie den Führungskräften auch nicht, wenn diese die Zukunft in den schönsten Farben malen. Und manchen mangelt es einfach an Verständnis für die Ziele und den unmittelbaren Nutzen für sie selbst. Denn was für den Einzelnen zählt, ist das Bewahren fest gefügter Gewohnheiten. Jede Veränderung ist erst einmal unbequem. Alles Neue birgt Unsicherheit. Und wer fühlt sich schon gern unsicher?

Auch Angst vor dem Verlust von Machtpositionen oder dem Verlieren von Kontrolle spielen eine Rolle bei Widerstandsreaktionen. Und manche Blockierer torpedieren den Erfolg einer Veränderungsmaßnahme einfach nur aus dem Grund, weil es nicht *ihre* Idee war.

Widerstandsreaktionen sind also in aller Regel emotional begründet. Wirklich sachliche Argumente gegen eine geplante Maßnahme sind immer diskutierbar. Dem sachlich interessierten Kritiker geht es darum, etwas zu klären und besser zu machen. Die oben beschriebenen Formen des Widerstands werden Sie bei ihm nicht finden.

Emotionaler Widerstand ist sachlichen Argumenten gegenüber nur wenig zugänglich. Hierbei geht es vielmehr darum, etwas zu verhindern und zu blockieren. Vermeintliche Sachargumente werden sofort verändert, wenn es wirksame Gegenargumente gibt. Plötzlich tauchen neue „Unmöglichkeiten“ auf. Kein noch so gutes Argument kann die Blockierer überzeugen. Was sie antreibt, ist Unsicherheit, Angst und das Wahren eigener Interessen. Wer jemals mit Widerstand zu tun gehabt hat, kann ein Lied davon singen, wie viel negative Energie diese Motive mobilisieren können!

Formen von Widerstand

So verschieden die Menschen sind, so unterschiedlich sind auch ihre Widerstandsstrategien. Aus der breiten Palette von passivem und aktivem Widerstand habe ich hier einige Formen ausgewählt.

Passive Formen

Rückzug:	Der Mitarbeiter beteiligt sich nicht mehr an Diskussionen. Er verweigert den Kontakt mit dem Chef und antwortet nur widerwillig und wortkarg auf Fragen. Nicht selten begleitet von trotziger Mimik und Tonfall.
Lustlosigkeit:	Der Mitarbeiter bekommt „seinen Hintern nicht mehr hoch". Fehler aufgrund mangelnder Aufmerksamkeit und Konzentration treten auf. Zu-spät-kommen und einzelne Krankheitstage mehren sich.
Lächerlich machen:	Wenn das strittige Thema angesprochen wird, reagiert der Mitarbeiter mit ironischen Bemerkungen und zieht die Diskussion ins Lächerliche.

Ignorieren:	Anweisungen und Beschlüsse zu Veränderungen von Abläufen werden ignoriert oder nur sehr langsam ausgeführt. Der Mitarbeiter macht stur so weiter wie bisher.
Blinder Gehorsam:	Ja, auch das kann eine Form des Widerstands und der Sabotage sein. Dann nämlich, wenn ein Mitarbeiter alles tut, was er gesagt bekommt und versäumt, auf eine ihm bekannte Fehlerquelle hinzuweisen. Prompt geht's dann auch schief und er lacht sich ins Fäustchen.
Jasagen:	Die Ja-Sager leisten passiven Widerstand und gebärden sich scheinbar aktiv. Sehr schnell und eilfertig sind sie mit allem einverstanden – um dann nichts zu tun!

Aktive Formen

Killerphrasen:	Der Mitarbeiter benutzt destruktive Scheinargumente, die blockieren, Ideen im Keim ersticken und abwerten. Wie zum Beispiel: „Das haben wir alles schon versucht.“ Oder: „Das wird bei uns nicht klappen.“ Oder: „Das bringt doch nix.“
Totfragen:	Der Mitarbeiter stellt eine Flut von Warum-Fragen und überschüttet den Chef mit dem Wunsch nach immer mehr Information.

Offener Widerspruch:	Der Mitarbeiter widerspricht offen und aggressiv. Nicht selten droht er dabei auch mit negativen Konsequenzen.
Persönliche Angriffe:	Polemisch greift der Mitarbeiter den Chef an. „Der weiß doch gar nicht, was im Tagesgeschäft läuft.“ „Der sollte erst mal selbst sehen, was wir hier machen.“
Stimmungsmache:	Mehrere Mitarbeiter sorgen für Unruhe, indem sie Gerüchte verbreiten und abwertende Kommentare abgeben. Sie scharen eine Gruppe um sich, die sich auch nicht scheut, falsche Informationen weiterzugeben, um der Sache damit zu schaden.
Spontaner Trotz:	Die Mitarbeiter widersetzen sich offen den Anweisungen oder setzen Vorschriften bewusst falsch um.
Unwillige Kooperation:	Im Gegensatz zum blinden Gehorsam ist die unwillige Kooperation durchaus eine aktive Form des Widerstands. Sie kommt allerdings auf leisen Pfoten daher. Zunächst wird die Vorschrift missmutig befolgt. Stück für Stück wird aber das neue Verhalten wieder abgebaut, so dass nach einiger Zeit alles wieder beim Alten ist.

Sie sehen, der – häufig unbewussten – Phantasie sind keine Grenzen gesetzt, wenn es darum geht, Veränderungen zu verhindern und die eigenen Interessen zu wahren.

Umgang mit Widerstand

Wenn Sie als Führungskraft Neues auf den Weg bringen wollen, dann brauchen Sie wirksame Strategien für den Umgang mit Widerstand. Grundvoraussetzung ist, dass Sie sich der Tatsache bewusst sind, dass Widerstand vor allem emotionale Ursachen hat. Erinnern Sie sich? Es geht nicht um rationale Sachargumente, sondern um Angst, Befürchtungen, Macht und Bequemlichkeit.

Ach ja, die liebe Bequemlichkeit! Auch Führungskräfte machen es sich gern leicht und begegnen Widerstand mit Zwangsmaßnahmen und Bestrafung. Den gewünschten Erfolg bringt das nie. Denn Druck erzeugt Gegendruck und auf Sanktionen wird mit verstärktem Widerstand reagiert.

Die Unbelehrbaren

In einem Lebensmittelproduktionsbetrieb gilt generelles Rauchverbot. Für Pausen steht ein abgeschlossener Raum zur Verfügung, der auch von den Rauchern genutzt wird. Als die Raucherpausen sich ausweiten und sogar dazu führen, dass Maschinen kurzfristig stehen, gibt die Produktionsleitung die Anweisung, dass sich nie mehr als zwei Maschinenführer gleichzeitig im Raum aufhalten dürfen. Murrend fügen sich die Mitarbeiter, wird ihnen doch damit eine Gelegenheit zum gemütlichen Beisammensein genommen. Die Maschinenlaufzeiten normalisieren sich und eine Zeit lang scheint alles gut zu gehen. Bis Jan Folkerts, dem Produk-

tionsleiter, eines Tages auffällt, dass schon wieder eine Maschine steht. Und tatsächlich trifft er im Pausenraum vier Raucher an. Als er den Raum betritt, drücken sie betont langsam ihre Zigaretten aus und schlendern zurück an ihre Arbeitsplätze. Ein typischer Fall von unwilliger Kooperation. Am nächsten Tag ruft Jan zu Beginn der Schicht die Mitarbeiter zusammen:

„Ich habe gestern gesehen, dass wieder Maschinen nicht in Betrieb waren und sich mehr als zwei Maschinenführerinnen im Pausenraum aufhielten. Noch mal: Die Maschinen haben ohne Unterbrechung während der Schicht zu laufen. Ausgenommen davon sind die offiziellen Pausenzeiten. Wie oft muss ich das denn noch sagen?"

„Aber Herr Folkerts, wenn ich rauchen gehen will, dann kann ich doch nicht sehen, wie viele schon im Pausenraum sind. Und wenn ich dann schon mal da bin, dann ist es doch Unsinn, wieder zurückzugehen." Die Mitarbeiterin hat einen deutlich herausfordernden Tonfall.

Jan entgegnet scharf: „Dann müssen Sie sich eben absprechen. Wie Sie das machen, ist mir egal. Ab sofort will ich, dass meine Anweisungen befolgt werden. Sonst muss ich den Pausenraum schließen und dann wird gar nicht mehr geraucht!"

Wütend schickt Jan die Mitarbeiter wieder an die Arbeit. Nicht minder aufgebracht sind die Mitarbeiter. Sie stehen noch eine Weile zusammen und schimpfen. In den nächsten Wochen scheint alles ganz gut zu laufen. Wenn man mal davon absieht, dass die Mitarbeiter immer öfter über Kleinigkeiten murren. Interessant ist die Tatsache, dass plötzlich der Pausenraum permanent von zwei Personen be-

setzt ist. Sogar die Nichtraucher sitzen mit dabei. Zwar stehen die Maschinen nicht, aber die Arbeitsleistung lässt deutlich nach.
Und dann, nach ein paar Wochen, steht wieder eine Maschine außerhalb der erlaubten Zeit. Ein Blick in den Pausenraum bestätigt Jans Vermutung. Das alte Spiel beginnt von vorn ...

Der Produktionsleiter hat mit Härte und Drohungen nichts erreicht. Selbst wenn er sich nun entschließt, seine Drohung wahr zu machen und den Raum zu schließen, wird der Widerstand weiter gehen. Was kann er tun, um sein Ziel zu erreichen?

Zunächst einmal muss er sich bewusst machen, worum es den Mitarbeitern geht. Sie wollen nicht auf diese zusätzliche Pause verzichten, die ihnen das Rauchen bietet. Außerdem genießen sie den gemeinsamen Plausch mit den Kollegen. Alleine rauchen ist langweilig. Es geht ihnen also ganz eindeutig um die Verteidigung ihrer eigenen Interessen gegen das Unternehmensinteresse. Verständlich, aber nicht tolerierbar.

Auf ein Neues. Und dieses Mal ohne Druck! Beteiligung und Verständnis sind nun an der Reihe.

Wie man den Esel von der Stelle bewegt

Wieder trifft sich Jan mit seinen Mitarbeitern. In Erwartung eines neuen Donnerwetters sitzen alle abwehrend, trotzig oder scheinbar gelangweilt da.
„Ich möchte heute noch einmal mit Ihnen über die Maschinenlaufzeiten sprechen. Ich habe den Eindruck, dass ich die Bedeutung nicht verständlich machen konnte. Darum lassen Sie mich noch einmal erklären, worum es geht. Wie Sie wissen, haben wir ein monatliches Produktionsziel und von Zeit zu Zeit Sonderaufträge zu bewältigen ...“ Jan erläutert

die Unternehmensziele und die Ziele der Produktion. Dazu gehört auch, dass er auf die Kosten und die notwendige Auslastung der Maschinen eingeht.
„Wenn zum Beispiel die Verpackungsmaschine zehn Minuten steht, bedeutet das einen Ausfall von 130 Stück. Damit wird unsere Tagesleistung um 1,5 Prozent reduziert. Wenn wir unser Ziel nicht erreichen, können wir unsere Kunden nicht termingerecht beliefern. Es ist darum auch schon vorgekommen, dass Kunden nicht mehr bei uns kaufen. Das bedeutet, dass wir weniger produzieren. Können Sie sich vorstellen, was das dann für Sie bedeutet?" Jan schaut fragend in die Runde.
„Dann werden wieder Leute entlassen. Das hatten wir doch vor vier Jahren schon mal." Die Sprecherin klingt resigniert.
Jan nimmt das Stichwort auf und beruhigt die grummelnde Runde. „Ja. Und genau das möchte ich gern verhindern. Ich möchte mit Ihrer Hilfe eine Super-Produktionsleistung bringen und damit dafür sorgen, dass wir mit der derzeitigen Belegschaft weiterarbeiten können. Immerhin können wir im Moment krankheitsbedingte Ausfälle ohne großen Überstundenaufwand ausgleichen. Und dafür brauche ich Ihre Unterstützung. Wir müssen noch einmal über die Raucherpausen sprechen."
Genervt wirft eine Maschinenführerin ein: „Was sollen wir denn machen? Wir können doch nicht rauchen gehen und die Maschine allein laufen lassen. Dann stellen wir sie eben ab."
Jan zeigt Verständnis, lässt sich aber nicht von seinem Ziel abbringen. „Ich kann ja verstehen, dass es für die Raucher wichtig ist, ab und zu eine Zigarette zu rauchen. Darum habe ich ja auch erlaubt,

dass der Pausenraum auch außerhalb der regulären Pausen dafür genutzt werden kann. Nun geht es doch darum, zu sehen, wie wir beide Interessen zusammenbringen. Was meinen Sie? Wie können die Maschinen weiterlaufen und die Raucher trotzdem rauchen?"

Die Mitarbeiter sind es nicht gewohnt, nach ihrer Meinung gefragt zu werden. Darum kommt das Gespräch nur zögernd in Gang. Doch Jan fragt geduldig nach und am Ende gibt es einen Vorschlag, der allen umsetzbar erscheint.

„Okay, die Idee ist also, dass jeder, der rauchen gehen will, einen Kollegen bittet, ihn zu ersetzen. Es sind immer Kollegen frei, die gerade nicht an Maschinen arbeiten. Außerdem haben wir einen Springer, der ebenfalls gefragt werden kann. Wenn niemand zur Verfügung steht, dann kann man auch nicht in den Pausenraum gehen. Sind alle einverstanden, dass wir das mal einen Monat lang testen?"

Da der Vorschlag aus den eigenen Reihen kam und das Für und Wider ausführlich diskutiert worden ist, stimmen alle zu.

Jan bedankt sich und äußert sich zuversichtlich, dass nun die Produktionskapazität gesichert ist und auch die Freiheit der kleinen Pausen zwischendurch bestehen bleiben kann, wenn sich alle an die Absprache halten.

Das mag jetzt etwas zu glatt und zu einfach klingen. In Wirklichkeit kann es sein, dass mehrere dieser Gespräche notwendig sind. Wenn den Mitarbeitern nach der Aufforderung, eigene Ideen zu entwickeln, spontan nichts einfällt, kann es sinnvoll sein, ihnen einen oder zwei Tage

Zeit zu geben. Der Verlauf richtet sich nach den beteiligten Personen und den organisatorischen Vorgaben. Die Strategie bleibt aber die gleiche.

Sie können Widerstand reduzieren, indem Sie bereits in der Planungsphase von organisatorischen Maßnahmen den Mitarbeitern die Ziele und Konsequenzen klar vermitteln. Dabei ist es wichtig, auch darauf einzugehen, welche (positiven) Konsequenzen die Veränderung für jeden individuell hat. Wenn Sie die Betroffenen an der Entscheidungsfindung beteiligen und sich ihre Argumente und Befürchtungen anhören, dann haben Sie eine große Chance, dass sie die Maßnahmen auch bereitwillig umsetzen.

Erinnern Sie sich noch an Clarissa, die neue Chefin des Customer Service vom Anfang dieses Kapitels? Sie hat ein ganzes Widerstandsnest vor sich.

Umgang mit der „Queen of the Gang“

Gerade neuen Chefs kann es passieren, dass sie auf eine ungekrönte Königin treffen, die alle Fäden in der Hand zu haben scheint. Sie kennt sich sehr gut aus, ist kompetent und verfügt über ein wertvolles Netzwerk. Leider ist sie in Opposition, seit sie den neuen Chef zum ersten Mal gesehen hat. Sie hat Angst, dass der neue Chef sie einschränken könnte oder ihr gar ihre Stellung streitig machen könnte. Ohne ihn vorher auch nur gesehen zu haben, weiß sie schon, dass sie ihn nicht mag. Und das zeigt sie ihm deutlich. So wie Karin bei Clarissa:

Die neue Verbündete

Clarissa regt sich zunächst ziemlich auf. Sie fühlt sich persönlich angegriffen und findet Karins Opposition unverschämt. Sie ärgert sich über die Intrigen und das abschätzige Verhalten Karins ihr gegenüber. Glücklicherweise spricht sie mit einer

Freundin, die ihr sagt: „Wen du nicht zum Freund haben kannst, den mach' zu deinem Verbündeten."

An einem der folgenden Tage findet ein langes Gespräch zwischen Clarissa und Karin statt.

„Karin, ich habe den Eindruck gewonnen, dass Sie hier die Stütze der Abteilung sind. Sie haben einen sehr guten Draht zur EDV, kennen das Programm wie keine Zweite und können Ihren Kolleginnen immer helfen, wenn es mal schwierig wird. So wie gestern, als ein Großkunde eine Bestellung in einer ungewöhnlichen Stückelung schickte. Alle haben sich gewundert und gemeint, dass das so gar nicht ausführbar sei. Nur Sie konnten sich erinnern, dass es eine entsprechende Vereinbarung mit dem Kunden gibt und das Lager bereits eine gesonderte Ablaufplanung für diesen Fall hat."

Karin nickt geschmeichelt. „Die wichtigen Abläufe gehen sowieso meist über meinen Tisch. Schwierige Buchungen und Absprachen mit dem Lager erledige ich lieber selbst. Dann kann ich sicher sein, dass nichts schief läuft."

Wertschätzung wirkt Wunder

Clarissa bemerkt erfreut, dass Karin zwar etwas arrogant klingt, sie aber ganz eindeutig hoch motiviert und sehr verantwortungsbewusst handelt. „Es gefällt mir gut, dass Sie so loyal und zuverlässig sind. Sie fühlen sich der Firma wirklich sehr verbunden."

Nun folgt ein längeres Gespräch über Karins Ausbildung und Werdegang im Unternehmen und ihre Überzeugung, hier genau am richtigen Platz zu sein.

„Karin, ich möchte mit Ihnen über die zukünftige Organisation der Abteilung sprechen. Ich sehe meine Aufgabe nicht darin, den Schreibtisch voll mit

Fällen zu haben, die die Sachbearbeiterinnen nicht lösen können. Meine Rolle wird es sein, dafür zu sorgen, dass jede in der Lage ist, Probleme selbst zu lösen. Ich habe das Ziel, den Service für die Kunden spürbar zu verbessern. Dafür werden organisatorische Maßnahmen notwendig sein, die Mitarbeiter müssen von unnötigen Arbeiten entlastet und geschult werden. Ich möchte, dass der Ruf der Abteilung hier im Haus und bei den Kunden exzellent ist. Ich bin für alle da, wenn es Schwierigkeiten gibt, werde aber keine Sachbearbeitung übernehmen.“ Clarissa ist sich bewusst, dass sie damit Karin die Angst nimmt, sie könne sich in ihr Kompetenzgebiet einmischen.

In Hinblick auf die abwertenden Bemerkungen des Geschäftsführers und das geringe Ansehen des Customer Service im Gesamtunternehmen findet Karin dieses Ziel natürlich gut. In einer gut angesehenen Abteilung zu arbeiten steigert auch das Ansehen der betroffenen Mitarbeiter. Karin nickt, und es entspinnt sich eine Unterhaltung darüber, wie sie die Entwicklung der vergangenen Jahre sieht und wie es dazu kam, dass der Ruf so ruiniert ist.

Clarissa hört interessiert zu, fragt nach und allmählich entspannt sich die Atmosphäre zwischen den beiden Frauen. Nun ist es Zeit für den nächsten Schritt. „Karin, Ihre Kompetenz steht außer Frage. Ich brauche so eine Mitarbeiterin wie Sie, die für die Kolleginnen als Ansprechpartnerin zur Verfügung steht und dafür sorgt, dass auch der gute Kontakt mit der EDV gewahrt bleibt. Schließlich sind wir ja davon abhängig, dass wir immer schnellstmöglich Hilfe bekommen, wenn mal etwas nicht funktioniert. Kurz gesagt: Ich möchte Sie zur Gruppenleiterin für die Sachbearbeitung machen. Sie sind die offizielle Ansprechpartnerin für alles, was mit Abwicklung von Aufträgen etc. zu tun hat. Damit der Informationsfluss zwischen uns nicht abreißt, werden wir uns regelmäßig austauschen. Sie bekommen von mir zeitnah alle Informationen über geplante Maßnahmen und andere Entwicklungen im Haus. Und ich erfahre von Ihnen, was es Neues in der EDV gibt und ob es Auffälliges bei der Abwicklung gibt. Was halten Sie davon?"

Karin fühlt sich darin bestätigt, dass keine so gut ist wie sie. Ihre Kompetenz wird von Clarissa nicht nur anerkannt, sondern soll sogar offiziell mit einer Funktionsstelle belohnt werden. Selbstverständlich ist sie einverstanden.

Die „Queen" darf ihre Rolle behalten – und jetzt sogar offiziell ausüben. Sie ist überdurchschnittlich gut informiert und hat Möglichkeiten, an der Gestaltung der Abläufe mitzuarbeiten. Grund zum Widerstand hat sie nicht mehr und so kann sie getrost kooperieren.

So gewinnen Sie echte Freunde

Selbst wenn sich zwei nicht unbedingt mögen, können sie doch zu Partnern werden, denen es um dieselben Ziele geht. In unserem Beispiel ist es so gelaufen. Clarissa und Karin arbeiten sachlich sehr gut zusammen. Sie treten als Verbündete auf, wenn es darum geht, für die Abteilung und für Kunden das Beste herauszuholen. Und als Clarissa nach einigen Jahren das Unternehmen verlässt, kommen ihrer ehemaligen Kontrahentin die Tränen.

Umgang mit den „Alten"

Der Schrecken aller Erneuerer sind die Mitarbeiter, die am liebsten alles beim Alten belassen würden. „Das war schon immer so“, ist ein Satz, der sicher nicht nur mich auf die Palme bringt. Wer etwas verändern will, wird immer mit der Angst vor Neuem konfrontiert sein. Selbst junge Mitarbeiter, von denen man eigentlich Flexibilität erwartet, kommen mit Killerphrasen wie: „Das wird bei uns nicht funktionieren.“ Erst einmal wird das Unbekannte abgewehrt.

Lassen Sie sich davon nicht ins Bockshorn jagen. Auch wenn es persönlich wird. Es geht nicht um sachliche oder objektive Dinge. Es geht vielmehr um Emotionen. Das Alte verlassen bedeutet Unsicherheit und die Gefahr, zu versagen. Ihre Aufgabe als Chef ist es, sich durchzusetzen, indem sie den Bewahrern die Angst nehmen.

Gegen Angst hilft Mitreden

Wie geht Clarissa mit „ihren“ Bewahrerinnen Jutta, Inge und Monika um? Sie plant organisatorische Veränderungen, bei denen sich die Aufgaben und Tätigkeiten der Sachbearbeiterinnen ändern. Lieb gewonnene, aber überflüssige und zeitraubende Rituale, wie zum Beispiel das doppelte Ablegen von Rechnungen, sollen aufgegeben werden. Und ganz schnell möchte Clarissa alle Aufträge auf Mikrofiches verfilmen und archivieren.

„Dann finden wir ja gar nichts mehr wieder. Und außerdem brauchen wir die Belege, wenn ein Kunde reklamiert.“ Die Bewahrerinnen zeigen offen ihre Abneigung und äußern ihre Befürchtungen. Killerphrasen sollen jede Neuerung im Keim ersticken. Sie wollen sich einfach nicht damit auseinander setzen.

Allerdings steht Clarissas Entscheidung fest. Nachdrücklich weist sie darauf hin, dass vom nächsten Monat an alle Aufträge verfilmt werden. Die Bewahrer mit ihren Befürchtungen nimmt sie dennoch ernst. Sie weiß, dass sie sich verweigern würden, wenn sie es bei der einfachen Ankündigung bewenden ließe. Sie kann sich die Verweigerung auch schon vorstellen: Alles wird verfilmt, aber anstatt die Originale zu vernichten, würden die drei sie trotzdem weiter in Ordnern sammeln. Damit wäre der Zeitspar-Effekt verpufft.

„Die Archivierung über Mikrofiche erspart Ihnen allen die lästige und zeitraubende Ablage. Sie haben mich ja mehrfach darauf hingewiesen, dass die Zeit, die Sie für die Ablage brauchten, viel besser für andere Dinge genutzt werden könnte. Und statt nun eine Hilfe einzustellen, die das für Sie erledigt, habe ich mich für diese Form der Archivierung entschieden. Was, meinen Sie, müssen wir bei dieser Vorgehensweise beachten?“ Damit gibt sie allen Gelegenheit, ihre Befürchtungen und Interessen zu äußern.

Clarissa skizziert die Vorteile der Veränderung und fragt die Betroffenen um Rat. „Wie können wir denn verhindern, dass etwas verloren geht? Und was können wir tun, um wirklich zeitsparend und sicher mit dem neuen System umzugehen?“ Clarissa beteiligt die Mitarbeiter an der Lösungssuche, statt einfach zu argumentieren.

Die Chefin hört sich nun alle Argumente und auch die in Killerphrasen verpackten Ängste interessiert an. Sie fragt nach und nimmt die individuellen Meinungen ernst. So entsteht langsam eine Atmosphäre des Vertrauens. Die Betroffenen fühlen sich wahrgenommen und geschätzt und können nun auch konstruktiver diskutieren.

Um den „Alten“ den Abschied vom vertrauten Ablauf zu erleichtern, ist es eine gute Idee, sie den neuen selbst entwerfen zu lassen. Aber erst, nachdem man die Befürchtungen und alle Emotionen ernst genommen hat, den Mitarbeitern zugehört und ihnen ausdrücklich zugesichert hat, dass sie Hilfe bei der Umsetzung der Pläne bekommen. Die Veränderung steht nicht in Frage. Die Gestaltung aber überlässt die kluge Chefin getrost den Expertinnen. So fühlen sich die „Alten“ nach und nach immer sicherer – und machen mit!

Umgang mit den „Unauffälligen“

Rückzug und Lustlosigkeit prägen das Verhalten der vier Mitarbeiterinnen im Customer Service, die auf keinen Fall negativ auffallen wollen. Die Angst, etwas falsch zu machen, lähmt sie geradezu.

Die Passiven aus der Reserve locken

Clarissa muss den passiven Widerstand dieser Mitarbeiterinnen ebenso ernst nehmen wie den aktiv geäußerten der anderen. Hier ist vor allem viel Geduld notwendig. Zunächst achtet Clarissa darauf, den „Unauffälligen“ immer wieder zu verstehen zu geben, dass sie ihre Arbeitsleistung sieht und anerkennt. Sie sollen sich der Wertschätzung ihrer Chefin sicher sein.

Clarissa unterstützt diese Strategie noch, indem sie die Erfahrung und Kompetenz der „Unauffälligen“ anspricht. „Sie haben doch schon viel Erfahrung mit den aktuellen Abläufen gemacht. Worauf müssen wir Ihrer Meinung nach achten, wenn wir uns für eine andere Vorgehensweise entscheiden? Und welche Auswirkungen hätte das auf unsere Kunden?“

Die Gruppe der unsicheren „Unauffälligen" braucht, wie alle anderen auch, gute Informationen über die Ziele der geplanten Veränderungen und über die Erwartungen, die in diesem Zusammenhang an sie gestellt werden. Wichtig ist es, ihnen jede Form der Unterstützung zu geben und zum Beispiel Fortbildungen und Schulungen anzubieten. Das können spezielle Softwaretrainings sein, fachliche Fortbildungen oder Seminare zum besseren Umgang mit Kunden oder Workshops, die die Zusammenarbeit im Team fördern. So wird die Angst gemindert, den neuen Anforderungen nicht gerecht werden zu können.

Umgang mit persönlichen Angriffen

Tiefschläge

„Ich habe schon so viele Chefs kommen und gehen sehen. Sie werde ich auch noch überleben."

Manche Mitarbeiter denken so, wenn ein neuer Chef kommt, behalten dies aber für sich. Wenn es aber, so wie in Clarissas Fall, direkt ausgesprochen wird, ist die Konfrontation nicht zu vermeiden. Wer so persönlich und direkt angegriffen wird, muss reagieren. Aber wie?

Sie können sich vorstellen, dass man erst einmal schlucken muss angesichts dieser offenen Kampfansage. Denn es geht um nichts anderes als um einen Machtkampf. Weichen Sie ihm jetzt nicht aus! Aber sorgen Sie dafür, dass das Duell fair abläuft und jeder sein Gesicht wahren kann.

... verlangen nach einer angemessenen Antwort

„Sie sind ja auch tatsächlich schon lange im Unternehmen. Da haben Sie sicher schon einige Vorgesetztenwechsel erlebt. Ich habe allerdings nicht vor, in absehbarer Zeit schon wieder zu gehen. Und in der Zwischenzeit ist es für uns beide bestimmt an-

genehmer, wenn wir einen Weg finden, gut zusammenzuarbeiten."

Mit dieser Äußerung greifen Sie den anderen nicht an und vermeiden so einen Schlagabtausch, der zu nichts führt. Gleichzeitig machen Sie deutlich, dass Sie nicht klein beigeben, nicht ausweichen und Interesse an einer Zusammenarbeit haben. Wird der Angreifer nun kontinuierlich zur Mitarbeit aufgefordert, um seine Meinung gefragt und in seiner Leistungsfähigkeit gefordert, fällt es ihm nicht mehr so leicht, sich in die trotzige Verweigerung zu begeben.

Unvermeidlicher Widerstand

Es gibt keine Veränderungen ohne Widerstand! Sie kommen als Führungskraft nicht darum herum, sich mit diesem Thema zu befassen. Es sei denn, Sie sind selbst ein Bewahrer. Dann haben Sie wahrscheinlich mit wenig Widerstand von Seiten Ihrer Mitarbeiter zu rechnen. Allerdings: Wer nicht flexibel ist und immer wieder nach besseren Lösungen sucht, wird mit viel größeren Schwierigkeiten rechnen müssen. Da ist der Widerstand der Mitarbeiter ganz bestimmt das kleinere Übel.

Übel? Nun ja, wenn Sie ehrlich sind, ist der Widerstand zumindest erst einmal unbequem. Sie können als Chef nicht einfach etwas entscheiden und dann läuft alles wie geschmiert. Sie können den Widerstand aber auch nicht einfach ignorieren. Das führt unweigerlich zu folgenschweren Blockaden. Ebenso fatal ist es, den Widerstand zum Anlass zu nehmen, die Diktatur auszurufen. Damit erreichen Sie nur, dass zusätzliche Ängste ausgelöst werden, die zu neuen Widerständen führen. Und wenn Sie sich für die konfliktscheue Variante des „Allen-recht-machen-Wollens“ entscheiden, werden Sie mit Sicherheit im Reformstau enden. Es bewegt sich dann nämlich gar nichts mehr.

Widerstand ist unvermeidlich. Ich habe das hautnah selbst erlebt. Können Sie sich vorstellen, wie Mitarbeiter reagieren, wenn eine neue Unternehmenssoftware eingeführt wird? „Das neue System kann viel weniger als das alte.“ „Das geht ja alles viel zu langsam.“ „So viele Fehler!“ „Das Alte war viel besser.“ – der übliche, unvermeidliche Widerstand gegen Veränderungen. Das Misstrauen gegen die neue Software war so groß, dass einige Mitarbeiter parallel beide Systeme nutzten, bis ich das alte einfach abschalten ließ. Wütender Protest war die Folge. Einige Jahre später beschloss die amerikanische Mutter des Unternehmens, eine europaweit einheitliche Software einzuführen – eine erneute Umstellung. Und was geschah? Dieselben Argumente, dieselben Widerstände und die Aussage: „Das alte war so viel besser!“

Den Leitwert erhöhen

Perspektivenwechsel

In der Physik bezeichnet man den Kehrwert des elektrischen Widerstands als Leitwert. Je größer der Leitwert, desto geringer ist der Widerstand. Als Führungskraft haben Sie die Aufgabe, den Leitwert zu erhöhen. Halten Sie sich nicht damit auf, den Widerstand zu (unter-)brechen. Ein erhöhter Leitwert führt wirksamer zum Ziel.

Für einen besseren Leitwert

- Informieren Sie alle Mitarbeiter rechtzeitig und ausführlich über die Notwendigkeit, die Ziele und die Konsequenzen der geplanten Maßnahmen.
- Erläutern Sie, welche Bedeutung die Maßnahme oder die Veränderung für jeden Einzelnen hat.
- Beziehen Sie die Mitarbeiter so früh wie möglich in die Planungen und Überlegungen ein.
- Interpretieren Sie Widerstand als Ausdruck von Unsicherheit und Angst.
- Nehmen Sie den Widerstand nicht persönlich oder als Angriff auf Ihre Kompetenz
- Hören Sie erst einmal zu, statt zu argumentieren.
- Nehmen Sie die Befürchtungen ernst.
- Zeigen Sie Verständnis.
- Bieten Sie Unterstützung an.
- Nutzen Sie die Kompetenz der Mitarbeiter: Ermutigen Sie sie, Schwachstellen zu entdecken, Ideen einzubringen und Lösungsvorschläge zu machen.
- Prüfen Sie Vorschläge der Mitarbeiter ernsthaft.
- Nehmen Sie sich Zeit. An Neues muss sich jeder erst gewöhnen.
- Erkennen Sie die Bemühungen der Mitarbeiter im Veränderungsprozess an. So stärken Sie die notwendige Motivation.

Wenn Sie sich damit abgefunden haben, dass der Umgang mit Widerstand zu Ihren regelmäßigen Aufgaben gehört, dann werden Sie ihn auch zu schätzen wissen. Denn Widerstand ist auch ein Signal für Sie. Es zeigt Ihnen rechtzeitig, wo Veränderungsenergie blockiert ist oder wo der Verlust von Energie droht. Je eher Sie gegensteuern, umso schneller erhöhen Sie den Leitwert. Mit dem Effekt, dass das geplante Projekt oder die beabsichtigte Veränderungsmaßnahme reibungsloser durchgeführt werden kann.

Sich durchsetzen

Und was, wenn sämtliche kooperativen Bemühungen um einen erhöhten Leitwert keine Wirkung zeigen? Dann müssen Sie wahrscheinlich davon ausgehen, dass in diesem Fall die Ursachen für den Widerstand nicht Informationsmangel, Befürchtungen oder andere Emotionen sind. Dann geht es schlicht um Eigeninteressen, die um jeden Preis gewahrt werden sollen.

Statt einfühlsamem Vorgehen kommt nun die Machtebene ins Spiel. Sie sind damit konfrontiert, sich durchsetzen zu müssen beziehungsweise einen Kompromiss zu finden.

Vergessen Sie dabei aber nicht: Wenn Sie sich gnadenlos durchsetzen und als Gewinner den Ring verlassen, werden Sie mit weiteren Widerständen rechnen müssen.

Es gilt also, in einem Gespräch mit dem betreffenden Mitarbeiter herauszufinden, welches seine Werte und seine persönlichen Interessen sind, für die er so hartnäckig kämpft. Erläutern Sie Ihre oder die Motive des Unternehmens für die geplanten Maßnahmen. Bleiben Sie bei Ihrem Entschluss und fragen Sie nach den Bedürfnissen, Wünschen und Alternativen des anderen. Diskutieren Sie gemeinsam, wie die Eigeninteressen mit dem Plan verbunden werden können. Bleiben Sie bei Ihrem Entschluss, und bieten Sie dem anderen an, aktiv an der Planung mitzuarbeiten. Erinnern Sie sich? „Wen du nicht zum Freund haben kannst, den mache zu deinem Verbündeten", oder anders ausgedrückt: Machen Sie alle Betroffenen zu Beteiligten. Wer selbst an der Entwicklung eines Prozesses beteiligt ist, wird mehr Leitwert als Widerstand bieten.

Anders denken

Reibung erzeugt Energie – nutzen Sie sie!

Zum Schluss möchte ich Ihnen noch einen Rat geben: Vervollständigen Sie Ihre Strategie des Umgangs mit Widerstand – ändern Sie den Blickwinkel!

Es ist richtig, dass es keine Veränderung ohne Widerstand gibt. Hinzu kommt, dass Widerstand ein Teil des Veränderungsprozesses ist! Und in Wirklichkeit gibt es gar keinen Widerstand, sondern nur unterschiedliche Interessen.

Mancher Widerstand kann geradezu nützlich sein. Macht er Sie doch möglicherweise auf Dinge aufmerksam, die Sie vielleicht bisher noch nicht berücksichtigt haben. Widerstand ist ein wichtiger Orientierungspunkt. Seien Sie wachsam und suchen Sie nach seinen noch so kleinen Anzeichen. Nutzen Sie die Potenziale, die sich durch Widerstand offenbaren. Denken Sie nur an das Beispiel der Queen of the Gang. Oder an die positiven Energien, die die Beteiligung der Mitarbeiter in der Planungsphase freisetzt.

Wer sich widersetzen kann, hat Kraft. Gratulieren Sie sich zu den Energiereserven Ihrer Mitarbeiter! Und finden Sie heraus, wie Sie diese Kräfte bündeln und in die richtige Richtung lenken können.

Fazit

Es gibt keine Veränderung ohne Widerstand.
Widerstand hat vor allem emotionale Ursachen, die unbedingt beachtet werden müssen.

Wer Widerstand ignoriert, wird mehr Widerstand ernten.

Widerstand macht auf Sand im Getriebe aufmerksam. Freuen Sie sich darüber!

Widerstand ergänzt Ihr Veränderungsvorhaben und differenziert den notwendigen Prozess.

Machen Sie alle Betroffenen zu Beteiligten.

Es gibt keinen Widerstand. Nur verschiedene Interessen.

Von Mannweibern und Weicheiern

Wie Sie das Beste aus beiden Welten auf die Bühne bringen.

Alle Feministinnen und psychologisch Korrekten seien gewarnt: In diesem Kapitel geht es ausschließlich um *erfolgreiches* Verhalten für diejenigen, die im Beruf weiter kommen wollen. Wer das möchte, muss sich an den heute geltenden Werten und Bedingungen orientieren. Wie Sie und ich die herrschenden Erwartungen und Vorurteile persönlich beurteilen, spielt hier keine Rolle.

So idiotisch und veraltet uns manche unausgesprochenen Verhaltensregeln auch vorkommen mögen: An ihnen werden wir immer noch gemessen. Die Gesellschaft wandelt sich langsamer als alle schlauen Erkenntnisse oder ambitionierten Wünsche es vermuten lassen. Und solange es so ist, bleibt uns nichts anderes übrig, als das Spiel mitzuspielen. Oder auszusteigen. Love it or leave it ...

Ein ganz netter Vorgesetzter

Bernd Krause ist seit einem halben Jahr Leiter für Marketing und Vertrieb in einer neu gegründeten Business Unit. Ihm ist es besonders wichtig, im Konsens mit allen Beteiligten, seinen Vorgesetzten, den Mitarbeitern und den Kunden zu arbeiten. Er möchte, dass seine Mitarbeiter mit allen Sorgen und Problemen zu ihm kommen und bietet sich als Berater in allen Lebenslagen an. Bernd ist ein großer, kräftiger Mann mit einem freundlichen Gesicht.

Seine Bewegungen sind behutsam und seine Gesten sehr zurückhaltend. Wenn er geht, hat er den Kopf immer etwas gesenkt, als ob ihm seine Größe unangenehm wäre.
In Besprechungen ist er sehr bemüht, sich um alles zu kümmern. Er bietet Kaffee an, sorgt immer für einen gefüllten Obstkorb oder für die Kekse auf dem Tisch und springt sofort auf, wenn etwas fehlt. Bernds Büro ist nach Feng-Shui-Regeln eingerichtet, und immer wieder nimmt er Veränderungen vor, die die Atmosphäre noch angenehmer machen sollen. Im Gespräch hält Bernd den Kopf meist etwas zur Seite geneigt. Seine Stimme ist leise und er formuliert sehr sorgfältig. Auf keinen Fall möchte er verletzend oder ungerecht erscheinen. Er hört gut zu, zeigt viel Verständnis und führt endlose Gespräche mit erfolglosen Mitarbeitern. Alle Entscheidungen sollen im Team getroffen werden. Und so vergehen viele Stunden in Diskussionen darüber, wie die Büros gestaltet werden sollen, wie die Mitarbeiter sich am Telefon melden sollen oder ob ein PR-Berater hinzugezogen werden soll.
Bernds Vorgesetzte sind alles andere als zufrieden mit seiner Arbeit. Die Umsatzzahlen sind verheerend und Neukunden gibt es so gut wie keine. Eine schlüssige Strategie ist nicht zu erkennen. Bernd hat jede Menge Rechtfertigungen parat und stellt sich bereitwillig mit seinem breiten Kreuz vor seine Mitarbeiter: „Unser Team ist doch noch ganz neu. Meine Leute müssen eine Chance bekommen." Oder: „Der Markt ist einfach schwierig. Wir sitzen alle oft zusammen und suchen nach Lösungen. Aber die Mitarbeiter sind alle noch so unerfahren in diesem Geschäft." Er bittet lächelnd um Verständnis.

Als man ihm nahe legt, einen besonders unfähigen Verkäufer nach der Probezeit zu entlassen, ist er bestürzt: „Das ist doch so ein netter junger Mann. Sicher kann der sich noch etwas mehr zusammen, reißen ...“
Der Geschäftsführer bittet Bernd um ein weiteres Gespräch und wird darin offensichtlich sehr deutlich. Denn anschließend verlangt Bernd von seinen Verkäufern Besuchsberichte und eine Mindestanzahl von Kundenkontakten pro Tag. Er betont aber gleichzeitig, dass er dieses harte Vorgehen eigentlich nicht gut findet, er aber angesichts der Lage keine andere Möglichkeit sieht. Er bittet um Verständnis. Leider verbessern sich weder Besuchsfrequenz noch Umsätze. Und damit hat Bernd seine Chance vertan: Die Business Unit wird einem anderen Bereich zugeordnet und Bernd in seine ehemalige Abteilung zurückversetzt – ohne Führungsverantwortung. Hinter vorgehaltener Hand hört man, er sei „zu weich“ und „undynamisch“. Seine Mitarbeiter fanden ihn „ganz nett.“ Kein Erfolgsmensch eben.

Motive, Verhalten und Wirkung

Lieb und harmlos

Bernd ist getrieben von dem Wunsch, nicht anzuecken. Er hat viel über kooperative Führung gelesen und will alles richtig machen. Einer seiner Lieblingssätze ist: „Wenn die Mitarbeiter zufrieden sind, dann bringen sie automatisch gute Leistung.“ Und auch Bernd will sich wohlfühlen. In einer mit Feng Shui gestylten Atmosphäre und mit einem liebenswerten Chef kann doch gar nichts mehr schief gehen, oder? Es ging aber schief!

Schauen wir uns einmal seine Körpersprache an:

- freundliches Gesicht
- Dauerlächeln
- gebeugte Haltung
- zurückhaltende Gesten
- behutsame Bewegungen
- zur Seite geneigter Kopf

Und sein Verhalten:

- leise Stimme
- einfühlsam
- verständnisvoll
- geduldig
- hilfsbereit
- fürsorglich
- interessiert an Menschen
- teamorientiert

Alle genannten Eigenschaften sind im Prinzip defensiv. Sie werden außerdem zum größten Teil als „typisch weibliche" Verhaltensweisen angesehen. Wer sich so verhält, mag wohl einigen Leuten sympathisch sein, andere, weniger freundlich gesinnte, werden sich über seine Harmlosigkeit freuen. Ob man ihm allerdings Respekt entgegenbringt, ist mehr als fraglich.

Die Kumpelin

Karin Voss hat als Technische Leiterin einen „typisch männlichen" Beruf. Ihre Mitarbeiter sind Männer. Sie hat während ihres technischen Studiums einen Professor gehabt, der der Meinung war: „Um das Ingenieurstudium zu schaffen, muss man hart sein. 50 bis 60 Stunden pro Woche sind die Norm.

Für Softies und persönliche Interessen ist hier kein Platz." Karin hat sich das gut gemerkt.
Ihr Haar trägt sie kurz geschnitten. Die Kleidung besteht aus Hose und Jackett, Letzteres gern aus groben Stoff mit Lederapplikationen an den Ellenbogen. Karin geht mit großen Schritten, leicht vorgebeugt und ihr Blick ist ernst und konzentriert. Ihr Büro ist funktional eingerichtet. Kein Schnickschnack, keine Bilder an den Wänden. In Besprechungen sagt sie, was zu tun ist, hört sich die Kommentare der Mitarbeiter an und bleibt doch meist bei ihrer Meinung.
Karin trifft ihre Entscheidungen allein und informiert ihre Mitarbeiter erst, wenn es Zeit wird, sie in die Tat umzusetzen. Bei Inspektionsgängen im Betrieb fallen ihr oft Zustände auf, die sie nicht akzeptieren kann. Den Mitarbeitern wäscht sie dann auch sofort den Kopf. Ihre Stimme ist tief, sie spricht mit Nachdruck und in legerer Ausdrucksweise, manchmal recht schnell und ohne erkennbare Emotionen. Alles in allem verhält sie sich wie ein „Strenger-aber-guter-Kumpel-Chef".
Allerdings gehen die Kollegen nach Feierabend immer noch ohne sie ein Bier trinken. Und wenn sie dann über ihre Chefin reden, dann geht es darum, dass sie unzuverlässig ist, ungerecht, nicht genügend informiert und dass man sie insgesamt nicht einschätzen kann: Sie ist irgendwie unberechenbar. Karin wünscht sich Unterstützung von ihren Mitarbeitern und fragt sich, warum die Teamarbeit nicht funktioniert. Wie kommt es bloß, dass keine vertrauensvolle Atmosphäre herrscht?

Karin glaubt, sich in einer Männerdomäne auf männliche Weise behaupten zu müssen. Sie vermeidet jedes Verhalten, das als Schwäche ausgelegt werden könnte. Ihr Ziel ist es, respektiert zu werden. Mitarbeitern und Kollegen möchte Karin nicht primär als Frau, sondern als Leistungsträgerin begegnen. Und obwohl sie versucht, sich den männlichen Mitarbeitern im Habitus anzugleichen, wird die Kluft immer größer. Teamarbeit, die sie sich wirklich wünscht, findet nicht statt.

Schauen wir uns einmal ihre Körpersprache an:

- burschikos
- große Schritte
- eher männliche Kleidung
- ernster Blick
- leicht vorgebeugt

Und ihr Verhalten:

- tiefe Stimme
- legere bis kumpelige Ausdrucksweise
- schnelles Reden ohne Emotionen
- konzentriert
- kritisch, strafend
- autoritär

Die genannten Eigenschaften werden zum größten Teil als „typisch männliche“ Verhaltensweisen eingestuft. Bei einer Frau wirken sie burschikos und nicht selten aufgesetzt. Die Chefin, die sich so verhält, mag wohl nicht in die Gefahr kommen, dass man sie verdächtigt, den Job nur bekommen zu haben, weil sie sich hochgeschlafen hat.

Respekt allerdings wird man wohl auch ihr nur schwer entgegenbringen.

Klischees

Was ist männlich, was ist weiblich?

Die vorgenannten Beispiele sind natürlich Klischees: Ein Mannweib und ein Weichei. Ich will aber nicht behaupten, dass es diesen Typen nicht auch in Reinform gibt: Für die Schilderung von Bernd und Karin gibt es echte Vorbilder. Nur sind die Profile in Wirklichkeit nicht immer so ausgeprägt vorhanden.

Diese Negativ-Klischees haben ihre Grundlage in einer weit verbreiteten, fest gefügten Annahme, wie Frauen oder wie Männer *sind.* Bestimmte Eigenschaften und Verhaltensweisen werden ganz selbstverständlich dem einen oder dem anderen Geschlecht zugeschrieben.

Als typisch weiblich gilt:

- emotional
- einfühlend
- intuitiv
- passiv
- loyal
- unterstützend
- Sicherheitsbedürfnis
- spielen ihre Erfolge und Leistungen herunter
- unterschätzen sich
- kollegial
- geschlossene Körperhaltung
- bescheiden
- zurückhaltend
- anpassungsfähig

- sensibel
- weich
- entscheidungsunfähig
- selbstbeherrscht
- verantwortlich
- kontaktfähig
- fair
- kreativ
- teamorientiert

Als typisch männlich gilt:

- durchsetzungsstark
- beherrschend
- zupackend
- selbstbewusst
- sprechen über ihre Erfolge und Leistungen
- analytisch
- strategisch
- selbstständig
- nach Macht strebend
- dominierend
- offene, raumgreifende Körperhaltung
- leistungsorientiert
- risikobereit
- stark
- aktiv
- entscheidungsfähig
- rational
- willensstark
- dynamisch
- Wunsch nach Profilierung
- zielorientiert

Seien Sie ehrlich: Auch Sie neigen dazu, diese Klassifizierung als richtig anzunehmen. Unzweifelhaft trifft vieles davon auch zu. Gesellschaftliche Prägung, Erziehung und Rollenerwartungen tragen dazu bei, dass sich Männer und Frauen weitgehend stereotyp verhalten. Und sich nicht nur im Beruf immer wieder ein Bein stellen.

Gewiss stimmt heute diese vereinfachte Sicht nicht mehr. Ich habe hier bewusst eine etwas zu kontrastreiche – Sie können auch sagen undiffenrenzierte – Skizze gezeichnet. So wie Männer durchaus weibliche Verhaltensweisen zeigen, finden wir auch bei Frauen vermehrt männliche Eigenschaften. „Typisch Mann“ oder „typisch Frau“ stimmt so nicht mehr – oder nicht mehr so ganz.

Die androgyne Führungskraft

Chefinnen: selten, aber gut

Es wird zurzeit viel darüber gesprochen und geschrieben, dass Frauen die besseren Führungskräfte sind. Gleichzeitig beträgt der Anteil von Frauen in Führungspositionen in Deutschland gerade mal 13 Prozent. Vielleicht sind doch die Männer die besseren? Sie machen jedenfalls erfolgreicher Karriere.

Chefinnen, die ihre weiblichen Eigenschaften klug einsetzen, haben es leichter, wenn es um Mitarbeiterführung geht. Männliche Führungskräfte, die ihre männlichen Eigenschaften klug einsetzen, haben es leichter, wenn es um sichtbaren Erfolg und internes Marketing geht.

Erfolg als Führungskraft werden diejenigen haben, die in der Lage sind, weibliche und männliche Eigenschaften zu kombinieren. Wer wie Karin und Bernd in den oben genannten Beispielen das andere Geschlecht nur imitiert, wird scheitern. Nutzen Sie die Fähigkeiten und Eigenschaften, die Sie haben und verleugnen Sie sie nicht!

Schauen Sie sich einmal die obige Liste der männlichen und weiblichen Eigenschaften an und machen Sie eine ehrliche Bestandsaufnahme.

©

Welche männlichen und welche weiblichen Anteile erkennen Sie bei sich?

- Fühlen Sie sich überfordert, wenn eine Mitarbeiterin anfängt zu weinen?
- Wehren Sie Anerkennung ab und sagen: „Ach, das war gar nicht so schwer?"
- Warten Sie darauf, dass andere Ihre Leistung bemerken und Ihnen dann Anerkennung dafür geben?
- Haben Sie schon öfter nach dem Prinzip „besser hinterher entschuldigen als vorher lange um Erlaubnis fragen" gehandelt?
- Heben Sie im Gespräch mit anderen Ihre Erfolge hervor?
- Fühlen Sie sich oft unsicher mit Ihren Entscheidungen?
- Wundert es Sie manchmal, dass ein Kollege, der nur ein Mal mit Ihrem Mitarbeiter gesprochen hat, mehr über seine Hobbys weiß als Sie?
- Suchen Sie erst das Gespräch, bevor Sie eine Aktennotiz schreiben?
- Empfinden Sie es als angenehme Herausforderung, Ihre Ideen auch unter Schwierigkeiten durchzusetzen?
- Finden Sie, dass Erfolg ein Zeichen von Egoismus und Machtgier ist?
- Gehören Sie zu denen, die in Besprechungen öfter das Wort ergreifen?
- Liegt Ihnen Imponiergehabe nicht?

Na? Sie sind ein Mann und stellen fest, dass weibliche Anteile dabei sind? Wunderbar! Sie haben die besten Voraussetzungen, um erfolgreich zu sein. Nur übertreiben sollten Sie nicht.

Erinnern Sie sich an Bernd? Er ist mit dem Übernehmen von weiblichen Verhaltensweisen zu weit gegangen. Er könnte es besser machen:

Ein Mann darf männlich sein

Bernd nimmt sich sein Scheitern in der Führungsposition zu Herzen und beschließt, nicht aufzugeben. Er wird beweisen, dass er Führungspotenzial hat! Eine gute Freundin hat ihm den Rat gegeben, als Erstes an seiner Körpersprache zu arbeiten. Bernd übt den „aufrechten Gang". Er senkt den Kopf nicht mehr, nimmt die Schultern zurück und steht zu seiner Größe. Jedes spiegelnde Fenster bietet ihm ab sofort die Möglichkeit, seine Haltung zu überprüfen und zu korrigieren.
Nach einiger Zeit bekommt er von verschiedenen Seiten das Feedback, er wirke immer so präsent, wenn er einen Raum betrete. Bernd hat auch selbst bemerkt, dass es ihm besser geht. Er steht zu seiner kräftigen Statur. Auch seinem Gang widmet er nun mehr Aufmerksamkeit. Der Schritt wird fester, die Schritte größer. Im Grunde ist Bernd fleißig dabei, sich den Raum zu nehmen, der seinem Körper angemessen ist. Sein Umfeld registriert währenddessen, dass er selbstbewusster wirkt. Er fühlt sich auch so. Eine gute Voraussetzung, um sein Verhalten zu ändern, findet Bernd. In Besprechungen hält er sich nicht mehr bescheiden im Hintergrund, sondern stellt Fragen und sagt seine Meinung. „Das ist ja gar nicht so schlimm", stellt er fest. Im Gegenteil. Seine Gesprächspartner beginnen, ihn ernst zu nehmen. Sicher, die Veränderung geschieht nicht von

heute auf morgen, aber ein viel versprechender Anfang ist gemacht.

Wenn wie hier verstärkt männliche Verhaltensweisen eingeübt werden, ist es wichtig, die positiven weiblichen, wie z. B. Einfühlungsvermögen, nicht zu vernachlässigen. Wenn Bernd so weitermacht, ist es gar nicht so unwahrscheinlich, dass er noch eine zweite Chance als Führungskraft bekommt. Er muss nur weiter daran arbeiten, sich Respekt zu verschaffen.

Und was ist mit Karin? Mit ihrer Meinung, dass sie ihre weiblichen Eigenschaften zurückdrängen muss, um in der Männerwelt respektiert zu werden, war sie auf dem Holzweg.

Eine Frau darf fraulich sein

Karin fühlt sich zunehmend unwohl in ihrer Haut. Die Mitarbeiter zeigen offen Misstrauen, und die Teamarbeit klappt überhaupt nicht. „Ich komme einfach nicht an die Leute heran", denkt sie. Das muss anders werden. Schließlich weiß sie, dass ihr Erfolg ganz entscheidend von der Zusammenarbeit mit ihren Mitarbeitern abhängt. Das ehrliche Feedback einer Beraterin macht ihr klar, dass sie sich zu sehr auf männliche Verhaltensweisen beschränkt. Das will sie nun ändern. Zuerst ist ihr Äußeres dran. Sie will zwar nicht auf Hosen verzichten, sucht sich aber beim nächsten Einkauf eine Jacke aus, die modisch geschnitten ist. Ein kleiner V-Ausschnitt am T-Shirt schadet ebenso wenig wie die Kette, die sie sonst nur privat trägt.

Karin möchte erreichen, dass sich die Zusammenarbeit mit ihren Mitarbeitern verbessert. Sie kann (und soll) natürlich nicht plötzlich ein anderer Mensch werden. Das würde wohl aufgesetzt wirken.

Sie beginnt während der wöchentlichen Team-Besprechungen mehr und mehr, ihre Mitarbeiter zu beteiligen. Sie bezieht sie ein, wenn sie Entscheidungen zu treffen hat und zeigt ihnen dadurch, dass ihr etwas an ihrer Meinung liegt. Unterstützung kann sie nur bekommen, wenn sie auch zeigt, dass sie sie braucht. „Ich habe festgestellt, dass die Maschinenlaufzeiten nicht optimal sind. Das macht mir Sorgen. Ich möchte nicht, dass wir Ärger mit der Geschäftsleitung bekommen. Was meinen Sie? Wie können wir das verbessern?“, klingt doch kooperativer als: „Ich kann nicht akzeptieren, dass die Maschinen so oft still stehen. Sorgen Sie dafür, dass das besser wird!“
Karin traut sich nun auch, nicht nur sachlich, sondern auch persönlich zu werden. „Was machen eigentlich Ihre Kinder? Ist die Kleine schon in der Schule?“ „Was haben Sie bei dem schönen Wetter am Wochenende gemacht?“ „Wie geht es ihrem Rücken?“, das hatte sie vorher immer vermieden, weil sie nicht zu weich erscheinen wollte. Was sagte ihr Professor? „Für Emotionen ist hier kein Platz.“ – Doch. Für Emotionen ist genau hier Platz. Karin lässt die persönliche Ebene zu und lernt ihre Mitarbeiter von einer ganz anderen Seite kennen. Und diese sehen mehr und mehr, dass sie sich für sie interessiert. Das Verhältnis entspannt sich zusehends.

Klarheit und Konsequenz, Konzentration und Zielorientierung gehen nicht verloren, wenn sich kooperatives und einfühlsames Verhalten dazu gesellen. Wer als Chefin die eigene Weiblichkeit verleugnet, wird nicht selten belächelt. Respekt verschafft sie sich, wenn sie Frau bleibt – aber durchaus zusätzliche männliche Qualitäten zeigt.

Typisch? Typisch!

Führungskräfte spielen auf zwei verschiedene Bühnen. Gleichzeitig! Auf den Rängen der einen Bühne sitzen die Mitarbeiter, auf denen der anderen Bühne sitzen die Kollegen und eigenen Vorgesetzten. Was auf der einen Bühne Applaus bringt, erntet auf der anderen Buh-Rufe. Sind Sie auf der einen Bühne gut ausgeleuchtet, stehen Sie auf der anderen im Dunkeln. Um diese Herausforderung zu meistern, brauchen Sie ein gutes Rollenverständnis, denn einmal sollen Sie vorwiegend weiblich und einmal überwiegend männlich agieren.

Chefin ohne Autorität

Claudia ist Personalleiterin. Die Mitarbeiter schätzen sie als eine Frau, die immer ein offenes Ohr für ihre Anliegen hat und sich auch bei unangenehmen Anlässen fair verhält. Trotzdem ist sie nicht zufrieden. Im Kreis der Führungskollegen und Vorgesetzen fühlt sich Claudia nicht wohl: „In den Meetings bleibe ich immer im Hintergrund. Ich mag es nicht, mich dort zu produzieren. Manche reden doch nur, um zu reden. Das kann der größte Stuss sein. Mir fällt auch oft gar nichts ein, was ich sagen könnte."

Die Personalleiterin spürt deutlich, dass ihr Chef mehr Beteiligung von ihr erwartet. Und von den Kollegen fühlt sie sich nicht richtig ernst genommen: „Obwohl ich für die Weiterbildung zuständig bin, buchen die Abteilungsleiter immer wieder auf eigene Faust Seminare oder Trainer. Dabei hatte ich doch ausdrücklich darum gebeten, dass das über meinen Tisch geht."

Persönlicher Erfolg und Akzeptanz im Führungskreis erfordert männliche Verhaltensweisen. Mit Bescheidenheit und Bitten kommt man da nicht weiter. Während Claudia im Umgang mit den Mitarbeitern von ihren weiblichen Stärken profitiert, blockiert sie auf der anderen Seite ihr Fortkommen gerade mit dem übertriebenen Betonen dieser Eigenschaften. Hier ist entschlossenes Auftreten vonnöten. Durchsetzungsvermögen, offene und raumgreifende Körpersprache, Aktivität und Dynamik sind die Erfolgsfaktoren.

Wenn eine Frau sich so verhält, kann es aber sein, dass man sie als machtbesessen oder karrieresüchtig bezeichnet oder ihr vorwirft, sie dränge sich in den Vordergrund. Das gleiche Verhalten wird bei Männern als konsequent oder selbstbewusst bezeichnet. Aus Angst vor diesem abwertenden Urteil bleiben Frauen dann doch lieber im Hintergrund und warten, dass sie angesprochen werden. Es gehört schon Mut dazu, sich einer beinahe vorprogrammierten Kritik auszusetzen. Mut ist ja auch genau unser Thema! Und dieser Mut wird mit Erfolg belohnt. Nur wer sich durchsetzt und mit seinen Leistungen von sich reden macht, hat die Chance, seine Position zu behaupten oder vielleicht sogar in der Hierarchie aufzusteigen. Wie sähe das im Fall von Claudia aus?

Eindeutig weiblich – und doch ernst genommen

Als Personalchefin ist Claudia verantwortlich für Einstellungen, Personalentwicklung, schwierige Fälle und Entlassungen. Sie hat ihren Kollegen schon oft in unangenehmen Situationen geholfen. In Meetings sieht sie sich als diejenige, die darauf achtet, dass bei Entscheidungen nicht außer Acht gelassen wird, wie sich diese auf die Mitarbeiter auswirken. Sie sieht Widerstände voraus, empfiehlt geeignete Fortbildungsmaßnahmen und weist dar-

auf hin, wenn der Betriebsrat einbezogen werden sollte. Wo andere reden, um sich zu profilieren, stellt sie Fragen, die sich andere nicht zu stellen wagen. Das sind beileibe keine dummen Fragen. Claudia stellt Verständnisfragen zur Umsetzung von Beschlüssen, hinterfragt Sätze wie: „Das geht doch so nicht“, indem sie zurückfragt: „Unter welchen Umständen würde es Ihrer Meinung nach denn gehen?“ Oder: „Was sagen die anderen dazu?“

Nicht selten verweist sie auf ihre Erfahrungen mit ähnlichen Fällen oder ihre Kenntnis der Rechtslage. Es kommt vor, dass sie aufsteht und einen Gedankengang am Flipchart visualisiert. In der Frage der Personalentwicklung setzt sie sich konsequent durch.

Ihr ist durchaus bewusst, dass die Kollegen ihre Autonomie nicht verlieren wollen. Aber eine zentrale Steuerung macht ihrer Meinung nach Sinn, weil Angebote verglichen werden können und kostengünstig gute Qualität eingekauft wird. Nur zentral kann dafür gesorgt werden, dass die Qualität der Mitarbeiter vergleichbar gesichert und gesteigert wird. Einerseits bietet sie sich als interne Dienstleisterin an. Andererseits sorgt sie für eine Richtlinie, die alle verpflichtet, diese Dienstleistung in Anspruch zu nehmen. Mit dem Controlling hat sie vereinbart, dass sie monatlich eine Aufstellung über alle Fortbildungskosten erhält. So kann sie überprüfen, ob etwas an ihr vorbeigelaufen ist. Stellt sie das fest, spricht sie den betreffenden Abteilungsleiter an und stellt klar, dass er nicht korrekt gehandelt hat.

Es kommt auch vor, dass sie dieses Thema in das regelmäßige Treffen aller Führungskräfte einbringt. Sie hat keine Scheu, deutlich zu machen, dass hier jemand in ihren Kompetenzbereich eingegriffen hat. Sie bittet nicht, sondern sagt hörbar und bestimmt ihre Meinung. Dabei tritt sie immer freundlich und charmant auf. Keiner zweifelt ernsthaft daran, dass sie ihre Position verteidigt. Und auf diese Weise ist sie eine ernst zu nehmende Größe im Unternehmen. „Die lässt sich die Butter nicht vom Brot nehmen", heißt es.

Vielen Frauen fällt es schwer, sich daran zu gewöhnen, männliche Seiten aufzuziehen. Nicht, weil sie es nicht könnten. Nein. Eher, weil sie es nie gelernt haben. Und Mädchen bekommen immer noch eher Anerkennung dafür, wenn sie lieb und nett sind, als wenn sie sich gegen die frechen Jungs wehren. Man rät ihnen dann, sie sollten denen doch lieber aus dem Weg gehen und sich nicht um sie kümmern. Das verhindert vielleicht blaue Flecken im Kindergarten, aber spätestens im Beruf klappt das so nicht mehr! Jedenfalls nicht, wenn sie erfolgreich sein wollen. Mäuschen gewinnen keinen Blumentopf. Den tragen die gestandenen und selbstbewusst auftretenden Frauen weg.

Und wie sieht es auf der anderen Bühne aus?

Den Boss raushängen lassen

Uwe ist Leiter des Kundenservice. Manchmal ist er total genervt und schüttet einem Freund nach dem Tennis bei einem Glas Bier sein Herz aus: „Du kannst Dir nicht vorstellen, wie das ist. Dauernd wird getratscht, und wenn ich mal eine klare Anweisung gebe oder etwas kritisiere, kann es vorkommen, dass komplett abgeblockt wird. Gestern habe ich einer Mitarbeiterin mal ganz deutlich gesagt, was ich von ihrer Unpünktlichkeit halte. Und was glaubst du? Sie hat angefangen zu heulen. Was soll ich denn da machen? Können die sich nicht mal

zusammenreißen? Das ist doch kein Kindergarten hier!"
Uwe ist ein anerkannter Kollege im Führungskreis. Seine Kompetenz im Kundenmanagement wird allgemein geschätzt. Innerhalb kurzer Zeit hat er die Abwicklungszeiten für Aufträge reduziert und eine sinnvolle Regelung für den Umgang mit Reklamationen geschaffen. Nur mit seinen Mitarbeitern scheint es nicht so zu klappen. Uwe gilt als unangenehmer Chef. Er lässt nichts durchgehen. Wenn etwas schief läuft, zögert er nicht, seine Mitarbeiter schriftlich zu verweisen. Längere Gespräche lehnt er ab. Meist hat er sowieso keine Zeit, weil er in ein Meeting muss. Wenn er aus einer solchen Besprechung wieder zurückkehrt, kann es vorkommen, dass er die dort gefassten Beschlüsse ohne weitere Erklärung oder Diskussion als „Ansage" weitergibt. Er nutzt seine Macht und unterbindet auch schon mal kritische Fragen oder Vorschläge für ein anderes Herangehen: „Das bringt uns jetzt auch nicht weiter. Wir verplempern doch nur unsere Zeit." Er nimmt seine Mitarbeiter nicht wirklich ernst. Schließlich ist er der Boss und weiß, wo es langgeht. Und damit basta!

Bei vielen Männern gilt es nach wie vor als Schwäche, mitfühlendes Verständnis für andere aufzubringen. Sie orientieren sich an ihren Zielen und schieben alles zur Seite, was irritieren könnte. Uwes Rationalität und sein konsequentes und durchsetzungsstarkes Auftreten ebnen ihm den Karriereweg und verschaffen ihm die Anerkennung seiner Vorgesetzten. Im Umgang mit Mitarbeitern führt das gleiche Verhalten zu Misserfolgen. Wenn es um die Führung von Mitarbeitern geht, sind männliche Verhaltensweisen nicht immer hilfreich. Hier gilt es, weibliche Eigenschaften in den Vordergrund zu stellen.

Das fällt Männern besonders schwer. Sie haben Angst, als Weicheier dazustehen, wenn sie nachgeben oder sich um die persönlichen Belange eines Mitarbeiters kümmern. Wenn Uwe langfristig von den Leistungen motivierter Mitarbeiter profitieren will, kommt er allerdings nicht darum herum, weibliche Seiten an sich zu entdecken. Wie könnte das aussehen?

Verständnis-voll – und doch kein Weichei

Der Chef des Kundenservice hat eine kompetente Mannschaft hinter sich. Wenn neue Stellen zu besetzen sind, gibt es immer interne Bewerber, die gern in seiner Abteilung arbeiten wollen. Konsequent vertritt er die Belange des Bereichs nach außen. Seine Mitarbeiter sind selbstbewusst. Uwe nimmt sich Zeit für die Fragen und Anregungen, die an ihn herangetragen werden. Dafür steht seine Tür immer offen. Am Freitag nachmittag, wenn nur noch wenige Kunden anrufen, findet ein regelmäßiges Treffen statt. Es dient der gegenseitigen Information über die vergangene Woche und dem Ausblick auf die Aufgaben der nächsten. Uwe nutzt diese Gelegenheit auch, um anstehende Entscheidungen oder Probleme zu diskutieren. Er bittet seine Mitarbeiter ausdrücklich um ihre Meinung. Dass er am Ende allein entscheiden muss, wissen alle. Aber dabei sind ihr Wissen und ihre Erfahrung berücksichtigt worden.
Wenn ihm auffällt, dass die Leistungen einer Mitarbeiterin nachlassen, spricht er mit ihr und fragt, woran das liegen könnte. Bevor er maßregelt, bemüht er sich um Verständnis und arbeitet mit den Betroffenen gemeinsam einen Plan zur Verbesserung aus.

Bei privaten Schwierigkeiten zeigt er Verständnis. Eine Mitarbeiterin, die immer zu spät kommt, weil der Kindergarten zu spät aufmacht, mahnt er nicht ab, sondern sucht mit ihr gemeinsam eine Lösung. Die sieht in diesem Fall so aus, dass sie später kommen kann und dafür an einem Tag länger bleibt, um die Fehlzeit auszugleichen. Uwe informiert im Freitagsmeeting die übrigen Mitarbeiter und begründet, warum diese Ausnahme gemacht wird. Allerdings betont er: „Das ist kein Freibrief für andere, die zu spät kommen. Die Kollegin kann doch ihr Kind nicht allein vor der Tür des Kindergartens stehen lassen. Sobald sich dort die Zeiten ändern oder das Kind zur Schule kommt, ist diese Sonderregelung wieder aufgehoben." Keiner findet das unfair. Uwe gilt als verständnisvoller, aber konsequenter Chef.

Wer mit Menschen arbeitet, braucht Menschlichkeit. Und hinter diesem Begriff finden wir vor allem weibliche Verhaltensweisen. Selbstverständlich glaube ich nicht, dass Männer unmenschlich sind. Um es hier noch einmal zu betonen: Meine Unterteilung in weibliche und männliche Eigenschaften ist absichtliche Schwarz-Weiß-Malerei, die Ihnen helfen kann, von den stereotypen Verhaltensweisen hin zu einer gesunden Mischung zu finden. Also, um auch so menschlich zu wirken, wie sie eigentlich sind, benötigen Männer auch weibliche Anteile – schwer für Männer, weil sie als Jungen gelernt haben, hart zu sein und sich nicht von Gefühlen leiten zu lassen. Nur ja kein Schwächling sein. Unter Gleichaltrigen wurde der Kämpfer anerkannt, nicht der Vermittler und Beschwichtiger. Als Chef gelten andere Regeln. Ausschließlich mit Härte und ohne Gefühle zu zeigen wird niemand ein guter Chef. Loyale Mitarbeiter werden dann immer nur die anderen haben.

Wertewandel

Mut zum Anderssein

Wer als Chef und in der Führungsriege erfolgreich sein will, sollte den Mut aufbringen, sich nicht den traditionellen Rollenerwartungen gemäß zu verhalten. Frauen müssen selbstbewusster über ihre Leistungen sprechen und sich in den Vordergrund stellen, Männer müssen besser zuhören, einfühlsamer und teamorientierter handeln.

Heldenhaftes Rollenspiel

Der wahre Held ist der durchsetzungsstarke Softie, die wahre Heldin die gefühlvolle Karrierefrau. Es gehört Mut dazu, sich den möglicherweise unangenehmen Kommentaren zu stellen. Unweiblich, karrieresüchtig, eiskalt, zickig oder unmännlich, viel zu weich, Warmduscher sind nur einige davon. Egal, was die anderen sagen: Denken Sie an die beiden Bühnen, auf denen Sie als Führungskraft stehen und daran, welche Rollen dort zu spielen sind. Drücken Sie diesen Rollen ruhig Ihren Stempel auf, keiner verlangt von Ihnen, sich zu verbiegen. Aber nur wer die Klaviatur der Verhaltensweisen beherrscht, hat das Zeug zum Star.

Fazit

Vergessen Sie „typisch Mann“ und „typisch Frau“! Weibliches und männliches Verhalten ist nicht an das Geschlecht gebunden.

Versuchen Sie nicht, ein besserer Mann zu sein, wenn Sie eine Frau sind. Oder eine bessere Frau zu sein, wenn Sie ein Mann sind. Das führt zu Akzeptanzproblemen.

Bleiben Sie, wie Sie sind. Nutzen Sie Ihre geschlechtsspezifischen Stärken und entdecken und entwickeln Sie zusätzlich weibliche bzw. männliche Seiten.

Das Erfolgsrezept ist die Mischung aus weiblichen und männlichen Eigenschaften. Behalten Sie immer im Auge, was Erfolg bringt!

Mittendrin und voll daneben

Von der notwendigen Balance zwischen Empathie und Distanz.

Anders als die anderen

„Ganz oben wird die Luft dünner" oder: „An der Spitze ist es immer einsam." Diese Sätze hört man immer mal wieder am Kantinentisch, auf dem Golfplatz oder in privaten Gesprächen von Führungskräften – meist von einem resignierten Seufzer begleitet. Ohne Zweifel tragen Führungskräfte eine Verantwortung, die sie in der Regel nicht teilen können. Das ist ein entscheidender Punkt für ihre Daseinsberechtigung. Wer das nicht akzeptiert, sollte sich überlegen, ob diese Position die richtige für ihn oder sie ist.

Führen und leiten heißt, den anderen vorauszugehen und ihnen den Weg zu weisen. Der Führer läuft nicht im Rudel. Er ist deutlich exponiert an der Spitze. Auf die Wärme der Herde muss er dabei verzichten. Wer führt, steht ständig unter Beobachtung.

„Wenn ein Kapitän nicht weiß, wohin er segeln will, dann ist kein Wind der richtige." Dieses Zitat von Seneca beschreibt sehr deutlich, worum es bei Führung geht: Das Ziel fest im Auge alle Ressourcen (Winde) so nutzen, dass sie zum Ziel führen.

Bleiben wir beim Bild der Seefahrt. Stellen Sie sich einen Großsegler im 16., 17. oder 18. Jahrhundert vor. Jede Fahrt ist ein Abenteuer für Besatzung und Passagiere. Die Ereignisse sind nicht voraussehbar, und bevor der Zielhafen erreicht ist, muss jeder mit allem rechnen: Piratenüberfälle, Stürme, Untiefen, Krankheit, Tod.

Der Kapitän hat die uneingeschränkte Befehlsmacht an Bord. Er gibt die Befehle weiter an die Offiziere, die ihre Mannschaft so einsetzen müssen, dass die Befehle umgesetzt werden können. Ein ganz einfaches Führungsmodell.

Das Kaptänsmodell

Das klingt sehr diktatorisch? Stimmt. Aber wenn Sie mal ganz ehrlich sind, dann müssen Sie zugeben, dass die Voraussetzungen heute noch gelten, wenn es darum geht, ergebnisorientiert zu führen. Allerdings muss der Kapitän-Chef von heute viel mehr können als kommandieren. Zumal kommandieren allein ziemlich feige ist. Erst der Mut zur Auseinandersetzung macht den Kommandanten zu einer guten Führungskraft. Und dazu gehören nun mal Empathie, Intelligenz, Prozesskompetenz, Konfliktfähigkeit und kommunikative Kompetenz.

Worum es wirklich geht

„Was ist das Ziel unseres Unternehmens?“, fragte mich zu Beginn meiner Laufbahn als Führungskraft ein Vorgesetzter. „Gewinn zu machen“, antwortete ich. „Nein“, entgegnete er, „der Sinn eines Unternehmens ist es, zu überleben. Dafür braucht es Gewinn, Umsatz, gute Produkte und gute Mitarbeiter.“ Das Ziel ist also klar: Es geht ums Überleben. Wie auf dem Großsegler vor 300 Jahren.

Die Richtung vorgeben

Bevor die Reise losgeht, muss der Kapitän wissen, wohin er segeln soll. Dann erst kann er sich für eine Route entscheiden. Genauso geht es der Führungskraft im 21. Jahrhundert. Der Kapitän hatte einen Auftraggeber, den Eigner meist, der ihm die Destination vorgab. Und woher kommen die Ziele der heutigen Chefs? Nun, zunächst einmal gibt es so etwas wie Eigner immer noch. Ihre Rolle spielen heute die Aktionäre oder die Gesellschafter eines

Unternehmens. Wohin sie wollen, ist klar: Möglichst langes und profitables Überleben des Unternehmens.

Mit diesem Ziel vor Augen trifft der Kapitän in der Rolle des Geschäftsführers strategische Entscheidungen, die den Kurs vorgeben. Dabei kann er sich beraten lassen, und oft hat er ein Gremium um sich, das ihn mit dem notwendigen Detailwissen unterstützt. Aber die letzte Entscheidung trifft der Geschäftsführer allein. Wenn er sich davor drückt, die Richtung vorzugeben, läuft das Schiff aus dem Ruder.

So eine Entscheidung kann sich später als falsch erweisen. Wenn sich zum Beispiel äußere Bedingungen ändern und unvermittelt Sturm in Form von wirtschaftspolitischen Veränderungen aufkommt. Dann muss die Strategie verändert und angepasst werden.

Da geht's lang!

Jede Führungskraft muss in Kauf nehmen, dass sie Fehler machen kann, wenn sie entscheidet. Wer aber Angst vor möglichen Fehlentscheidungen hat und lieber lange zögert, bevor er vorsichtig eine Richtung andeutet, hat schon verloren. Stellen Sie sich das mal auf einem Großsegler vor! Das Schiff würde gar nicht erst den Hafen verlassen, und wenn doch, dann ginge in den Wanten und auf Deck alles drunter und drüber und der Steuermann würde wie wild am Rad drehen und im Zickzack fahren.

Wenn also die Geschäftsführung eine strategische Richtungsentscheidung getroffen hat, wird die Parole weitergegeben an Bereichs- und Abteilungsleiter. Das mittlere Management nannte man auf dem Schiff Offiziere. Sie haben die Aufgabe, nun ihrerseits zu entscheiden, was ihre Mannschaft leisten muss, um zum Erreichen des Gesamtziels beizutragen.

Führungsmut zeigen

Kapitäne waren mutige Männer. Weil sie sich trauten, eine Entscheidung zu treffen, die weit reichende Folgen haben konnte. Als Magellan auf der Suche nach der Südwest-Passage vor Südamerika ankerte und der Winter hereinbrach, hätte er der verängstigten, teilweise meuternden Mannschaft nachgeben und nach Spanien umkehren können. Er allein besaß den Mut, durchzuhalten und weiterzusuchen. Er hielt einsam an seinem Ziel fest und seine Mannschaft im Griff. Sein Mut wurde belohnt: Heute trägt die Magellan-Straße seinen Namen, und der Beweis, dass die Erde eine Kugel ist, wurde mit der ersten Weltumsegelung durch seine Expedition erbracht. Die Chefs und Chefinnen von heute müssen zwar nicht gleich die ganze Welt verändern, aber diese Sorte unbeirrbaren Führungsmut brauchen sie heute auch. Dass sie das Risiko nicht teilen können, macht sie einsam.

Nähe und Distanz – Du oder Sie

Auf einem Großsegler war das ganz klar: Der Kapitän gehörte einer anderen gesellschaftlichen und hierarchischen Ebene an und wurde daher mit seinem Titel angesprochen. Sie kennen die Szene aus den Abenteuerfilmen: Der Kapitän sitzt allein in seiner großen Kajüte, trinkt ein Glas Portwein und schreibt Pfeife schmauchend einen Eintrag ins Logbuch.

So isoliert geht es heute in den Chefbüros glücklicherweise nicht mehr zu. Nur noch selten lassen sich Chefs mit Titel ansprechen oder pflegen einen herrschaftlichen Stil. Besonders in Unternehmen mit vorwiegend junger Belegschaft findet sich ein lockerer Umgangston, verbunden mit dem Hierarchie übergreifenden, kollegialen „Du“.

Allerdings: Ein Chef in seiner verantwortungsvollen Rolle muss mit Nähe und Distanz äußerst sorgfältig umgehen. Denn einerseits ist er ein Teil seiner Abteilung und steht doch andererseits exponiert an der Spitze: mittendrin und voll daneben!

Nicht wenige neigen dazu, sich allzu sehr als normales Mitglied des Teams zu sehen. Sie solidarisieren sich mit ihren Mitarbeitern, haben für alles Verständnis und erhoffen sich, auf diese Weise Anerkennung zu bekommen und beliebt zu sein. Das hat dann fast immer zur Folge, dass die Mitarbeiter den Respekt verlieren und den Chef als netten Kumpel behandeln. Es kann sogar so weit kommen, dass es zu abschätzigen Bemerkungen ihm gegenüber kommt.

Abgesehen davon, dass es Augenwischerei ist – der Chef ist nun mal Chef und kein Mitarbeiter –, bringt es auch nicht den gewünschten Effekt. Wenn die so betont um Nähe bemühte Abteilungsleiterin eines Tages unbequem konsequent handeln muss, wird ihr sofort mit Liebesentzug gedroht. Ich habe schon oft verzweifelte Führungskräfte erlebt, die sich mit jeder unangenehmen Entscheidung furchtbar quälten und geradezu Angst vor der Reaktion der Mitarbeiter hatten. Sie sahen nur zu deutlich die Gefahr, sich unbeliebt zu machen. Und genau davon müssen sie sich befreien!

In guten Zeiten kann es ganz angenehm sein, harmonisch und lieb zusammenzuarbeiten. Aber spätestens bei Kritik oder notwendigen Anweisungen und Entscheidungen kippt die Stimmung rasant schnell. Dann ist der nette Kumpel plötzlich der Böse, der es sich herausnimmt, den anderen etwas anzutun.

„Echt cool hier?“

In einem Unternehmen der Medienbranche bot sich mir zu Beginn meiner dortigen Beratungstätigkeit ein merkwürdig zwiespältiges Bild. Führungskräfte und Mitarbeiter gingen extrem locker miteinander um. Man scherzte, besuchte nach dem späten Feierabend noch gemeinsam eine Bar oder tanzte im „After-Work-Club“. Eine Kapitänsmütze trug auch niemand. Weder äußerlich noch am Tonfall konnte man auf den ersten Blick erkennen, wer hier Chef war und wer nicht. Alle waren per „Du" miteinander und bei ersten Gesprächen hieß es immer: „Bei uns ist das Betriebsklima toll." Klingt doch ganz lustig und entspannt, nicht?

Warum dann überhaupt eine Beratung gesucht wurde? Personalleiterin und Geschäftsführer hatten festgestellt, dass es häufig zu unvermittelten Entlassungen kam. Die betroffenen Mitarbeiter waren ausnahmslos geschockt, weil sie bis zuletzt gedacht hatten, ihr Chef sei ihr bester Freund. Kein böses Wort, Kritik nur ironisch lächelnd geäußert, die netten Klönschnacks in der hauseigenen Coffee-Bar und nun das!

In der Belegschaft brodelte es unterschwellig. Schleichend machte sich Unsicherheit breit. Viele der coolen lockeren Chefs galten als unberechenbar. Nähe? Nicht selten wurde sie vorgespielt, weil man wusste, dass der Chef es gut fand, sich mit den Mitarbeitern zu verbrüdern. Das gute Klima erwies sich als brüchig. Und die Führungskräfte? Sie konnten gar nicht recht begreifen, was da vor sich ging. „Ich habe gar keine Lust, hier den Boss raushängen zu lassen." „Wir wollen hier keine Hierarchien." Und: „Hier sind alle gleich wichtig", bekam ich zu hören.

Selbstbild und Fremdbild

In den nun folgenden Monaten setzten sich die legeren Chefs mit ihrer Führungsrolle auseinander und lernten zu akzeptieren, dass sie nicht gleichzeitig die Richtung vorgeben und mit allen gut Freund sein können. Dafür treffen sie sich inzwischen regelmäßig in einer Führungsrunde und erleben hier ein wenig von dem Dazugehören, das ihnen in ihren

Teams verloren geht, wenn sie klare Anweisungen geben oder unangenehme Kritikgespräche führen. Sie haben gelernt, dass Konflikte auf den Tisch gehören und auch unangenehmes Feedback notwendig ist. Das macht ihre Handlungen nachvollziehbar für die Mitarbeiter und schafft eine Atmosphäre von Klarheit. Niemand muss dem anderen etwas vormachen. Es wird sich nicht mehr vor der Auseinandersetzung mit der netten Teamkollegin gedrückt, die zwar niedlich ist, aber keine Leistung bringt. Ihr Chef lässt sie nicht mehr im Unklaren über seine Beurteilung und sie bekommt eine Chance zur Verbesserung. Wenn das nicht klappt, kommt die Kündigung nicht mehr wie aus heiterem Himmel. Gut, den Flirt mit ihr kann der Chef sich aus dem Kopf schlagen. Aber dafür gewinnt er möglicherweise eine bessere Mitarbeiterin. Und Respekt bei der Mehrheit.

Zu viel Nähe verhindert das erfolgreiche Erfüllen der Führungsrolle. „Der gute Kumpel, der coole Typ von nebenan soll mir sagen, wo es langgeht? Da habe ich ja wohl auch noch ein Wörtchen mitzureden“, sagen sich die Mitarbeiter in einer solchen Kultur. Sicher können sie hier mehr mitreden als in traditionellen Unternehmen. Und das ist auch gut so! Wenn allerdings dabei der Respekt vor dem Chef verloren geht, kann das fatale Auswirkungen haben.

Privat verbandelt

Rainer, Abteilungsleiter in einer Behörde, hatte vor Jahren eine kurze Affäre mit seiner Mitarbeiterin Katrin. Die Trennung ist lange verarbeitet und Katrin ist inzwischen Leiterin eines Fachteams. Sie haben sich äußerlich gut arrangiert. Die fehlende Distanz hat allerdings immer wieder Auswirkungen, die bei Rainer heftiges Unwohlsein hervorrufen. Aufgrund der privaten Nähe und Rainers Schuldgefühl (schließlich hat er sie verlassen) zeigt er auch bei groben Fehlern immer wieder Verständnis für Katrin. Vor deutlichen Worten und klarer Kritik drückt er sich meist. Konsequenzen, wenn Katrin Mist gebaut hat? Nein, dazu könnte er sich nie durchringen. Katrin baut darauf. Und so kann sie sich mehr erlauben als alle anderen Kollegen. Bis hin zu beleidigenden Äußerungen Rainer gegenüber. Ihr fehlt jegliche Distanz, und so kommt es auch vor, dass sie Rainer sehr persönlich heruntergeputzt, wenn ihr sein Verhalten nicht gefällt. Und das auch im Beisein anderer.

Persönliche Beziehungen am Arbeitsplatz sind immer eine Gratwanderung. Ich rate Ihnen grundsätzlich dazu, es sich leicht zu machen und in einem solchen Fall jede enge Zusammenarbeit zu vermeiden. Oder aber nach dem Prinzip zu handeln: keine Beziehung am Arbeitsplatz. Als Führungskraft sind Sie verpflichtet, handlungsfähig zu bleiben. Sobald private Interessen im Spiel sind, werden Sie emotional *und* fachlich erpressbar. Sie brauchen Distanz, um erfolgreich entscheiden und handeln zu können.

„Sie" statt „Du"

Und die Ansprache? So locker das „Du" klingt, ich halte es bei Führungskräften – vor allem bei denen, die noch mit ihrer Rolle kämpfen – für gefährlich. Wer „Du" sagt, neigt unbewusst zur Verbrüderung. Ein Beurteilungsgespräch mit einem kumpeligen „Du" fällt nicht leicht. Allzu schnell kann die sachliche Ebene verloren gehen. Ich habe gute Erfahrungen damit gemacht, wenn sich zwar nach amerikanischer Manier alle mit Vornamen ansprechen, der Chef im Umgang mit den Mitarbeitern aber das „Sie" beibehält. Formal ist das ein entspannter Umgang mit dem nötigen Abstand.

So weit weg wie der Kapitän von seiner Mannschaft auf dem Segelschiff brauchen Sie als Chef nicht zu sein. Aber setzen Sie sich ruhig eine Kapitänsmütze auf, indem Sie sich Ihrer Rolle entsprechend verhalten. Und achten Sie auf eine gesunde Distanz. Sie macht das Führungsleben leichter.

Loyalität und Kontrolle

Peinlicher Alleingang

In einem Dienstleistungsunternehmen ist Lotte Leiterin einer Niederlassung. Nach der Pressekonferenz anlässlich der Einführung einer neuen kundenfreundlicheren Struktur wird der Geschäftsführer der Firma in der örtlichen Tageszeitung zitiert. Er kündigt an, dass vielfältige Bestellwege und neue Abrechnungsmodalitäten für die Kunden große Erleichterungen bringen werden und dass ab sofort ein übersichtliches Internetportal zur Verfügung steht. Roland, ein Mitarbeiter von Lotte, schreibt daraufhin eine ironisch-moralische E-Mail an die Geschäftsleitung (mit Kopie an alle anderen Niederlassungen!), in der er fragt, warum er denn noch nichts davon wüsste – Kunden hätten ihm gegenüber geäußert, dass sie sich auf der Website nicht zurechtfinden können. Er bitte doch nun freundlich um Aufklärung.

Die postwendende kurze und knackige Antwort des Geschäftsführers (mit Kopie an Lotte) stellt klar, dass es hier um allgemein bekannte Informationen gehe, die allen Niederlassungsleitern schon seit längerer Zeit vorlägen. Und dass es in dem Pressebericht darum gehe, die Firma positiv darzustellen.

Wenn er, Roland, damit Schwierigkeiten hätte, solle er sich an seine Chefin wenden.
Lotte schäumt vor Wut. Sie fühlt sich von Roland hintergangen und muss nun auch noch damit umgehen, dass ihr Chef meint, sie habe ihre Mitarbeiter nicht ausreichend informiert. Das alles wirft ein sehr schlechtes Licht auf sie und die gesamte Niederlassung. Schließlich erwecken solche Mitteilungen den Eindruck, sie gäben die Meinung des gesamten Teams wieder.

Warum ist der Mitarbeiter nicht erst zu seiner Chefin gegangen? Warum umgeht er sie und schreibt direkt an den Geschäftsführer? Die Vermutung liegt nahe, dass Lotte nicht konsequent genug dafür gesorgt hat, dass alle Mitarbeiter ihre Grenzen kennen. Oder die Mitarbeiter halten sie für zu schwach, um sich kritisch an ihren Chef zu wenden und nehmen die Sache lieber selbst in die Hand. Auch wenn das nett und als Unterstützung gemeint ist: Wirkungsvoll ist es nicht. Und auch nicht sehr schmeichelhaft!

Führungskräfte, die unentschlossen und zu weich sind, provozieren ihre Mitarbeiter geradezu, ihnen nichts zuzutrauen. Ihnen wird nicht selten offen oder versteckt die Unterstützung verweigert, und es kann zu Widerstand oder gar Rebellion kommen.

In unserem Bild von der christlichen Seefahrt des 16. Jahrhunderts gibt es für die vielfältigen Aufgaben in der zweiten Reihe die Offiziere. Einer von ihnen ist zum Beispiel dafür zuständig, geeignete Seeleute anzuheuern. Ein anderer plant den Bedarf an Lebensmitteln für den Zeitraum, den der Kapitän für die Reise angegeben hat, und kauft Proviant ein. Ein dritter sorgt für Segel, Takelage und alles Material, das auf der Reise an Bord gebraucht wird.

Ein vierter ist für das sorgfältige Verstauen der Ladung zuständig. So hat jeder seine Aufgabe. Das Überleben aller hängt davon ab, dass jeder seinen Auftrag gewissenhaft und fehlerlos ausführt. Und so wie der Kapitän sich auf den Steuermann und seine Offiziere verlassen muss, damit alles gut verläuft, so müssen seine Leute ihm vertrauen, dass er die richtigen Entscheidungen trifft. Bedingungslose Loyalität ist Voraussetzung für das Gelingen. In dem Moment, in dem die Offiziere dem Kapitän nicht mehr zutrauen, die richtigen Entscheidungen zu treffen, werden sie sehr schnell einen der ihren auswählen und eine Meuterei anzetteln.

Illoyales Verhalten und das Nichteinhalten von Dienstwegen sind in den allermeisten Fällen kontraproduktiv und schädlich für den direkten Vorgesetzten. Der aber trägt durchaus selbst die Verantwortung dafür.

Erwartungen? Selbstverständlich? Vergessen Sie es

„Ich gehe davon aus, dass es selbstverständlich ist, dass ein Mitarbeiter sich zuerst an seinen Vorgesetzten wendet, wenn er eine Frage hat." „Ich erwarte einfach, dass mir meine Mitarbeiter nicht in den Rücken fallen." „Das kann man doch wirklich erwarten. Jeder vernünftige Mensch weiß, dass es einen Dienstweg gibt, auch wenn er nicht ausdrücklich benannt ist."

Falsch! Keine Führungskraft kann erwarten, dass ungeschriebene Gesetze und unverkündete Erwartungen erfüllt werden. Schon gar nicht, wenn sie nichts mit dem Arbeitsplatz des Mitarbeiters zu tun haben. Hier geht es um Regeln für das Miteinander, die verkündet und geschrieben werden müssen, wenn sie Geltung erlangen sollen.

„Wir sind so ein gutes Team und ich zeige immer Verständnis für meine Mitarbeiter. Da denke ich natürlich, dass sich ein Mitarbeiter Gedanken über die Folgen für mich macht, wenn er mich übergeht und sich direkt an meinen Vorgesetzten wendet."

Falsch! Das so zitierte gute Klima und ein lieber Chef sind keine Garantie für rücksichtsvolles Verhalten. Lieb sein reicht nicht. Gerade dort, wo sich der Chef noch immer als Teil des Teams wähnt, kommt es verstärkt zu Übergriffen. Respekt gegenüber dem Vorgesetzten und seine natürliche Autorität sind hier der Schlüssel zu einer loyalen Haltung der Mitarbeiter.

Zurück zu Lotte aus unserem Beispiel. Sie muss nun aktiv werden, wenn sie nicht noch mehr Respekt einbüßen will.

Klare Regeln klar verkünden

Sehr schnell findet ein Vier-Augen-Gespräch mit Roland statt. Lotte macht ihm klar, dass sie kein Verständnis für sein Verhalten hat. Sie erklärt, welche Konsequenzen sein Schreiben für sie und das Ansehen der gesamten Niederlassung hat. Ganz deutlich formuliert sie am Ende ihre Erwartung an ihn: „Ab sofort möchte ich, dass alle Schreiben, die an die Geschäftsführung gehen oder E-Mails, bei denen alle anderen Niederlassungen im Verteiler stehen, zuerst mit mir abgesprochen werden.“

Sofort nach diesem Gespräch schreibt Lotte ein Rundschreiben an alle Mitarbeiter. Sie nimmt den Vorfall als Anlass, darauf hinzuweisen, dass sie erwartet, dass der Dienstweg eingehalten wird. Bevor sich ein Mitarbeiter an die Geschäftsführung wendet, muss er mit der eigenen Chefin Rücksprache halten. E-Mails mit großem Verteiler müssen mit ihr abgesprochen werden, ebenso wie Schreiben an die Geschäftsführung.

Lotte nutzt die Gelegenheit der regelmäßigen Mitarbeiterbesprechung, um die Regeln zu erläutern und Fragen zu beantworten. Sie betont, dass die Mitarbeiter es hier mit einer Anweisung zu tun haben, deren Nichtbefolgen Konsequenzen haben wird.

Vorsicht: Widerstand

Ein Offizier, der einen Befehl nicht korrekt ausführt, gefährdet das Leben der gesamten Mannschaft. Ein Kapitän, der nicht entscheidet oder Schwäche zeigt, wird zum Risiko für alle. Im Zweifelsfall wird er sich einer Meuterei gegenüber sehen, die den Ausgang der Reise und/oder sein Leben gefährdet. Darum ist es wichtig, dass der Kommandant genau informiert ist, was auf seinem Schiff vor sich geht. Er muss hellwach sein und einerseits den Kurs im Auge behalten und notfalls korrigieren und andererseits dafür sorgen, dass die Mannschaft reibungslos funktioniert.

Das ist kein leichter Weg für Vorgesetzte, die auf Harmonie schwören. Bedeutet es doch, sich mutig dazu zu bekennen, dass man „anders" ist, wenn man die Führungsrolle so klar wahrnimmt.

Das bedeutet natürlich nicht, dass Sie Ihre Mitarbeiter schinden müssen. Auch gegen Kapitän Bligh auf der Bounty wurde gemeutert, als die Mannschaft seine unmenschliche Härte nicht mehr ertrug.

Und nicht zu vergessen: Der Chef muss Loyalität zu seinem Team und zu jedem einzelnen Mitarbeiter vorleben und darüber sprechen. Wie Sie das tun können, ohne ins Kuscheln abzugleiten? Hier ist ein gutes Beispiel für einen loyalen und konsequent strengen Chef, der allen Respekt seiner Mitarbeiter hat.

Im Lager eines pharmazeutischen Unternehmens ist es zu einer fatalen Verwechslung gekommen. Mehrere Kunden haben Ware bekommen, die sie gar nicht bestellt hatten. Dafür warten andere vergeblich auf dringend benötigte Medikamente, die sofort ausgeliefert werden sollten. Großes Getöse bis hin zur Geschäftsführung! Im Lager herrscht hektische Betriebsamkeit, um den Schaden so weit wie möglich zu begrenzen und schnell Ersatz zu schicken. Gleichzeitig ist die Stimmung gedrückt, denn der Verursacher der Panne fürchtet eine harte Reaktion von „ganz oben". Und tatsächlich: Der Leiter des Lagers wird ins Chefbüro zitiert.

„Das ist eine heillose Schlamperei! So etwas darf nicht vorkommen. Wer von Ihren Leuten hat das denn wieder verbockt?"

„Stimmt. Da ist ein schlimmer Fehler passiert. Wir haben aber alles wieder im Griff und liefern mit Express heute noch aus."

„Ja, und wer ist nun für den Schlamassel verantwortlich? Das kann man doch nicht auf sich beruhen lassen!"

„Das spielt doch keine Rolle. Wir kümmern uns um die Schadensbegrenzung, und ich werde Maßnahmen ergreifen, damit so etwas nicht mehr vorkommt. Ich übernehme die Verantwortung. Dazu gehört selbstverständlich auch, dass ich ein ernstes Wort mit dem entsprechenden Mitarbeiter führe. Sie können sicher sein, dass ich Konsequenzen aus dem Geschehen ziehe."

Vor, nicht hinter den Mitarbeitern stehen!

Der Lagerleiter weigert sich unbeirrt, den Namen des Verursachers preiszugeben. Das geht seiner Meinung nach niemanden etwas an. Er ist verantwortlich und wird intern nicht mit Kritik sparen. Aber nach außen vertritt er die Interessen seines Teams mit großer Loyalität. Alle seine Mitarbeiter kennen das Credo des Lagerleiters: Keine Namen nennen, wenn von Außenstehenden nach Schuldigen gefragt wird. Das Team ist verantwortlich und stellt niemanden bloß. Intern indes wird nichts unter den Teppich gekehrt. Das gilt für ihn und für alle seine Mitarbeiter.

Dem Verursacher steht ein unbequemes Vier-Augen-Gespräch mit seinem Chef bevor. Dabei wird es klar zur Sache gehen! Doch die Kritik kann er gut annehmen von einem Vorgesetzten, der sich vor ihn gestellt hat und damit verhindert, dass außerhalb der eigenen Abteilung schlecht von ihm geredet wird.

Eine Führungskraft, die sich so verhält, hat allen Respekt ihrer Mitarbeiter. Übrigens: Der Geschäftsführer aus dem genannten Beispiel ist äußerst beeindruckt von dem selbstbewussten und entschiedenen Auftreten des Lagerleiters. Dieser hat sich damit in der Außenwirkung klar zu seiner Zugehörigkeit zum Team des Lagers bekannt und bleibt im Umgang mit den Mitarbeitern doch immer der konsequente Chef. Eben mittendrin und voll daneben.

Vorreiter und Vorbild

Love it or Leave it!

Ein Führer ist jemand, der an der Spitze einer Karawane reitet. Was würde er auch ausrichten können, wenn er im Pulk reiten würde? Nichts! Alle blicken auf ihn, um zu erfahren, wo es langgeht.

Als Führungskraft gehören Sie an die Spitze. Und dort sind Sie unter Beobachtung. Hört sich das für Sie bedrohlich an? Ist es Ihnen unangenehm, so exponiert zu sein? Dann lernen Sie, es zu lieben, denn ändern können Sie es nicht.

Seien Sie ein begeisterter und begeisternder Vorreiter. Denn an dieser exponierten Position haben Sie alle Möglichkeiten, zu entscheiden und zu gestalten. Hinzu kommt noch die Chance, durch Ihr vorbildliches Verhalten Standards für das Verhalten Ihrer Mitarbeiter zu setzen.

Vor noch gar nicht so langer Zeit leitete ich einen Workshop zur Verbesserung der internen Kommunikation bei einem Bildungsträger. Das Thema Verbindlichkeit spielte an diesem Tag eine wichtige Rolle, und einige Kollegen beklagten, dass sie sich nicht unbedingt darauf verlassen könnten, dass einmal getroffene Vereinbarungen auch umgesetzt würden. Auch der pädagogische Leiter nannte Beispiele dafür und forderte das Team auf, sich an Beschlüsse zu halten. So werde beispielsweise die Vereinbarung, dass alle Lehrer zehn Minuten vor Unterrichtsbeginn in der Schule sein sollten, nur sehr selten eingehalten.
Als Antwort auf meine Frage, was denn jeder zu einer verbesserten Verbindlichkeit im Alltag beitragen könne, kam diese überraschende Reaktion eines Teilnehmers: „Also, wir beschweren uns immer über Unverbindlichkeit. Dann müssen wir aber auch mal darüber reden, warum das so ist. Zum Beispiel passiert es mir oft, dass ich Schüler noch eine Minute vor Unterrichtsbeginn dabei erwische, wie sie das Haus verlassen. Wenn ich sie dann frage, warum sie nicht in ihrer Klasse sind, antworten sie mir, dass der Lehrer ja auch immer erst zehn Minuten später kommt. Wie sollen wir unter diesen Umständen begründen, dass die Schüler pünktlich sein sollen, wenn die Lehrer es nicht sind?“
Der pädagogische Leiter fühlte sich offensichtlich angesprochen und ergriff das Wort: „Ich gebe zu, dass ich auch zu denen gehöre, die öfter zu spät kommen. Aber ich schaffe es wirklich nicht! Regelmäßig vergesse ich etwas im Haus, muss noch einmal aufschließen und suchen, und schon sind zehn

Minuten vergangen. Da kann ich dann eben nicht pünktlich sein."

Wie man in den Wald hineinruft ...

Aha. Kein Wunder, dass es in diesem Team nicht verbindlich zugeht. Wenn schon eine Führungskraft darauf besteht, dass sie gar nicht anders kann als unpünktlich zu sein.

Führen heißt vorangehen. Die schützende Hülle der Gruppe legt sich garantiert nicht um den Vorgesetzten, auch wenn er es sich noch so sehr wünscht. Seine Aufgabe ist es, Vorbild zu sein und das Verhalten zu demonstrieren, das er von seinen Mitarbeitern erwartet. Wenn er sich dazu nicht aufraffen kann, dann ist er am falschen Platz.

Als Vorbild brauchen Sie Selbstdisziplin und die Überzeugung, dass die Erwartungen, die Sie an das Verhalten Ihrer Mitarbeiter stellen, auch realistisch und vernünftig sind. Wenn allerdings noch nicht einmal Sie sich an diesen Erwartungen orientieren – was glauben Sie, welche Chance Ihre Appelle an die Mitarbeiter haben?

Stellen Sie sich Ihrer Verantwortung als Vorreiter, auch wenn es Ihnen wieder einmal deutlich vor Augen führt, dass Sie nicht zur Karawane gehören. Ganz vorn ist nie mittendrin.

Fazit:

Gute Führungskräfte akzeptieren ihre Vorreiterrolle und nehmen sie bewusst und freudig wahr.

Freundliche Distanz ist ein Schlüssel zu Respekt und Autorität.

Wer klar, konsequent und entschieden handelt, wird respektiert und erntet Loyalität.

Wer von seinen Mitarbeitern ein bestimmtes Verhalten erwartet, muss es ihnen vorleben.

Macht macht Spaß!

Gemeinsam sind wir stark!

Warum Seilschaften und Wettbewerbsabsprachen sich auszahlen

Jeder kämpft für sich allein

Der frisch gebackene Verkaufsleiter Bernd, den Sie schon aus dem ersten Kapitel kennen, hat nach einigen Monaten erreicht, dass ihn seine ehemaligen Kollegen als Chef akzeptieren. Klar, dadurch wurde nun auch etwas mehr Distanz geschaffen und Bernd fehlen Gesprächspartner, mit denen er seine Führungsthemen erörtern kann. Im monatlichen Meeting der Verkaufsleiter ist hauptsächlich von Verkaufszahlen, Zielerreichung und Strategien die Rede. Der Verkaufsdirektor kommentiert die Ergebnisse und informiert über Neuigkeiten. Jeder der Anwesenden versucht sich so gut wie möglich darzustellen. Fehler gibt hier niemand gern zu, und das schlechteste Monatsergebnis rechtfertigen zu müssen ist eine peinliche Angelegenheit. Hier erzählt man besser nichts von seinen Problemen.
Anlässlich der jährlichen Verkaufstagungen versackt man zwar schon einmal gemeinsam beim Bier an der Bar. Und bezüglich der Unzufriedenheit über die neue Firmenpolitik und des Ärgers über die Zumutungen des Marketings sind sich meistens alle einig. Darin erschöpft sich die Gemeinsamkeit allerdings auch schon. Jeder kämpft für sich allein.

Aber keine Angst! Als Führungskraft einsam zu sein bedeutet nicht, dass Sie zwangsläufig zum Eremiten werden oder als „Lonesome Cowboy“ durch die Flure streifen müssen. Der einsame Wolf kann sich durchaus ein neues Rudel suchen. Er muss sich dafür aber auch auf den Weg machen und aktiv werden!

Dazugehören und dabeibleiben

Wem der Aufstieg in die Führungsposition gelungen ist, der kann ein Lied davon singen, wie sehr man zuweilen damit zu kämpfen hat, in dieser Position zu bestehen. Sägt da einer am Stuhl? Äußert der Geschäftsführer Kritik? Wie ist die interne „Presse“? Ansehen und Status spielen eine weitaus größere Rolle, als viele zugeben wollen. Und wer in der Rolle als Führungskraft allseits akzeptiert werden will, tut gut daran, das zu beachten. In vielen Unternehmen beweisen erst die Statussymbole als Insignien der Macht, dass man in die Riege der Chefs gehört. Viele Führungskräfte verwenden einen großen Teil ihrer Energie darauf, das Gesicht zu wahren und ihre Position zu sichern. Diese Tatsachen mögen Ihnen liegen oder auch nicht – entziehen können Sie sich den allgemein gültigen Mechanismen der Hierarchiebildung jedenfalls nicht.

Sichtbar dazugehören

Zu Beginn ihrer Führungslaufbahn fand Maike das – gelinde gesagt – albern. „Typisch Männer“, dachte sie, „die brauchen das offensichtlich.“ Aber mit dieser Einstellung kam sie nicht weit.
Maike hat mit viel Engagement eine neue Vertriebsabteilung „TeleSales“ aufgebaut. Ihre Mitarbeiterinnen und Mitarbeiter werben Neukunden mit geringem Potenzial und betreuen sie weiter. Ein großer Teil der Kunden des Unternehmens wird nun von ihrer Abteilung telefonisch betreut. Maike

gehört zum Kreis der Verkaufsleiter, arbeitet nach denselben Vorgaben, ihre Ergebnisse werden mit den Ergebnissen der anderen Bezirke verglichen. Und sie hat Erfolg. Mehrmals kann sie das beste Monatsergebnis vorweisen. Trotzdem fühlt sie sich nicht genügend anerkannt. Ihre Kollegen nehmen sie nicht ernst und beziehen sie nicht in ihre Gespräche ein. Auch der Vertriebschef spricht eher herablassend mit ihr. Irgendwie gehört sie nicht dazu. „Wirst du denn genauso bezahlt wie die anderen?", fragt ihre Freundin, bei der sie sich darüber beklagt. „Und welche Privilegien haben die? Fahren sie einen Firmenwagen?" – „Hm ...", überlegt Maike, „einen Firmenwagen haben alle. Und verdienen werde ich wohl etwas weniger. Aber ich habe doch auch erst angefangen. Und mein Corsa ist doch auch noch ganz okay ..." Davon will ihre Freundin nichts wissen: „Warum sollte dir nicht auch ein Auto und das gleiche Gehalt zustehen, wo du doch den gleichen Job machst und sogar oft erfolgreicher bist als die anderen! Wahrscheinlich akzeptieren sie dich deshalb nicht als eine von ihnen. Dir fehlen die passenden Accessoires."

Widerstrebend nimmt Maike sich das zu Herzen und lässt es auf einen Versuch ankommen. Bei der nächsten Gelegenheit spricht sie ihren Chef darauf an, dass sie gern genauso ausgestattet werden möchte wie ihre Kollegen. Sie hatte es sich schwieriger vorgestellt, aber offenbar fehlen die Gegenargumente. Kurze Zeit später steht der Wagen vor der Tür und das Gehalt ist angepasst. Der Jahresbonus für Verkaufsleiter, der bisher ebenfalls an ihr vorbeigegangen war, ist nun auch Bestandteil ihres Vertrags. Klar, dass das nicht verborgen bleibt. Und langsam spürt Maike, dass ihr mehr und mehr Respekt entgegengebracht wird.

Die Symbole für Macht und Status spielen automatisch eine große Rolle, sobald Menschen zusammenkommen. Das gilt für jede Form von menschlicher Gemeinschaft – ja, es gilt sogar universell für das gesamte Tierreich überall dort, wo sich Rudel, Herden oder andere Gruppen bilden. Leitwölfe dürfen zuerst an die frische Beute, Jungwölfe ganz zuletzt. Alte Paviane „in leitender Position" sitzen immer leicht erhöht auf einem Felsen oder Baumstumpf. Und Manager dürfen eben Firmenwagen fahren. Vielleicht ist das Spiel der Statussymbole nicht in allen Unternehmen in gleichem Maße ausgeprägt. Manchmal wird es sogar offiziell abgelehnt und ist dann eher unterschwellig zu beobachten: Wer muss nie das Mittagessen beim Caterer bestellen? Wer muss nie Meeting-Protokolle schreiben? Wer hat immer das erste (und das letzte) Wort? Wer wird nie fürs Zuspätkommen gemaßregelt? Wer hat den Schlüssel zu einem bestimmten Raum? Wer hat einen zusätzlichen kleinen Besprechungstisch im Büro?

Aus eigener Erfahrung kann ich sagen, dass es sich lohnt, die Bedeutung von Äußerlichkeiten und Statussymbolen nicht zu unterschätzen, wie auch immer sie in Ihrem Unternehmen aussehen. Zeigen Sie Ihren Führungskollegen im jeweils üblichen Code, dass Sie dazugehören.

Das Netzwerk

In jeder Organisation bestehen Verbindungen auf einer Ebene oder auch über verschiedene Ebenen hinweg. Neue Kollegen haben es erst einmal schwer, den Zugang zu finden. Der Klüngel hält zusammen und nicht selten existieren auch Feindschaften zwischen verschiedenen Gruppen. Manche Gruppen auf der mittleren Führungsebene haben so viel inoffizielle Macht, dass an ihnen niemand vorbeikommt. Ich habe schon Geschäftsführer erlebt, die ihre Entscheidungen nicht an der Sache, sondern sehr genau an der internen Wetterlage ausrichteten, um keinen Ärger mit einer bestimmten Seilschaft zu riskieren.

Das klingt zunächst einmal nicht besonders sympathisch, oder? Vor allem wenn man nicht dazugehört ...

Die einsame Wölfin

Clarissa, die neue Chefin des Customer Service, ist dabei, die Abteilung neu zu organisieren. Der Umgang mit dem Widerstand der Mitarbeiterinnen und die Veränderung der Abläufe nehmen viel Energie und Zeit in Anspruch. Außerhalb der regelmäßigen Bereichsbesprechungen im Vertrieb hat sie kaum Kontakt zu den Kollegen auf gleicher Ebene. Klar, ab und zu müssen Absprachen getroffen und Informationen weitergegeben werden. Aber darüber hinaus sucht sie diesen Kontakt auch nicht, sie hat schließlich genug zu tun.
Clarissa spürt trotzdem, dass einige Kollegen sie und ihre Arbeit kritisch betrachten. Auch offene Ablehnung und Ausgrenzung hat sie schon erfahren. „Umso besser", denkt sie. „Viel Feind, viel Ehr'. Und außerdem muss doch einmal jemand diese verkrusteten Strukturen aufbrechen. Mein Erfolg wird mir Recht geben. Wozu brauche ich da die anderen?" Als einsame Wölfin kämpft sie weiter und grenzt sich dabei immer weiter aus – mit dem Ergebnis, dass sie eines Tages zum Gespräch mit ihrem Chef gerufen wird. Es geht um Waltraut, eine ihrer schwierigsten Mitarbeiterinnen. „Ich habe gehört, dass Sie Waltraut ungerecht behandeln. Es

kann doch nicht sein, dass Sie sie kritisieren! 20 Jahre ist sie schon hier und es gab noch nie Ärger. Das sagt auch Herr Nolte." – „Aha", denkt Clarissa. Herr Nolte gehört zu den Kollegen, denen Clarissa gern aus dem Weg geht. Er hat eine Gruppe von Mitarbeitern verschiedener Hierarchieebenen um sich geschart, die mit ihren Absprachen schon so manche Veränderung boykottiert haben. „Wie kommt denn Herr Nolte dazu, mit Ihnen darüber zu sprechen, was in meiner Abteilung los ist?" Clarissa ist empört. „Waltraut hat mit ihm gesprochen", antwortet ihr Chef, „schließlich arbeiten die beiden schon lange zusammen." Clarissa geht ein Licht auf: Waltraut gehört zu Noltes Klüngel. Und an dem kommt keiner vorbei – auch ihr Chef nicht. Mühsam versucht Clarissa ihm zu erklären, warum ihre Kritik an Waltraut berechtigt ist. Viel hilft das nicht. Ihr Chef glaubt ihr offensichtlich weniger als Herrn Nolte, der ja immerhin hinter den Kulissen eine Menge zu sagen hat.

Clarissa hat einen elementaren Fehler gemacht. Anstatt sich ihren Platz im Netzwerk zu erobern, ist sie in Opposition zu den bestehenden Klüngeln gegangen. Nicht nur, weil es schwer ist, dort überhaupt aufgenommen zu werden – hinzu kommt noch eine starke Abneigung gegen diese Art der internen Politik: Clarissa verabscheut Cliquenbildung und Gemauschel zutiefst. Eine böse Falle, denn am Ende stolpert sie gerade über diese Netzwerke, denen sie sich nie anschließen wollte. Allein kann sie nicht so viel bewegen, wie sie möchte. Und die Ausgrenzung wird immer offensichtlicher – bis sie dann frustriert das Handtuch wirft und das Unternehmen verlässt.

Noch einmal: Unterschätzen Sie nie die Macht der Kollegennetzwerke. Suchen Sie Kontakt, anstatt sie abzulehnen. Sie brauchen sie! Es gibt viele Gelegenheiten, am internen Netzwerk der Führungskräfte mitzuknüpfen, und keine Ausrede, es nicht zu tun. Beispielsweise könnten Sie sich doch einmal mit Führungskollegen zum Mittagessen verabreden, um über ein neues Projekt zu sprechen. Oder Sie informieren persönlich über eine Umorganisation in Ihrer Abteilung, anstatt nur eine Rundmail zu starten. Und was spricht dagegen, zu Ihrem Geburtstagsfrühstück in der eigenen Abteilung auch Kollegen der gleichen Ebene einzuladen?

Anschluss suchen

Ob neu in der Firma oder neu in der Führungsrolle: Am Anfang steht die Information über entscheidende Netzwerke und inoffizielle Machtstrukturen. Und dann gilt es, sich dazuzugesellen.

Checkliste für innenpolitische Machtverhältnisse

1. Wer sitzt mit wem regelmäßig in der Kantine?
2. Wie verlaufen die offiziellen Informationswege?
3. Welche inoffiziellen Informationswege gibt es?
4. Wer sind die wahren Entscheider?
5. Wer wird vom Geschäftsführer häufig um Rat gefragt?
6. Wessen Sekretärin hat das höchste Ansehen nach der Sekretärin des Geschäftsführers?
7. Wer bekommt auf wunderbare Weise immer am schnellsten neue Möbel, ein neues Automodell, Büromaterial, die neue Software, das beste Zimmer bei der Tagung, ein Einzelbüro etc.?
8. Welche Gruppe trifft sich regelmäßig außerhalb der Arbeit zum After-Work-Plausch?

Viele Entscheidungen werden tatsächlich außerhalb der offiziellen Umgebung vorbereitet. Wer sich eine Lobby verschaffen will, braucht Zugang zu den Personen, die bereits ein wirksames Netzwerk geknüpft haben, oder muss sich schnellstmöglich ein eigenes starkes Netzwerk aufbauen.

Wirksam Kontakte knüpfen

1. Suchen und nutzen Sie Gelegenheiten zum Smalltalk.
2. Setzen Sie sich in der Kantine nicht immer mit Ihren Mitarbeitern zusammen. Die sehen Sie schon den ganzen Tag. Setzen Sie sich zu den Führungskollegen.
3. Gewinnen Sie die wichtigen Sekretärinnen für sich.
4. Erkennen Sie den Status der inoffiziellen Führer an und fragen Sie sie auch ruhig einmal um Rat.
5. Auch wenn Sie keine Lust haben oder es schon spät ist: Schließen Sie sich dem After-Work-Plausch an.
6. Machen Sie Angebote zur Zusammenarbeit.
7. Sie haben eine Insiderinformation? Teilen Sie sie mit wichtigen Netzwerkern.

Zugegeben, zu Beginn ist das nicht leicht. Gerade wenn Sie neu sind, kostet es Überwindung und Sie brauchen Mut, sich immer wieder als Netzwerker anzubieten. Glauben Sie mir, es lohnt sich, über den eigenen Schatten zu springen. Geben Sie auf keinen Fall auf! Eines Tages wird Sie die Kollegin aus der Verwaltung anrufen und fragen, ob Sie schon gehört haben, dass es einen Anbau geben wird und die Räume gerade neu verteilt werden. Sie werden einer der Ersten sein, der seine Ansprüche anmeldet.

Clarissas Nachfolger Udo übernimmt eine gut organisierte und erfolgreiche Abteilung. Die Kundenzufriedenheit ist hoch und die Mitarbeiter sind qualifiziert und aktiv. Trotzdem wird nur zähneknirschend zugegeben, dass das auf die Leistung von Clarissa zurückzuführen ist. Udo bekommt schnell heraus, dass Clarissa keine Lobby hatte. Den Fehler will er nicht machen.

Die erste Verbündete

Die Abteilungssekretärin ist schon lange im Unternehmen. Ein unersetzlicher Fundus für Informationen. Udo lädt sie an einem seiner ersten Tage zum Essen ein, um die Zusammenarbeit zu besprechen und für ein gutes Klima zu sorgen. Frau Lenz sagt gern zu. Bei diesem Mittagessen bekommt Udo viele Informationen über Netzwerke und Entscheidungswege. Und er gewinnt seine erste Verbündete. „Frau Lenz, Sie haben doch gute Kontakte zu den anderen Chefsekretärinnen. Können Sie einmal herausfinden, zu welchen Zeiten die anderen Führungskräfte am wenigsten unter Druck sind? Dann weiß ich, wann ich sie ansprechen kann, ohne sie zu stören." Kurze Zeit später weiß Udo, dass die Leiterin der Buchhaltung immer schon vor 8 Uhr im Haus ist und dann erst einmal in Ruhe einen Kaffee trinkt. Und die Marketingchefin geht nach der Mittagspause immer noch einmal ums Haus, um frische Luft zu schnappen.

Der erste Draht

Es dauert nicht lange und Udo hat es geschafft, zu den meisten Kollegen der Führungsebene einen Draht zu haben. Beim Smalltalk in der Kantine, beim Spaziergang nach dem Mittagessen und beim gemeinsamen Kaffee in aller Herrgottsfrühe hat er sich einen Platz im Netzwerk erobert.

Ein guter Anfang, der Erfolg verspricht. Natürlich müssen Langschläfer, Frischluftmuffel und Teetrinker da schon einmal Kompromisse machen.

Teambildung in der Chefetage

Müssen Führungskräfte Einzelkämpfer sein? Für viele meiner Kunden und Seminarteilnehmer ist das eine unausweichliche Folge ihrer Rolle. Sie können sich das gar nicht anders vorstellen. Bis sie entdecken, dass ein gemeinsames und abgesprochenes Vorgehen in speziellen Fragen ihre Führungsarbeit wesentlich vereinfachen kann.

Ein Beispiel: In einem Seminar über Mitarbeiterbeurteilungsgespräche kommt die Frage nach den Kriterien für die Beurteilung auf. Die Teilnehmer sprechen über Widerstände von Mitarbeitern, die sich ungerecht behandelt fühlen. In der Diskussion wird deutlich, dass es keine Standards für die Beurteilung gibt. Die Erwartungen der Vorgesetzten an das Verhalten ihrer Mitarbeiter sind recht unterschiedlich. Das führt dazu, dass der eine als leicht beeinflussbar und die andere als zu hart angesehen wird. Allein durch den Erfahrungsaustausch wächst die Sicherheit jedes einzelnen Teilnehmers dieses informellen Führungszirkels.

Der Wunsch nach mehr Teamgeist im Führungskreis kann aber auch von der Geschäftsleitung ausgehen. Auch hierzu ein Beispiel: Der Geschäftsführer eines mittelständischen Unternehmens hat nach einer Umstrukturierung eine neue Führungsriege zusammengestellt und erwartet, dass die Kollegen miteinander kommunizieren und kooperieren und nicht alles über seinen Tisch laufen muss. Sein Interesse ist klar: Er wünscht sich Entlastung durch eine Stärkung der zweiten Führungsebene. Ein Workshop, in dessen Verlauf die Teilnehmenden Ziele und Grundsätze für die Führungsarbeit im Unternehmen erarbeiten, stärkt das Selbstbewusstsein im Führungsteam. Durch die intensiv gemeinsam verbrachte Zeit und die zielgerichtete Arbeit lernen sich die Kollegen mit ihren Stärken und

Schwächen kennen. Am Ende werden Vorschläge für eine effizientere Organisation verschiedener Bereiche ausgearbeitet und dem Geschäftsführer vorgestellt. Nun ist es an ihm, die neu gewonnene Freiheit zu genießen und Vertrauen in die Handlungsfähigkeit und Kompetenz seiner Führungsmannschaft zu entwickeln. Bei der immer wieder anspruchsvollen Aufgabe, das „Loslassen" zu üben, unterstützt ihn ein persönlicher Coach.

Einen weiteren Anlass, um über kooperatives Verhalten im Führungsteam nachzudenken, können Sie bei gemeinsamen Seminaren finden. Tauschen Sie sich zum Beispiel nach einem Führungsseminar darüber aus, wie Sie sich gegenseitig dabei unterstützen können, das Gelernte konsequent in die Praxis umzusetzen. Regelmäßige Treffen mit kollegialem Austausch und Coaching sind ein guter Motor für eine gute Teamentwicklung!

Dies sind nur drei von vielen Anlässen, um sich Gedanken darüber zu machen, wie man ein Führungsteam bilden kann. Ob Sie nun als Mitglied der Geschäftsführung ein Interesse an der Förderung des Teamgedankens haben oder ob Sie zusammen mit anderen Führungskräften aus eigener Initiative näher zusammenrücken wollen – meinen Glückwunsch! Sie haben die Vorteile erkannt:

Vorteile nutzen

- Synergien zwischen den Bereichen und Abteilungen werden besser genutzt.
- Solidarisches Handeln schafft Stärke gegenüber der Geschäftsführung.
- Loyalität schützt vor Angriffen von oben und unten.
- Kollegialer Austausch sorgt für den nötigen Rückhalt in der Führungsrolle.
- Gemeinsames Denken sorgt für wertvolle Impulse.
- Veränderungen werden gemeinsam viel schneller vorangetrieben.

- Absprachen und Abstimmungen verleihen den Aktivitäten mehr Effizienz.
- Gemeinsame Stärke entlastet die Geschäftsführung und führt zu mehr eigenständigem Handeln.

Wie man Führungsteams organisiert

Jede Organisation hat ein sehr eigenes Innenleben. Selbstverständlich ähneln sich die offiziellen Strukturen in vielen Fällen. Doch die inoffiziellen sind so vielfältig wie die Personen, die sie bilden. Wenn man also plant, Führungskräfte als Team „unter einen Hut" zu bringen, dann gibt es kein allgemein gültiges Rezept. Einige Beispiele aus Unternehmen, die ich bei diesem Prozess begleitet habe, geben einen Überblick über mögliche Vorgehensweisen. Und sicher können Sie hier und da einen Hinweis entdecken, der zu Ihrer Organisation und zu Ihren Fragestellungen passt.

Gemeinsam Standards setzen

Ein Unternehmen der Energiewirtschaft beschloss vor einem Jahr die Durchführung von jährlichen Beurteilungsgesprächen. Es existierten gut durchdachte und vom Betriebsrat abgesegnete Beurteilungsbögen, und die Führungskräfte wurden mithilfe von Schulungen darauf vorbereitet, diese Gespräche zu führen. Doch die Unsicherheit blieb. Die betroffenen Niederlassungsleiter fühlten sich bei dem Gedanken an die Gespräche unwohl. Dabei beunruhigte sie nicht so sehr die Beurteilung der fachlichen Kompetenz. Was ihnen Kopfzerbrechen bereitete, waren die Fragen zur sozialen Kompetenz und zum Verhalten der Mitarbeiter. Sie beschlossen, einen Workshop durchzuführen, um ein gemeinsames Vorgehen zu besprechen und dadurch mehr Sicherheit zu gewinnen.

Alle Niederlassungsleiter waren sehr zufrieden mit den Ergebnissen. Aber nicht nur das. Sie waren verblüfft, wie kooperativ sie zusammenarbeiten konnten und um wie viel sicherer sie sich nun bei der Beurteilung ihrer Mitarbeiter fühlten. Immerhin konnten sie von jetzt an davon ausgehen, dass in allen Bereichen mit gleichem Maß gemessen wurde. Diese positive Erfahrung führte dazu, dass nicht lange danach ein weiteres Abstimmungstreffen vereinbart wurde. Die Führungskräfte wollten sich darauf einigen, welche Konsequenzen besonders gutes oder von den Erwartungen negativ abweichendes Verhalten für die Mitarbeiter haben sollte. Das Ergebnis: größere Handlungs- und Entscheidungssicherheit, Vergleichbarkeit der Beurteilungen und ein ganz neues Teamgefühl für die Chefs, die sich sonst eher als Solisten in ihren weit voneinander entfernten Niederlassungen fühlten.

Fragestellungen und Regeln für den Workshop und das weitere Vorgehen:

- Welches sind die Ziele des Unternehmens?
- Was müssen die Mitarbeiter leisten, um zum Erreichen dieser Ziele beizutragen?
- Abstimmen und Formulieren der Erwartungen
- Kriterien zur Messung und Beurteilung der entsprechenden Leistung/des entsprechenden Verhaltens der Mitarbeiter erarbeiten
- Vereinbarung und Beschluss, dass diese Erwartungen als Standard für alle gelten
- Als gemeinsame Erwartung an die Mitarbeiter kommunizieren

Ein neues Team übt den Schulterschluss

Ein gut etabliertes Unternehmen der Medizintechnik wollte sich dem Markt noch besser anpassen und reorganisierte den Außendienst. Der neue Vertriebschef sollte von Anfang an dafür sorgen, dass die Führungskräfte in seinem Bereich als Team zusammenarbeiten. Daher organisierte er sehr schnell einen Workshop zur Teambildung.

Dieser Workshop dauerte drei Tage, an denen sich die Führungskräfte in ein Hotel im Grünen zurückzogen. Begleitet wurden sie von einer Moderatorin und einem Sporttrainer. Schon vor dem Frühstück trafen sich alle zum gemeinsamen Laufen oder Walken, je nach Kondition. Wie erwartet waren die Teilnehmer wenig begeistert, als sie davon erfuhren: „ Waas?? So früh aufstehen? Nee, das mache ich nicht mit!" – „Ich bin doch so unsportlich!" – „Das ist ja albern. Was soll denn dieser Gruppenzwang?" Und doch waren alle zur Stelle, als es um 7 Uhr losging. Nach dem Mittagessen gab es Übungen zum Energietanken und am Abend Entspannung und Stretching. Bei einer Altersstruktur von 28 bis 63 Jahren war es erstaunlich, dass das Murren schnell verschwand und am Ende alle begeistert waren. Sie hatten sich so ganz nebenbei auf eine andere Art kennen gelernt.

Fragestellungen und Regeln für den Workshop und das weitere Vorgehen:

- Was läuft gut und was kann besser werden?
- Wie stellen wir uns das ideale Führungsteam vor?
- Was ist in unserer Organisation realistisch?
- Welches ist das Ziel unseres Teams?
- Welche Leitsätze gelten für unsere Zusammenarbeit?

- Leitsätze und Ziel als Vereinbarung verbindlich festlegen (indem alle unterschreiben)
- Welche Stärken und Fähigkeiten bringt jeder ein?
- Welche Fähigkeiten fehlen?
- Was können wir tun, um unser Ziel zu erreichen?
- Aktivitäten planen
- Verantwortliche für Teilschritte bestimmen
- Überprüfungstermine vereinbaren

Fazit

- Verbünden Sie sich, kungeln Sie auf Teufel komm raus – nicht gegeneinander, sondern für eine neue Heimat im Führungsteam.
- Suchen Sie Gemeinsamkeiten mit den Kollegen auf gleicher Ebene.
- Institutionalisieren Sie den Teamgedanken auf gleicher Ebene durch ein gemeinsames Leitbild.
- Die Erinnerung an das gemeinsame Ziel reduziert Konflikte im Führungskreis.
- Seien Sie Vorbild für Mitarbeiterteams.
- Gegeneinander macht einsam – gemeinsam geht's besser!

Für den eiligen Leser

61 Tipps für entschieden mutiges Führen.

Auf geht's

1. Bei jeder Übernahme einer Führungsposition ist es wichtig, zu Beginn die Zusammenarbeit klar zu regeln. Beim Wechsel aus dem Kollegenkreis in eine Führungsposition muss zusätzlich unbedingt der Rollenwechsel thematisiert werden.
2. Selbstmarketing gehört auch dazu. Wenn ein Mitarbeiter Chef wird, muss er sich in seiner neuen Rolle im Führungskreis vorstellen und profilieren. Hier sitzen die neuen Kollegen!
3. Klare Absprachen und Vereinbarungen – mit Verständnis für die Emotionen aller Beteiligten – erleichtern den Einstieg in die neue Rolle.
4. Sollten Sie von den ehemaligen Kollegen auf „gemeinsame Leichen im Keller" angesprochen werden, antworten Sie: „Das war gestern. Lasst uns in die Zukunft schauen und daran denken, wie wir die gemeinsamen Aufgaben bewältigen. Dass wir uns so gut kennen, ist dabei sicher von Vorteil!"

Delegieren

5. „Wenn einer alles selbst machen will, braucht er sich nicht zu beklagen, dass er schließlich alles selbst machen muss." *Henri Nannen*
6. Der Mut zum konsequenten „Nein!" wird belohnt. Die Mitarbeiter werden zur Eigenverantwortung ermuntert, werden zu selbstständigen Mitarbeitern, die mitdenken und ein neues Selbstwertgefühl entwickeln. Der Chef hat mehr Zeit für Führungsaufgaben.

Meetings

7. Die Vorbereitung trägt wesentlich zum Gelingen einer Besprechung bei.
8. Besser als jede Besprechung ist manchmal *keine* Besprechung.
9. Die Leitung oder Moderation einer Besprechung erfordert höchste Konzentration und Ihre Bereitschaft, mit der kurzen Leine zu führen und zu Ihrer Leitungsverantwortung zu stehen.
10. Die verschiedenen Meeting-Typen brauchen individuelle Behandlung.
11. Keine Besprechung endet ohne Zusammenfassung der erzielten Ergebnisse. Jeder möchte doch die Bestätigung haben, dass er seine Zeit sinnvoll verbracht hat!

Fordern und Fördern

12. Wenn es den Mitarbeitern gut geht, werden auch die Ergebnisse gut sein.
13. Wenn es den Mitarbeitern gut geht, es aber keine klaren Aufgabenstellungen und Konsequenzen gibt, werden die Ergebnisse schlecht sein.
14. Wenn es klare Aufgabenstellungen gibt, die Mitarbeiter gefordert und gefördert werden, stellen sich bessere Ergebnisse ein.
15. Wenn die Ergebnisse gut sind, haben die Mitarbeiter Erfolgserlebnisse. Die Erfolgserlebnisse schafft der Chef durch Anerkennung und Hervorheben guter Leistungen – sie sind eindeutig Chefsache! Wenn Mitarbeiter Erfolgserlebnisse haben, fühlen Sie sich gut.

Entscheidungen

16. Eine Führungskraft, die keine Entscheidungen trifft, ist keine.
17. Machen Sie sich mit den Chancen und Risiken einer Entscheidung vertraut und entwerfen Sie Handlungsszenarien für den Ernstfall.

18. Mit Ihren Entscheidungen sind Sie ganz allein. Stellen Sie sich Ihrer Verantwortung.
19. Treffen Sie auch Entscheidungen, wenn Sie nicht hundertprozentig sicher sind. Die Zukunft ist niemals sicher.
20. Treten Sie entschieden und mit Festigkeit auf, wenn Sie eine Entscheidung bekannt geben.
21. Stehen Sie zu Ihren Entscheidungen.
22. Entscheidungen erfordern Mut. Sie können sich damit richtig unbeliebt machen – eine wunderbare Chance, sich langfristig Vertrauen, Respekt und Glaubwürdigkeit zu verdienen!

Motivation

23. Entscheiden Sie sich für konsequentes Lob- und Kritikverhalten.
24. Motivation ist immer vorhanden. Ihre Aufgabe ist es, Demotivation zu vermeiden und Motive zu erkennen und zu verstärken.
25. Geben Sie Ihren Mitarbeitern Ziele und Sinn bei der Arbeit.
26. Vermeiden Sie Verwöhnen und Bestechen. Fordern und fördern Sie lieber.
27. Erwischen Sie Ihre Mitarbeiter bei erwünschtem Verhalten und verstärken Sie es durch Anerkennung. Ignorieren und löschen Sie damit unerwünschtes Verhalten.
28. Anerkennung und Hervorheben guter Leistungen – sie sind eindeutig Chefsache! Wenn Mitarbeiter Erfolgserlebnisse haben, fühlen sie sich gut.

Mitarbeitergespräche

29. Ohne Mitarbeitergespräche funktioniert Führung auf lange Sicht nicht.
30. 99 % of your business is people! Nehmen Sie sich Zeit für Ihre Mitarbeiter.
31. Seien Sie einfühlsam und begegnen Sie Ihren Gesprächspartnern mit Wertschätzung.

32. Bleiben Sie in Mitarbeitergesprächen hart und konsequent in der Sache.
33. In einer Kultur, in der jeder über seinen Leistungsstand und seine Möglichkeiten informiert ist, gedeihen Motivation und Selbstvertrauen.

Konflikte

34. Konflikte sind Möglichkeiten – und als solche wertvolle Chancen.
35. Haben Sie Mut zur Auseinandersetzung. Gehen Sie keinem Konflikt aus dem Weg.
36. Nur wer Konflikte konsequent bearbeitet, kann die im Streit negativ genutzte Energie in positive und konstruktive Energie umwandeln.
37. Spielen Sie nicht den Retter und halten Sie sich mit Lösungsvorschlägen zurück.
38. Lassen Sie Gefühle zu. Beschwichtigen Sie nicht, sondern zeigen Sie Verständnis. Suchen Sie gemeinsam nach Lösungen.
39. Wenn Sie selbst Beteiligter oder Partei im Konflikt sind, sollten Sie besser einen Unbeteiligten als Moderator hinzuziehen.

Widerstände

40. Es gibt keine Veränderung ohne Widerstand.
41. Widerstand hat vor allem emotionale Ursachen, die unbedingt beachtet werden müssen.
42. Wer Widerstand ignoriert, wird mehr Widerstand ernten.
43. Widerstand macht auf Sand im Getriebe aufmerksam. Freuen Sie sich darüber!
44. Widerstand ergänzt Ihr Veränderungsvorhaben und differenziert den notwendigen Prozess.
45. Machen Sie alle Betroffenen zu Beteiligten.
46. Es gibt keinen Widerstand. Nur verschiedene Interessen.

Geschlechter-Rollen

47. Vergessen Sie „typisch Mann“ und „typisch Frau“! Weibliches und männliches Verhalten ist nicht an das Geschlecht gebunden.
48. Versuchen Sie nicht, ein besserer Mann zu sein, wenn Sie eine Frau sind. Oder eine bessere Frau zu sein, wenn Sie ein Mann sind. Das führt zu Akzeptanzproblemen.
49. Bleiben Sie, wie Sie sind. Nutzen Sie Ihre geschlechtsspezifischen Stärken und entdecken und entwickeln Sie zusätzlich weibliche bzw. männliche Seiten.
50. Das Erfolgsrezept ist die Mischung aus weiblichen und männlichen Eigenschaften. Behalten Sie immer im Auge, was Erfolg bringt!

An der Spitze

51. Gute Führungskräfte akzeptieren ihre Vorreiterrolle und nehmen sie bewusst und freudig wahr.
52. Freundliche Distanz ist ein Schlüssel zu Respekt und Autorität.
53. Wer klar, konsequent und entschieden handelt, wird respektiert und erntet Loyalität.
54. Wer von seinen Mitarbeitern ein bestimmtes Verhalten erwartet, muss es ihnen vorleben.
55. Macht macht Spaß!

Netzwerken

56. Verbünden Sie sich, kungeln Sie auf Teufel komm raus – nicht gegeneinander, sondern für eine neue Heimat im Führungsteam.
57. Suchen Sie Gemeinsamkeiten mit den Kollegen auf gleicher Ebene.
58. Institutionalisieren Sie den Teamgedanken auf gleicher Ebene durch ein gemeinsames Leitbild.
59. Die Erinnerung an das gemeinsame Ziel reduziert Konflikte im Führungskreis.
60. Seien Sie Vorbild für Mitarbeiterteams.
61. Gegeneinander macht einsam – gemeinsam geht’s besser!

Weiterführende Literatur

Adrian, Gerhard; Albert, Ingolf; Riedel, Eckhard: Die Mitarbeiterbeurteilung – Hinweise und Hilfen für Beurteiler. Stuttgart 2002

Begemann, Petra: Jetzt entscheide ich! Frankfurt 2002

Berne, Eric: Spiele der Erwachsenen. Hamburg 1996

Bischof, Anita; Bischof, Klaus: Besprechungen. Effektiv und effizient. Freiburg 1997

Blanchard, Kenneth; Johnson, Spencer: Der Minuten Manager. Reinbek 1991

Bornstein, Kate: My Gender Workbook. New York 1998

Czichos, Reiner: Change-Management. München 1997

Czypionka, Stefan: Umgang mit schwierigen Partnern. Frankfurt/ Wien 2003

Doppler, Klaus; Lauterburg, Christoph: Change Management. Den Unternehmenswandel gestalten. Frankfurt 2002

Enkelmann, Nikolaus B.: Die Macht der Motivation. Landsberg 1999

Felser, Georg: Motivationstechniken. Berlin 2002

Fritz, Roger: Denken wie ein Manager. München 2002

Glasl, Friedrich: Konfliktmanagement. Stuttgart 2002

Gommlich, Florian; Tieftrunk, Andreas: Mut zur Auseinandersetzung – Konfliktgespräche. Niedernhausen 1999

Haynes, Marion E.: Konferenzen erfolgreich gestalten. Frankfurt 1999

Kiesow, Hans: Heiße Eisen. Düsseldorf 1996

Klein, Uwe: Das haben wir schon immer so gemacht. München 2002

Mair, Judith: Schluss mit lustig! Frankfurt 2002

Malik, Fredmund: Führen Leisten Leben. München 2001

Mentzel, Wolfgang u. a.: Mitarbeitergespräche. Freiburg 2003

Moosig, Karlheinz: Streiten – aber fair. Freiburg 2003

Motamedi, Susanne: Konfliktmanagement. Offenbach 1999

Neuberger, Oswald: Das Mitarbeitergespräch – praktische Grundlagen für erfolgreiche Führungsarbeit. Leonberg 1998

Pawlowski, Klaus; Riebensahm, Hans: Konstruktiv Gespräche führen. Reinbek 1998

Schmidt, Rainer: Immer richtig miteinander reden. Paderborn 1998

Schmitz, Lilo; Billen, Birgit: Mitarbeitergespräche – Lösungsorientiert, Klar, Konsequent. München 2003

Schulz von Thun, Friedemann; Ruppel, Johannes; Stratmann, Roswitha: Miteinander reden – Kommunikationspsychologie für Führungskräfte. Hamburg 2001

Schrader, Reinhard; Küntzel, Ulrich: Kündigungsgespräche – Über den menschlichen Umgang mit persönlichen Katastrophen. Hamburg 1995

Seifert, Josef W.: Besprechungen erfolgreich moderieren. Offenbach 2003

Sprenger, Reinhard K.: Mythos Motivation. Frankfurt 1992

Stehling, Wolfgang: Leadership mit Lust und Leistung. München 2002

Steward, Ian: Die Transaktionsanalyse. Freiburg 1990

Taffinder, Paul: Crashkurs Führung. Niedernhausen 2001

Thomann, Christoph: Klärungshilfe – Konflikte im Beruf. Reinbek 1998

Stichwortverzeichnis

H

I

J

K